Tina Caspari

Bille & Zottel

Der schönste Sommer für Bille und Zottel

Schneiderbuch

EGMONT

2. Auflage 2016

© 2016 Schneiderbuch
verlegt durch EGMONT Verlagsgesellschaften mbH,
Alte Jakobstr. 83, 10179 Berlin
Alle Rechte vorbehalten
Der vorliegende Sammelband enthält folgende Titel:
Applaus für Bille und Zottel (1978)
Die schönsten Ferien hoch zu Ross (1978)
Gefahr auf der Pferdekoppel (1979)
Umschlaggestaltung: Guter Punkt, München | www.guter-punkt.de
Umschlagmotiv: © Guter Punkt unter Verwendung von Motiven von iStock
Layout und Satz: Greiner & Reichel, Köln
Printed in Germany (671575)
ISBN 978-3-505-13808-9

Die EGMONT Verlagsgesellschaften gehören als Teil der EGMONT-Gruppe zur
EGMONT Foundation – einer gemeinnützigen Stiftung, deren Ziel es ist, die sozialen,
kulturellen und gesundheitlichen Lebensumstände von Kindern und Jugendlichen zu
verbessern. Weitere ausführliche Informationen zur EGMONT Foundation unter:
www.egmont.com

Inhalt

Applaus für Bille und Zottel

Frühling in Groß-Willmsdorf

„Ich könnte jetzt auf der Stelle einschlafen!" Bille schloss die Augen und reckte sich wie eine schläfrige Katze. Zottel ging am langen Zügel und ließ den Kopf hängen, sein rot-weiß gesprenkeltes Fell dampfte von dem langen Ritt.

„Ich habe schon seit einer ganzen Weile den Verdacht, dass ihr beide pennt!", rief Simon, der hinter Bille ritt. „Wenn man euch so ansieht – wie ein Maultier mit einem Mehlsack auf dem Rücken!"

„Ich bin auch total müde", verteidigte Bettina die Freundin und band die Ärmel ihres Pullis, den sie sich um den Bauch geschlungen hatte, zu einem festen Knoten. „Diese ungewohnte Hitze macht einen völlig fertig!"

Sie trieb ihre zierliche Haflingerstute an, die schnaubend ein paar Meter trabte, bis sie auf gleicher Höhe mit Zottel ging.

„Wo bloß auf einmal die vielen Mücken herkommen?"

Florian verscheuchte ärgerlich den tanzenden Schwarm vor seinem verschwitzten Gesicht, den die plötzliche Wärme ins Freie gelockt hatte.

„Es wird eben Frühling", stellte Bille fest. „Lass sie doch. Was hast du gegen die Mücken?"

„Sie schmecken mir nicht."

„Dann mach den Mund zu."

Simon klopfte seiner Stute Pünktchen beruhigend den Hals, als sie in der ausgefahrenen Rinne des Feldwegs ausrutschte und stolperte. „Auch schon erschöpft? Na, gleich haben wir's geschafft."

„Ihr seid mir vielleicht ein müder Verein! Kann ich gar nicht verstehen!" Daniel sah seinen Bruder abschätzend an und nahm die Zügel auf. Sein Pferd Asterix schreckte hoch und machte einen Satz nach vorn.

Bille wandte sich lachend zu ihm um.

„Gib doch bloß nicht so an, Daniel! Du bist genauso schlapp wie wir. Warum bist du denn die ganze Zeit an letzter Stelle geritten? Wenn Asterix in die nächste Koppel marschiert wäre und sich schlafen gelegt hätte, hättest du es nicht mal bemerkt. Du wärst neben ihm ins Gras gekullert und hättest geschnarcht, wetten?"

„Ich? Ich bin taufrisch", wehrte sich Daniel und unterdrückte nur mühsam ein Gähnen. „Ich bin nur hinter euch hergeritten, um aufzupassen, dass keiner verloren geht. Aber das hat man nun davon, wenn man euch zu einem Ausflug ans Meer mitschleppt – kaum ist man drei Stunden unterwegs, schon seid ihr total überfordert."

„Was heißt hier Ausflug ans Meer?", maulte Florian. „Du hast uns ja die ganze Ostseeküste rauf- und runtergescheucht, und das im Galopp! Bongo stolpert schon über seine eigenen Beine, so fix und fertig ist er."

„Ein bisschen Anstrengung schadet ihm gar nichts", gab Daniel ungerührt zurück. „Er ist sowieso viel zu fett. Genau wie du."

„Keil doch mal kräftig aus, Dicker!", raunte Florian seinem stämmigen kleinen Rappen ins Ohr. „Zeig's dem langen Lulatsch, gib's ihm!"

Aber sein Pferd tat ihm den Gefallen nicht. Unwillig schnaubte es und schüttelte den Kopf, zum Zeichen, dass es nicht mehr angeredet zu werden wünschte. Es dachte nur noch an den Stall und an einen großen Eimer, bis an den Rand gefüllt mit kühlem, frischem Wasser.

Bille blinzelte und schloss die Augen. Sie beugte sich vor und legte sich auf Zottels Hals, ihre Finger kraulten zärtlich die dichte Mähne ihres Ponys.

„Bist du uns sehr böse, wenn wir dir nicht das Ehrengeleit nach Groß-Willmsdorf geben, sondern direkt nach Peershof zurückreiten?", rief Simon hinter ihr.

„Ich? Wie kommst du denn darauf! Ist doch klar, dass ihr mit den erschöpften Pferden auf dem kürzesten Weg heimreitet", sagte Bille. „Hast du Angst, ich könnte verloren gehen?"

„Unser lieber Simon ist eben ein gut erzogener Junge", stichelte Daniel. „Immer zuvorkommend Damen gegenüber – und 13-Jährigen, die es werden wollen."

„Einer muss ja die Familienehre retten. Seid froh, dass ihr ihn habt, sonst wärt ihr schlimm dran!", sprang Bettina ihrem Vetter bei. „Tschüss, Bille, ich ruf dich später noch an, damit wir die Matheaufgaben vergleichen können. Ein paar habe ich überhaupt nicht kapiert."

„Okay, bis dann. Kommt gut nach Hause!"

Bille winkte den Freunden nach, bis sie hinter der Wegbiegung verschwunden waren. Wie selbstverständlich Bettina zwischen ihren drei Vettern ritt! Gerade ein halbes Jahr war es her, dass sie auf Peershof Einzug gehalten hatte – eine blasse, kränkliche Schönheit, wie ein Wesen aus einer anderen Welt, gezeichnet von dem schweren Unfall, der ihre Eltern das Leben gekostet hatte. Weder die drei Brüder noch

Bille waren besonders glücklich über die Aufgabe gewesen, Bettina bei ihrem Start in ein neues Leben zu helfen.

Nicht Monate, sondern Jahre schienen Bille vergangen zu sein seit ihrer ersten Begegnung. In der kurzen Zeit waren Bettina, sie und die drei Brüder zu unzertrennlichen Freunden geworden.

„Das habt *ihr* zustande gebracht", sagte Bille liebevoll zu Zottel. „Ihr und unsere verrückte Liebe zu euch Vierbeinern. Nun komm, es wird Zeit fürs Abendbrot!"

Angesichts dieser Ankündigung ließ Zottel sich zu einem Trab überreden, und bald lagen die vertrauten Wirtschaftsgebäude des Gutshofs Groß-Willmsdorf in der Abendsonne vor ihnen.

Warum waren die Pferde noch auf den Koppeln? Es war doch schon spät? Bille überlegte, ob sie sie gleich mit in den Stall nehmen sollte – wenigstens die Stuten. Aber vielleicht hatte der alte Petersen einen Grund, sie hier draußen zu lassen, und würde sich über ihr eigenmächtiges Handeln ärgern? Eigentlich war Petersen nicht der Typ, der sich leicht ärgerte. Trotzdem, es war besser, sie schaute erst einmal in den Stall.

Die hohen Buchen und Kastanien im Park, die einen schützenden Ring um das weiße Gutshaus bildeten, leuchteten in den letzten Strahlen der Abendsonne. Die Luft war erfüllt von Vogelstimmen, es duftete nach feuchtem Gras und Blumen und nach dem Dung auf den Feldern – genau die Mischung, die Bille bis zum Platzen mit Freude anfüllen konnte. Freude, dass endlich Frühling war und dass sie hier leben durfte, auf dem Land, bei den Pferden – und nicht irgendwo in der Stadt in einer grauen Straße in einem Hochhaus.

Auf dem Hof war es still, es schien, als seien alle bereits schlafen gegangen. Das Geräusch von Zottels Hufen klang unnatürlich laut in diese Abendstille hinein. Was war eigentlich los? Die Pferde noch draußen – und kein Mensch auf dem Hof?

Bille sprang aus dem Sattel und führte Zottel am Zügel in den Stall. Zottel strebte sofort der Tränke zu, und sie hatte alle Mühe, ihn zurückzuhalten und ihm Sattel und Zaumzeug abzunehmen.

„Langsam, mein Junge, nicht so hastig, das bekommt dir nicht. Einen Augenblick musst du dich noch gedulden."

Sie band das Pony am Halfter im Stallgang fest und begann, sein verschwitztes Fell mit einem Strohwisch abzurubbeln.

Zottel ließ die Prozedur ungeduldig über sich ergehen und bekam zum Lohn seinen Eimer Wasser, den Bille sorgfältig mit einem Büschel Heu abgedeckt hatte, um ihren Liebling am allzu hastigen Trinken zu hindern. Zärtlich strich sie ihm über den Rücken, als er ärgerlich mit dem Maul die störenden Halme auseinanderschob.

„Mach dir nichts draus, Dicker, so ist es besser für dich, glaub mir! Wenn du zu hastig trinkst, kannst du krank werden …"

Bille schreckte hoch. Aus dem Seitenflügel hatte sie ein tiefes Stöhnen gehört. Ein Stöhnen, das nur eines bedeuten konnte! Und es konnte auch nur aus einer bestimmten Box kommen, denn alle anderen Pferde waren ja noch auf den Koppeln!

Sie ließ Zottel stehen und lief auf Zehenspitzen den Gang hinunter. Jetzt hörte sie auch Stimmen, leise und beruhigende Zurufe. Erleichterung schwang in ihnen mit.

Vor der Tür zur Box winkte Karlchen ihr zu und legte warnend den Finger an die Lippen. Und daneben standen sie alle – der alte Petersen, Hubert (Petersens Gehilfe und Karlchens älterer Bruder) und Herr Tiedjen, Billes Lehrer und Vorbild, dem Groß-Willmsdorf gehörte. In der Box kniete Dr. Dörfler, der Tierarzt, neben der Stute Jacaranda und hielt den Kopf eines winzigen Fohlens, das vor ihm im Stroh lag.

„Das ist gerade noch mal gut gegangen", murmelte er. „Ein Hengstfohlen."

Bille stellte sich auf die Zehenspitzen. Herr Tiedjen fing ihren fragenden Blick auf.

„Ja, du hast ein kleines Drama versäumt! Sei froh – wir sind alle fix und fertig." Herr Tiedjen fuhr sich mit dem Handrücken über die Stirn und entfernte sich leise von der Box, gefolgt von Petersen, Hubert und Karlchen. „Lassen wir Dörfler allein mit den beiden, jetzt braucht er uns ja wohl nicht mehr."

„Eine Frühgeburt, nicht wahr?", fragte Bille leise.

„Ja, eine schreckliche Geschichte. Sie ist durch eine Detonation erschreckt worden, ausgerutscht und ganz unglücklich gestürzt. Wir haben nicht zu hoffen gewagt, dass das Fohlen lebt."

„Eine Detonation? Ach, diese blöden Düsenjäger, ja, die haben wir auch gehört. Bongo wäre fast durchgegangen."

„Die Stute war völlig durchgedreht. Zum Glück war ich in der Nähe, und auch Dörfler war schnell zur Stelle", berichtete Herr Tiedjen.

Dr. Dörfler hatte vorsichtig Nüstern und Mäulchen des Fohlens vom Schleim gereinigt und seinen nassen kleinen Körper mit einem weichen Tuch abgerieben, da Jacaranda noch zu schwach war, sich um ihr Kind zu kümmern.

Der alte Petersen und Hubert begannen, die Nachbarbox herzurichten, um die Stute mit ihrem Fohlen umzuquartieren, sobald sie wieder auf den Beinen war. Herr Tiedjen ging zu der Box zurück, in der die erschöpfte Stute lag, und betrachtete die Arbeit des Tierarztes, der dem Fohlen jetzt eine Spritze gab.

„Ich glaube, du brauchst dir keine Sorgen mehr zu machen", sagte Dr. Dörfler. „Der kleine Kerl ist zwar etwas schwach, aber muskulös und kräftig gebaut. Bei entsprechender Pflege kann er sich gut entwickeln."

Jacaranda hob den Kopf und schnupperte an ihrem Neugeborenen. Dr. Dörfler trat zurück.

„Lassen wir die beiden jetzt allein, ich werde sie von draußen im Auge behalten. Ich bleibe auf jeden Fall, bis wir sicher sein können, dass alles in Ordnung ist und sie das Fohlen angenommen hat."

„Hilfst du mir, die Pferde reinzuholen?"

Karlchen war leise an Bille herangetreten, die immer noch wie gebannt in Jacarandas Box starrte.

„Klar doch, komm! Je weniger Leute um sie herumstehen, desto besser für sie", sagte Bille und trennte sich schweren Herzens von dem Anblick des wolligen kleinen Pferdekindes. „Ganz schwarz ist es, hast du gesehen? Ob es so bleibt – oder ob es auch ein Schimmel wird?"

„Hauptsache, es wächst und bleibt gesund", meinte Karlchen achselzuckend. Seinem Gesicht war anzusehen, dass auch ihn die vergangenen Stunden ganz schön mitgenommen hatten. Er interessierte sich zwar nicht sonderlich für Pferde und half im Stall nur aus, weil er sich etwas dazuverdienen wollte und Hubert ihm diesen Job verschafft hatte. Aber die aufregende Geburt des kleinen Hengstfohlens war ihm richtig unter die Haut gegangen. „Weißt du was?", sagte er nachdenklich zu Bille. „Ich glaube, ich werde ihn adoptieren. Das wird jetzt mein Pflegekind. Du hast ja Sindbad."

„Sindbad – Mensch, komm, es wird wirklich Zeit, dass wir uns um die anderen kümmern. Los!"

Bille brachte Zottel in seine Box und ging mit Karlchen zu den Koppeln, um die Pferde hereinzuholen. Dann half sie Hubert und Petersen, das Kraftfutter zu verteilen, und bereitete Sindbad seinen nahrhaften Brei, da Sinfonie, seine Mutter, kaum noch Milch für ihn hatte.

Der Tierarzt kam aus dem Seitengang und warf einen Blick in Sinfonies Box, wo Bille beruhigend auf die Stute einredete, während Sindbad sein Abendbrot schleckte.

„Seit sie herausbekommen hat, wie gut der Brei schmeckt, will sie unbedingt ihren Teil abbekommen", erklärte Bille lächelnd. „Ich werde wohl doch eine Fohlenkrippe für ihn anschaffen müssen. Wie geht es unserem Neugeborenen?"

„Gut. Es steht schon auf den Beinen und sucht nach dem Gesäuge. Achtet darauf, ob es auch wirklich trinkt. Ich muss jetzt für eine Stunde in die Praxis. Wenn nichts Dringendes vorliegt, komme ich vielleicht später noch mal vorbei."

„Was ist mit Jacaranda? Gibt es irgendwas, was wir für sie tun können?"

„Nein. Selbstverständlich muss sie jetzt ein besonders kräftigendes Futter bekommen. Ich habe ihr zwei Injektionen gegeben, es geht ihr schon wieder ganz gut. Sie ist vollauf mit ihrem kleinen Sohn beschäftigt. Am besten, ihr lasst sie ganz in Ruhe."

„Klar."

„Dein kleiner Schützling hat sich gut entwickelt, wie ich sehe."

„Ja, ich bin auch ganz stolz auf ihn. Aber was mich am meisten freut: dass ich mich mit Sinfonie angefreundet habe. Sie war doch so zickig früher – vor einem Jahr hatte ich noch einen Riesenrespekt vor ihr."

„Na, du hast in diesem einen Jahr ja auch eine Menge gelernt. Daran wird's wohl liegen. Du, ich muss gehen. Ich brauche dringend was in den Magen und ein kühles Bier. Tschüss, Bille, mach's gut."

„Wiedersehen!"

Sindbad hatte seine Mahlzeit beendet, und Bille verabschiedete ihn mit einem liebevollen Streicheln. Dann verließ sie die Box und ging leise zu Jacaranda hinüber, die jetzt mit ihrem Kleinen in der geräumigen Box in der ruhigsten Ecke des Stalles stand. An der Tür lehnte Karlchen, die Nase zwischen den Gitterstäben.

„Es trinkt, das Fohlen trinkt", flüsterte er atemlos. „Es trinkt tatsächlich."

„He, ich glaube, du hast dich verliebt? Du hast ganz glänzende Augen."

„Kann schon sein. Gehen wir zusammen nach Hause? Oder reitest du?"

„Nein, ich lasse Zottel heute Nacht hier, er ist total fertig von unserem Ausflug. Was ist mit deinem Moped?"

„Verliehen", sagte Karlchen grinsend. „An einen Herrn, der nicht genannt sein möchte. Muss seine Freundin nach Hause bringen."

„Das ist super von dir, alle Achtung. Na komm, gehen wir!"

Eine unglaubliche Geschichte

Bevor sie sich auf den Weg machten, halfen Karlchen und Bille noch, den Stall zu kehren und Geräte und Eimer wegzuräumen. Dann machten sie sich auf den Weg nach Wedenbruck.

„Ganz schön spät geworden, hoffentlich sind Mutsch und Onkel Paul nicht sauer. Ich hätte anrufen sollen", sagte Bille.

„Da musst du dir keine Sorgen machen, sie wissen Bescheid."

„Wieso denn das?"

„Herr Tiedjen hat anrufen lassen, als es losging mit der Frühgeburt. Die Sekretärin, Frau Beck, hat bei deinen Eltern angerufen, ob du zu Hause wärst – du solltest sofort kommen, wenn's möglich wäre."

„Und ich hab mich ahnungslos mit den Peershofern am Meer herumgetrieben! So was Blödes."

„Na, das konntest du doch nicht wissen!"

„Warum wollte er denn, dass ich komme?"

„Um zu helfen, warum sonst? Außerdem hat er wohl gedacht, du könntest was dabei lernen."

„Finde ich toll von ihm. Dass er extra anrufen lässt …"

Ein heißes Gefühl der Freude durchrieselte Bille. Sie war ihm wichtig. Sie, Sibylle Abromeit, ein Mädchen aus dem Dorf, das nichts mitbrachte außer einer dicken Portion

Pferdenarrheit – und dem Willen, für diese Leidenschaft jedes Opfer zu bringen –, war dem großen Turnierreiter Tiedjen wichtig! An ihrer Ausbildung, die er persönlich übernommen hatte, ihrer Arbeit, ihrer Mithilfe, ihrer Weiterentwicklung lag ihm wirklich etwas. Es war gut, das einmal wieder zu spüren, es stachelte den Ehrgeiz von Neuem an und machte Mut zum Durchhalten.

„Kannst dir schon was einbilden auf den Stein, den du beim Chef im Brett hast", sagte Karlchen, als hätte er ihre Gedanken gelesen.

„Du wirst lachen: Tu ich auch. Aber es ist auch … pst! Bleib mal stehen!", unterbrach sich Bille und zog Karlchen am Arm zur Seite.

Sie waren bei der Koppel angelangt, die zum Hof des Bauern Hansen gehörte, dem letzten Hof in Wedenbruck an der Landstraße nach Neukirchen. Vor ihnen auf dem Feldweg parkte ein Wagen. Er war nur undeutlich zu erkennen in der Dunkelheit, aber es schien ein großer Wagen zu sein.

„Kannst du was sehen?"

„Kaum. Scheint einen Anhänger zu haben", flüsterte Bille.

„Was der wohl dort will?"

„Vielleicht ein Liebespärchen?"

„Mit Anhänger? Und hier auf freiem Feld?"

„Dann eben ein Besoffener, der seinen Rausch ausschläft. Vielleicht kommt er vom Viehmarkt."

„Pssst, hör doch mal!"

Jetzt waren Stimmen zu hören. Ein Mann und eine Frau, die aufgeregt flüsterten. Offenbar stritten sie sich.

„Also doch ein Liebespaar", brummte Karlchen.

„Jetzt halt doch die Klappe! – Nein, aus dem Dorf sind die nicht."

Bille starrte angestrengt in Richtung des Wagens. Undeutlich sah man zwei Gestalten hin und her huschen. Dann drang ein scharfer, metallischer Laut durch die Stille, und ein Scharnier quietschte in den Angeln. Der Mann fluchte leise. „Viehdiebe!", raunte Bille atemlos. „Glaubst du auch, dass es Viehdiebe sind?"

„Hansen lässt doch seine Tiere nachts nicht draußen. – Still!"

Jetzt war das Getrappel von Hufen zu hören.

„Ein Schaf oder ein Kalb – auf jeden Fall was Kleines", flüsterte Bille aufgeregt. „Es sind doch Viehdiebe – wir müssen jemanden zu Hilfe holen!"

„Und inzwischen sind sie weg."

„Lass uns wenigstens näher ranschleichen. Vielleicht können wir die Autonummer erkennen. Hast du eine Taschenlampe?"

„Nein, aber Streichhölzer."

„Die werden uns nicht viel nützen."

„Komm, hier am Wall entlang, da sind wir in Deckung!"

Karlchen nahm Bille bei der Hand und zog sie hinter eine dichte Hecke aus Schlehdornen und Weidengestrüpp. Im Schatten des Buschwerks schlichen sie vorwärts.

Klick! Bille war in der Dunkelheit abgerutscht und hatte einen Stein gelöst, der hart auf einen anderen prallte.

„War da nicht was? Komm, bloß weg von hier!", hörten sie die Frauenstimme.

„Wir sind ganz nah dran", wisperte Karlchen und versuchte, durch die Zweige hindurch einen Blick auf das Nummernschild zu werfen. Dicht neben ihm knallte eine Autotür ins Schloss, der Motor wurde angelassen.

Karlchen robbte vorwärts, um besser sehen zu können.

Gerade als er hoffte, einen Blick auf das Nummernschild zu erhaschen, wurden die Scheinwerfer eingeschaltet. Karlchen konnte gerade noch rechtzeitig den Kopf zurückziehen und holte sich ein paar schmerzhafte Kratzer.

„Verdammt!", zischte er. „Kannst du was sehen?"

„Vorsicht!", keifte die Frau im Wagen. „Setz den Anhänger nicht in den Graben!"

„Ich bin doch kein Anfänger, hab dich nicht immer gleich so", knurrte der Mann.

Dann setzte sich das Auto in Bewegung, wurde geschickt rückwärts auf die Landstraße manövriert und fuhr mit aufheulendem Motor davon.

„Was immer die da in ihrem Anhänger haben, jetzt hat es sich bestimmt sämtliche Beine gebrochen!", sagte Bille, wütend über ihren Misserfolg. „Wir haben es falsch gemacht, wir hätten um Hilfe schreien sollen – oder sie irgendwie erschrecken. Was machen wir denn jetzt?"

„Ich würde vorschlagen, dass wir zu Hansens gehen und fragen, was sie auf der Koppel hatten."

„Lass uns doch mal nachschauen. Vielleicht hat er seine Schafe draußen gelassen. Sie werden sie ja nicht alle mitgenommen haben. Dann melden wir den Vorfall dem Dorfpolizisten, und der kann eine Fahndung nach dem Wagen einleiten. Bis wir das Hansens alles erklärt haben, sind die Diebe doch schon über alle Berge!"

Bille und Karlchen krochen aus ihrem Versteck und gingen zum Koppelgatter.

„Kannst du was sehen?"

„Nee, alles leer. Weiß der Teufel, was die da verladen haben." Karlchen befühlte die blutende Schramme, die er sich im Gebüsch zugezogen hatte.

Da hörten sie das Husten. Ein so klägliches Husten, dass sich Bille sofort das Herz zusammenkrampfte. Mit einem Satz schwang sie sich über das Koppelgatter und ging dem Geräusch nach, die Arme tastend vorgestreckt. Und plötzlich steckten ihre Hände in einer wolligen Mähne, ähnlich der, die Zottel hatte.

„Karlchen, schnell, deine Streichhölzer!"

Bille betastete den Hals, die magere Kruppe, dann fuhr sie dem Tier die Nase entlang, streichelte ihm das Maul.

„Ein Pony, ein Shetlandpony wahrscheinlich. Ich werd verrückt! Jetzt verstehe ich überhaupt nichts mehr …"

Karlchen war näher gekommen und riss gleich drei Streichhölzer auf einmal an. Sie flammten nur für einen kurzen Augenblick auf, aber der genügte, um Bille den Tränen nahe zu bringen.

„Mein Gott, du siehst ja furchtbar aus, mein armer Kerl! Was haben sie denn bloß mit dir gemacht? Total verwahrlost und abgemagert – er ist völlig apathisch! Aber was macht er hier auf Hansens Koppel?"

„Wahrscheinlich haben sie ihn ausgesetzt."

„Ausgesetzt? Was meinst du damit?"

„Vielleicht konnten sie ihn nicht mehr gebrauchen, er wurde ihnen zu teuer, seine Pflege zu unbequem, die lieben Kinderchen interessierten sich nicht mehr für das Pony – da haben sie ihn eben abgeschoben."

„Aber so etwas kann man doch mit einem Tier nicht machen!", sagte Bille empört.

„Ich glaube, du liest keine Zeitungen. Wie die Dinge liegen, kann er von Glück sagen, dass er nicht beim Pferdemetzger gelandet ist. Denn da enden viele seiner Leidensgenossen, die leichtsinnige Eltern für ihre Kinder anschaffen und die ihnen dann lästig werden. Erst neulich habe ich einen Artikel darüber gelesen."

Bille schüttelte sich vor Entsetzen.

„Ich habe schon gehört, dass Hunde und Katzen ausgesetzt werden. Das ist schlimm genug. Aber ein Pony …"

„Was machen wir jetzt? Wir können ja nicht ewig hier herumstehen. Oder willst du ihm die ganze Nacht Gesellschaft leisten?"

Karlchen hatte Hunger, und das machte ihn ungeduldig.

„Quatsch. Ich nehme ihn mit, ist doch klar", sagte Bille bestimmt. „Er braucht dringend Pflege. Zum Glück haben sie ihm wenigstens sein Halfter gelassen."

„Okay. Zottels Stall ist ja heute Nacht frei. Hoffentlich hat er keine ansteckende Krankheit."

Karlchen öffnete das Gatter, und Bille führte ihren neuen Schützling heraus. Das Pony folgte ihr völlig teilnahmslos.

„Mutsch und Onkel Paul werden Augen machen! Hoffentlich frisst er."

„Wer, Onkel Paul?"

„Blödsinn, das Pony. Vielleicht ist es so fertig, dass es gar nichts mehr annehmen mag."

„Dann gib ihn bei Zottel in die Lehre, damit er sieht, was echte Gefräßigkeit ist."

„Zottel hat sich sehr gebessert."

„Na ja – wie sagt man da? Der Not gehorchend, nicht dem eigenen Triebe."

Sie waren im Dorf angekommen und bogen in die Hauptstraße ein.

„Soll ich dich noch bis nach Hause begleiten?"

„Nein, nein, geh nur. Du siehst ja, er folgt mir wie ein Hündchen."

„Wenn ich die ganze Zeit so gekrault würde, würde ich dir auch folgen wie ein Hündchen. Also macht's gut, ihr beiden. Gute Nacht!"

„Du, Karlchen! Kannst du nicht schon mal bei Mutsch und Onkel Paul anrufen und sie auf unsere Ankunft vorbereiten? Damit sie nicht gleich vom Stuhl fallen."

„Okay, mach ich."

„Danke. Tschüss!"

Bille sah Karlchen nach, wie er auf dem Hof seiner Eltern verschwand. Sie wartete, bis sie die Tür quietschen hörte und das Licht im Hausflur ausging. Das Telefon befand sich im Flur gleich neben der Küchentür. Wenn er sofort anrief, wussten Mutsch und Onkel Paul in zwei Minuten, was an diesem Nachmittag alles geschehen war.

Als Bille zu Hause ankam, stand Mutsch bereits in der Tür.

„Mein Gott!", murmelte sie nur, als sie das heruntergekommene Pony sah. „Mein Gott! Wie können Menschen so etwas tun?"

„Meinst du, ich sollte Dr. Dörfler noch anrufen?"

„Das musst du sogar. Es hat bestimmt Fieber. Morgen ist es vielleicht schon zu spät!"

Mutsch half Bille, das Pony in Zottels Stall zu bringen. Bille schüttete etwas Kraftfutter in den Trog und stellte einen Eimer Wasser in die Box. Das Pony trank ein paar Schlucke, das Futter rührte es nicht an. Auch das duftende Heu, das Bille ihm jetzt noch brachte, schien es nicht zu interessieren.

„Ich geh telefonieren", sagte Mutsch. „Und dann mache ich einen Kamillensud, damit kannst du ihm die Augen und die Nüstern auswaschen. Die sind ja total verschleimt. Bleib du so lange bei ihm."

„Ist gut." Bille warf Mutsch einen dankbaren Blick zu.

Sie holte eine weiche Bürste und begann, den mageren Körper des Ponys damit sanft zu massieren. Sie wusste nicht, ob es einen Sinn hatte, sie hatte nur das Bedürfnis, Leben in diesen kleinen heruntergekommenen Körper zu bringen.

„Was ist es denn? Eine Stute?", kam Onkel Pauls Stimme aus dem Hintergrund.

„Ein Wallach. Shetty vermutlich. Wenn wir ihn jemals wieder sauber kriegen, kommt wahrscheinlich ein Schimmel zum Vorschein."

Onkel Pauls kräftige Gestalt schob sich durch die kleine Stalltüre. Kopfschüttelnd betrachtete er das kranke Pony.

„Du, Onkel Paul? Was machen wir denn jetzt – ich meine, müssen wir den Vorfall der Polizei melden? Und was wird, wenn sie die Leute finden, die ihn ausgesetzt haben? Müssen die das Pony dann wieder zu sich nehmen?"

Onkel Paul lächelte.

„Ich weiß schon, worauf du hinauswillst. Ja, melden müssen wir das auf jeden Fall. Aber ich glaube nicht, dass du ihn wieder hergeben musst – wenn er überlebt."

Bille strahlte ihren Stiefvater an.

„Danke, Onkel Paul. Du bist einfach super – immer wieder von Neuem! Ich bin froh, dass wir dich geheiratet haben."

„Na, was meinst du, wie froh ich bin, dass ihr mich endlich genommen habt", sagte Onkel Paul. „Wurde ja auch höchste Zeit."

„Dr. Dörfler wird in einer Viertelstunde hier sein", rief Mutsch schon von Weitem. „Bis dahin sollen wir nichts unternehmen. Er will den Kleinen erst gründlich untersuchen."

„Gut. Ich bleibe so lange bei ihm. Ich glaube, es gefällt ihm, wenn ich ihn massiere."

„So viel Liebe hat er vermutlich schon lange nicht mehr erfahren", murmelte Onkel Paul.

Die Diagnose des Tierarztes stand schnell fest.

„Eine verschleppte Bronchitis", sagte er, nachdem er das Pony gründlich untersucht hatte. „Außerdem hat er Würmer – in gefährlichem Ausmaß, fürchte ich. Ich werde sofort eine Kotuntersuchung machen lassen, damit ich weiß, welche Mittel ich ihm geben kann. Es war keine besonders gute Idee, ihn in Zottels Stall zu bringen", sagte er zu Bille gewandt. „Obwohl ich dich natürlich verstehen kann. Aber du wirst den Stall gründlich desinfizieren müssen, bevor du Zottel wieder hereinbringst. Ein solcher Husten ist sehr ansteckend und es gibt kein hundertprozentig sicheres Mittel dagegen."

„Das heißt, wir müssen das Pony zunächst mal von allen anderen Pferden isolieren?"

„Auf jeden Fall."

„Glauben Sie, dass es gesund wird?"

„Ich denke schon. Bei deiner Pflege – aber du musst Geduld haben. Wahrscheinlich hielten seine Besitzer es ständig in einem total verschmutzten, schlecht gelüfteten Stall, ohne Bewegung und bei falscher und völlig unzureichender Fütterung. Möglicherweise haben die Kinder die Auflage bekommen, allein für das Tier zu sorgen, haben ihm einmal viel und dann wieder tagelang nichts gegeben."

„Ich könnte heulen, wenn ich daran denke, dass es solche Menschen gibt", sagte Bille. „Gibt es denn kein Gesetz, das so etwas verbietet?"

„Doch. Aber wer kann das wirklich kontrollieren? Die meisten Nachbarn sind viel zu feige, um Anzeige zu erstatten, wenn sie es überhaupt mitbekommen. Oder zu gleichgültig. Für sie ist ein Pferd einfach ein Gegenstand – wie ein Auto oder ein Motorrad. Denk an die traurige Vergangenheit deines Zottels."

„Daran habe ich gerade gedacht."

„Nun mach kein so verzweifeltes Gesicht. Der hier hat das Glück gehabt, in deine Hände zu kommen. Und du hast jetzt eine neue Aufgabe und wirst all deine Kräfte brauchen – für deine zwei Ponys. Ich gebe ihm jetzt zwei Injektionen, darauf wird er hoffentlich Appetit bekommen. Dann mache ich dir noch eine Aufstellung, wie du ihn füttern sollst und was du für ihn brauchst."

Dr. Dörfler beendete seine Arbeit und packte seine Instrumente zusammen. Bille fuhr fort, dem Pony über Kopf und Hals zu streichen.

„Bitte, bleib am Leben!" flüsterte sie. „Du musst wieder gesund werden, hörst du?"

„Hast du schon einen Namen für ihn?", fragte der Tierarzt.

„Ich habe noch gar nicht darüber nachgedacht …"

„Na, wie wär's denn mit Moses?", fragte Onkel Paul, der immer noch vor der Box stand. „Du hast ihn zwar nicht im Schilf gefunden und auch nicht in einem Körbchen – aber ein Findelkind ist er doch. Und es soll etwas Großes aus ihm werden, oder etwa nicht?"

„Natürlich!", sagte Bille mit Nachdruck. „Er muss es einfach schaffen. Aber Moses klingt so steif."

„Dann nimm doch die Koseform", schlug Dr. Dörfler vor. „Moischele."

„Moischele?" Bille fuhr dem Pony zärtlich mit den Fingern durch die Mähne. „Ja, das ist ein richtiger Schmusename."

Wie zur Bestätigung rieb das Pony seinen Kopf ganz leicht an Billes Jacke.

„Es fängt an, sich besser zu fühlen", sagte der Tierarzt. „Liebe wirkt nicht nur bei Menschen Wunder, wie man sieht."

„Onkel Paul, darf ich heute Nacht im Stall schlafen?", fragte Bille.

„Wir werden mit deiner Mutter drüber reden", sagte Onkel Paul vorsichtig. „Sie hat da ihre eigenen Ansichten. Aber du kannst ja schon mal deinen Schlafsack und die Luftmatratze heraussuchen."

Onkel Paul zwinkerte Bille zu und ging mit Dr. Dörfler zum Haus.

„Hast du gehört, mein Kleiner? Du brauchst nicht mehr allein zu bleiben. Ich bin gleich wieder da, dann werden wir beide wundervoll schlafen, und morgen wird es dir schon viel besser gehen."

Billes neuer Schützling

Die Nachricht von dem ausgesetzten Pony, das Bille in Pflege genommen hatte, schlug bei den Freunden wie eine Bombe ein.

Noch spät am Abend hatte Bille in Peershof angerufen. Frau Henrich, Bettinas Tante, konnte ihren Unwillen über die unpassende Zeit kaum verbergen. Sie achtete peinlich auf das, was sie knapp mit „Benimm" bezeichnete. Aber als sie hörte, was passiert war, war sie schnell besänftigt und erlaubte Bettina und ihren drei Söhnen, das unglaubliche Ereignis lang und breit am Telefon zu diskutieren.

Gleich nach der Schule am nächsten Tag kamen die Freunde nach Wedenbruck, um das Findelkind zu besichtigen.

Moischele hatte sich über Nacht sichtlich erholt. Die Medikamente hatten gewirkt, das Fieber war gesunken, und er begann, wieder normalen Appetit zu entwickeln.

Onkel Paul war früh am Morgen zum Dorfpolizisten Bode gegangen und hatte das Ereignis gemeldet. Und Mutsch hatte im Spar-Markt in Leesten angerufen, dass sie heute erst nachmittags ins Geschäft käme, weil sie Moischeles Pflege übernehmen wollte.

„Du sollst mit Karlchen heute noch zu Bode kommen", sagte Mutsch, als Bille, gefolgt von Bettina, Daniel, Simon und Florian das Haus betrat. „Er muss ein Protokoll aufnehmen und will mit euch zusammen den Tatort besichtigen."

„Tatort – wie sich das anhört."

„Du kennst doch Bode, er ist froh, wenn er hier mal was zu tun bekommt."

„Glaubst du, dass er Schwierigkeiten macht, weil wir das Pony behalten möchten?"

„Du hast es gefunden. Warum sollte er Schwierigkeiten machen? Wenn es überlebt, ist es schließlich dir zu verdanken."

„Und euch." Bille umarmte sie heftig. „Ich bin so froh, dass ihr mich versteht."

Sie wusste sehr gut, dass ohne Onkel Paul gar nicht daran zu denken gewesen wäre, ein zweites Pony aufzunehmen. Früher war Mutsch in solchen Dingen unerbittlich gewesen. Reiten und Pferde, das war etwas für reiche Leute, Luxus – so hatte sie immer behauptet. Und wenn Herr Tiedjen nicht vor einem Jahr zu ihr gegangen wäre und sie überredet hätte, Bille reiten lernen zu lassen, würde Bille heute noch sehnsuchtsvoll am Rande der Reitbahn in Groß-Willmsdorf stehen und vom Reiten träumen. Dass sie dann aber Zottel bekam und einen eigenen Stall für ihr Pony dazu, das wäre ohne Onkel Paul nicht möglich gewesen.

Onkel Paul hatte Mutsch wieder und wieder zugeredet, Billes Pferdeträumen nicht im Wege zu stehen. Und nun das zweite Pony. Kein Wort davon, was es kosten würde, das Futter, der Tierarzt – kein: Kind, so was können Leute wie wir sich nicht leisten! Moischele war da, Moischele brauchte Hilfe – und Onkel Paul wischte alle Bedenken mit einer Handbewegung vom Tisch. Und Onkel Paul bewirkte das Wunder, dass Mutsch das alles ganz in Ordnung fand.

Bille drückte ihre Mutter noch einmal an sich.

„Habt ihr gewusst, dass meine Mutter der beste Pferde-pfleger der Welt ist?", sagte Bille übermütig.

„Ach, Unsinn", wehrte Mutsch verlegen ab und löste sich aus Billes Umarmung.

„Doch, doch! Ihre Eltern hatten damals in Ostpreußen einen Bauernhof, und meine liebe Mutter war noch viel pferdenärrischer als ich …"

„Wenn das überhaupt möglich ist", warf Simon ein.

„Ohne Onkel Paul hätte ich es nie erfahren", erzählte Bille. „Sie hat es mir wohlweislich verheimlicht. Zum Glück kannte er sie damals schon, so kam alles heraus. Sie hat nachts heimlich im Stall geschlafen und saß von morgens bis abends im Sattel. In der Nähe war ein Gestüt, dort durfte sie die Pferde bewegen. Aber ich sollte um keinen Preis reiten lernen."

„Früher war alles ganz anders", wehrte Mutsch ab. „Wir hatten noch kein Auto und keine Traktoren zu Hause, die Pferde wurden gebraucht. Also konnte man auch reiten und fahren, das ergab sich von selbst."

„Warum haben Sie denn mit Ihrem Mann keinen Reitstall eröffnet?", fragte Bettina.

„Mein Mann interessierte sich nicht für Pferde, er war Kaufmann und hat hier in Wedenbruck einen kleinen La-den eröffnet. Nach seinem Tod hab ich den Laden eben wei-tergeführt. Reitstall, auf die Idee wäre ich nie gekommen. Außerdem hatten die Leute damals andere Dinge im Kopf und auch gar kein Geld für so etwas wie Reiten."

„Das ist heute ja glücklicherweise ganz anders", meinte Bille. „Warte nur ab, wenn wir so weitermachen, haben wir bald einen ganzen Stall voller Pferde!"

„Wann kriegen wir denn deinen Schützling nun endlich zu sehen", drängte Daniel.

Bille sah erschrocken auf die Uhr.

„Wahnsinn, schon so spät! Solche Gespräche kann ich mir gar nicht mehr leisten. Ich muss mich ja auch noch um Zottel kümmern – und um Sindbad."

„Und um die Schulaufgaben nicht zufällig auch?", fragte Mutsch ironisch.

„Da haben wir ein Riesenglück gehabt, nicht wahr, Bettina? Wir hatten nur was in Englisch auf, eine Übersetzung, und die haben wir schon in der Pause gemacht."

„Ja, und was ist mit essen?"

„Hat Zeit bis heute Abend. Ich mach mir sonst mittags doch auch nur ein Brot, wenn du im Laden bist."

„Mädchen, Mädchen, wie soll das bloß noch werden", murmelte Mutsch. Aber da waren Bille und ihre Freunde schon draußen.

Vor der Haustür trafen sie auf Karlchen.

„Ich wollte dich gerade abholen. Wir sollen zu Bode auf die Polizeistation kommen."

„Weiß ich schon. Warte einen Moment, wir wollen nur schnell noch zu Moischele hineinschauen."

„Zu wem?"

„Dem Findelkind. Komm mit!"

Als das Pony die vielen Gestalten auf sich zukommen sah, schreckte es ängstlich zurück.

„Wahrscheinlich ist es oft von Kindern geärgert worden", meinte Bille. „Es hat Angst vor euch, bleibt ein bisschen zurück, bis es sich an euch gewöhnt hat."

Sie strich dem kleinen Schimmel beruhigend über den Hals. Sofort wandte sich das Pony ihr vertrauensvoll zu.

„Na, was habe ich gesagt! Unter Billes Händen blüht er auf! Ihr hättet ihn mal gestern Abend sehen sollen!"

Karlchen schaute in die Runde, als seien Billes Fähigkeiten allein sein Verdienst.

„Ich glaube, das wird mal ein Prachtstück, wenn er erst ein bisschen Fleisch auf den Knochen hat. Schaut mal, was für einen hübschen Kopf er hat", sagte Daniel und betrachtete Moischele fachmännisch. „Und er ist ausgezeichnet gebaut. Hat Dr. Dörfler gesagt, wie alt er ist?"

„Höchstens fünf."

„Idiot."

„Dr. Dörfler? Wieso?"

„Quatsch. Ich meine den Mann, der so ein Tier kauft und dann so verkommen lässt."

„Idiot ist fast noch eine Schmeichelei für den Typen. Ich hätte da ein paar wesentlich treffendere Bezeichnungen", schnaubte Simon.

„Ins Gefängnis gehört der!", schimpfte Florian. „Und zwar bei Wasser und Brot – und auch das nur alle drei Tage!"

„Vielleicht sollte man ihn damit strafen, dass man ihn unter genau den gleichen Bedingungen einsperrt, wie er sie dem Pony zugemutet hat", meinte Bettina. „Und ihn zwingt, genau das Gleiche zu essen – beziehungsweise nicht zu essen!"

Moischele schien zu den jungen Leuten Vertrauen zu fassen. Er folgte dem Gespräch, als könne er verstehen, dass man hier leidenschaftlich für ihn Partei nahm.

„So, mein Schatz! Du wirst jetzt brav deinen Mittagsschlaf halten. Und wir gehen zu unserem Polizeigewaltigen", sagte Bille und verließ die Box. „Und ihr denkt bitte dran, euch gründlich die Hände zu waschen, wenn ihr irgendwas hier drinnen angefasst habt. Damit ihr eure Pferde nicht ansteckt."

In der Küche hatte Mutsch bereits eine große Schüssel mit Wasser bereitgestellt, dem sie ein Desinfektionsmittel beigefügt hatte. Außerdem stand eine Platte mit belegten Broten auf dem Tisch, auf der innerhalb weniger Minuten auch nicht ein Krümel zurückblieb. Bille drückte jedem eine Flasche Limo in die Hand, dann zog die Karawane zur Polizeistation und von dort aus – im Windschatten des Zweizentnermannes Bode – zum Lokaltermin auf Hansens Koppel.

Wachtmeister Bode zückte sein Notizbuch und ließ sich von Bille und Karlchen genau beschreiben, wie sie auf dem Heimweg den Wagen entdeckt und geglaubt hatten, es sei ein Viehdieb, wie sie sich dann an der Außenseite der Hecke herangeschlichen hatten, um die Autonummer festzustellen, und der Wagen vor ihrer Nase davongefahren war.

„Warum ist nicht einer von euch gleich zu mir gelaufen?", kam eine Stimme von hinten. Bauer Hansen war unbemerkt an die kleine Gruppe herangetreten.

„Dazu sind wir gar nicht mehr gekommen, Onkel Claas", sagte Bille. „Es ging auf einmal alles so schnell. Wir haben gedacht, wenn wir erst mal die Autonummer haben, wird man die Leute bestimmt finden."

„Ja, und erst mussten wir ja auch mal an den vermeintlichen Dieben unbemerkt vorbei!", fiel ihr Karlchen ins Wort. „Bis wir auf gleicher Höhe mit ihnen waren, saßen sie schon wieder im Wagen und starteten."

„Hm, verstehe. Und was ist nun mit dem Pony? Ich meine, wenn es auf meiner Koppel ausgesetzt worden ist, hättet ihr es doch eigentlich dort lassen müssen – und mich erst mal von der Sache verständigen, oder?"

Bille rutschte das Herz bis in die Kniekehlen. Daran hatte

sie überhaupt nicht gedacht. Lieber Gott, hätten wir doch bloß gesagt, es sei auf dem Weg ausgesetzt worden – der gehört der Gemeinde!, fuhr es ihr durch den Kopf.

„Na ja, wir …" Bille wusste nicht weiter.

„Wäre doch vielleicht was für meine Jungs", sagte Claas Hansen zu Wachtmeister Bode.

Karlchen sah, wie Bille die Tränen in die Augen stiegen.

„Es war doch so, Onkel Claas", sagte er und schob sich vor Bille, „wir haben gemerkt, dass das Tier todkrank war, dass es schon kurz vor dem Krepieren war, meine ich. Und da haben wir gesagt: Es muss sofort zum Tierarzt, vielleicht kann der es noch retten. Also, wir zu Billes Eltern und bei Dr. Dörfler angerufen. Und als er das Pony dann untersucht und gesagt hat, dass man es sofort streng isolieren muss, weil seine Krankheit so ansteckend ist, dass man einen ganzen Viehbestand verseuchen kann, da …"

„Krank?" Claas Hansen riss die Augen auf. „Das hat mir gerade noch gefehlt! Bin froh, dass meine Tiere endlich alle wieder gesund sind. Nee, um Himmels willen, dann lasst es bloß, wo es ist!"

Bille kniff Karlchen vor Dankbarkeit in den Rücken. Sie schwor sich, ihm bei nächster Gelegenheit eine riesige Familien-Luxuspackung Eiscreme zu spendieren. Auch von den Peershofern erntete Karlchen bewundernde Blicke. Karlchen sah es und wurde gleich ein Stück größer.

„Du solltest vielleicht die paar Meter Gras auf der Koppel absengen, Onkel Claas, wo das Pony gestanden hat. Wenn es auch nur ein paar Minuten waren. Und das Koppelgatter desinfizieren", sagte er eifrig. „Wenn du willst, können wir das auch übernehmen. Billes Mutter hat schon so eine Desinfektionslösung angesetzt."

„Das wäre vielleicht nicht falsch", meinte Bauer Hansen nachdenklich. „Sicher ist sicher. Aber da kümmere ich mich schon selbst drum. Nett, dass ihr mir helfen wolltet. Na, ich muss wieder an die Arbeit. Wiedersehen zusammen."

Claas Hansen entfernte sich wieder, und Bille atmete auf. „Du bist super!", flüsterte sie Karlchen zu. „Das vergess ich dir nie!"

Wachtmeister Bode schrieb schweigend und verbissen. Er ärgerte sich jetzt schon, dass er das Ganze später noch in den Computer eingeben musste. Endlich klappte er sein Notizbuch zu.

„Ja, das wär's dann wohl. Wenn ich euch noch mal brauche, sag ich Bescheid. Also, tschüss dann!"

„Tschüss, Herr Wachtmeister. Ach, Herr Bode", rief Bille dem Polizisten nach, „was geschieht eigentlich, wenn Sie die Leute ausfindig machen, die das Pony ausgesetzt haben?"

„Tja, das weiß ich nun auch nicht so genau. Eine saftige Strafe werden sie wohl zahlen müssen."

„Und das ist alles?"

„Ich glaube, ja."

„Dann ist es ja gut. Danke!"

„Was findest du daran gut?", fragte Florian kopfschüttelnd.

„Ach, ich hatte einfach Angst, man würde sie zwingen, das Pony zurückzunehmen."

„Nur über meine Leiche!", knurrte Karlchen. „Wenn sie kommen, schick sie zu mir!"

„Karlchen! So kenn ich dich ja gar nicht", sagte Bettina lachend.

„Tja, wenn man Vater wird …" Karlchen blinzelte Bille zu. „Das verändert einen Menschen ungemein!"

„Du bist was?"

„Er ist Vater geworden. Ich Trottel!" Bille schlug sich erschrocken vor die Stirn. „Bei all der Aufregung habe ich unser Neugeborenes ganz vergessen! Karlchen, du hast das Kleine doch nicht etwa angefasst, ohne dich vorher zu desinfizieren?"

„Ich war heute noch gar nicht bei ihm. Kam doch auch gerade erst aus der Schule. Aber du wirst lachen – ich hab sogar gebadet und mich von Kopf bis Fuß frisch angezogen. Und bei deiner Mutter habe ich mir noch mal die Hände in diesem grässlich stinkenden Zeug gewaschen. Ich rieche jetzt noch nach Krankenhaus!"

„Kann uns nicht mal einer aufklären, wovon ihr redet?", fragte Simon.

„Wir haben gestern ein Kind bekommen, eine Frühgeburt. Von Jacaranda. Ein süßes Hengstfohlen. Karlchen war so gerührt, dass er es gleich adoptiert hat."

„Also noch eine Baby-Besichtigung? Toll, nichts wie hin!", sagte Bettina strahlend. „Ein Fohlen, das Karlchen spontan adoptiert, muss ich sofort sehen!"

Zottel, du bist super!

Zottel fühlte sich vernachlässigt.

Nicht nur, dass Bille sich ständig um das ausgesetzte Pony kümmerte und er – aus seinem eigenen Stall ausquartiert – in Groß-Willmsdorf auf sie warten musste. Nein, wenn sie kam, dann ritt sie meistens auf anderen Pferden in der Reitbahn. Herr Tiedjen, der den Sommer über von Turnier zu Turnier reiste, nutzte die Zeit, die er jetzt zu Hause verbrachte, für etliche Extra-Stunden. In den kommenden Monaten würde er kaum Zeit für seine Schüler finden, so wollte er ihnen wenigstens jetzt einen Ausgleich dafür bieten.

Im Unterricht ritt Bille abwechselnd Lohengrin, Troja und Iris – drei ganz verschiedene Temperamente, die immer neue Anpassung erforderten. Die zierliche Rappstute Iris, temperamentvoll und immer noch ein wenig schreckhaft, war Bille in letzter Zeit besonders ans Herz gewachsen. Sie entwickelte einen sechsten Sinn für das, was die Stute im nächsten Augenblick tun würde, wann und wovor sie scheuen würde und in welcher Stimmung sie gerade war.

Iris selbst schien zunehmend Vertrauen zu ihrer jungen Reiterin zu fassen. Bei niemand anderem war sie so ruhig und arbeitswillig wie bei Bille.

Am härtesten waren die Stunden auf Lohengrin. Der schwere und ein wenig träge Fuchswallach mit der enormen

Sprungkraft, an das Gewicht von Herrn Tiedjen gewöhnt, nahm Bille einfach nicht ernst. „Du stinkst vor Faulheit!", schimpfte Bille immer wieder, aber das machte auf Lohengrin begreiflicherweise nicht den geringsten Eindruck. Das Einzige, womit man ihm imponieren konnte, war Kraft – und daran fehlte es Bille vorerst noch.

Mit der schönen Fuchsstute Troja hingegen gab es keine Probleme. Sie hatte ein ruhiges Temperament, war leicht zu reiten, stets aufmerksam, freudig und wundervoll harmonisch in ihren Bewegungen. Sie gehörte zu der Sorte Pferde, die auch einem schlechten Reiter immer mal wieder zu einem Erfolgserlebnis verhelfen.

Während Bille, Daniel, Simon, Florian und Bettina von Herrn Tiedjen unterrichtet wurden, langweilte sich Zottel in seiner Box oder auf der Koppel. Die Spiele mit dem kleinen Sindbad waren auf die Dauer kein Ersatz für weite Ausritte mit seiner Freundin. So stand er sehnsüchtig am Koppelgatter und wartete darauf, dass Bille kommen und ihn holen würde.

Es war Christi Himmelfahrt, ein Tag wie gemalt. Die Sonne schien strahlend von einem mit Wattewölkchen betupften Himmel, ein leichter Wind strich durch die Zweige und über die Wiesen, es duftete nach frisch gemähtem Gras. Herr Tiedjen arbeitete mit seinen Schülern in der Bahn. Zottel kaute gelangweilt und ärgerlich am Holz des Gatters.

Plötzlich durchrieselte ihn ein seliger Schauer. Musik! Zottel reckte den Hals. Die Musik kam näher. Zottel wieherte sehnsüchtig und lief aufgeregt hin und her.

Da kamen sie – eine Gruppe von Männern in bunten Hemden und mit Zylindern auf dem Kopf. Sie schwenkten Girlanden und kleine Fähnchen und musizierten mit

Mundharmonikas und Flöten. Einer hatte sogar ein Akkordeon. In der Mitte gingen zwei Männer, die einen Handkarren zogen, auf dem ein großes Fass lag. Außerdem hatten sie Rucksäcke bei sich, aus denen Essbares und etliche Flaschen Schnaps ragten. Die Männer schienen sehr fröhlich zu sein, sie lachten und sangen lautstark.

Zottel scharrte mit den Hufen und wieherte wie wild, es hörte sich an, als wolle er mitsingen.

Endlich wurde einer der Männer auf das Pony aufmerksam. Er schwenkte seine Flasche winkend durch die Luft und grüßte Zottel.

„Ich komm gleich, Kumpel! Sollst doch auch nicht leben wie 'n Hund. Vater sorgt schon für dich."

Breitbeinig kam er zu Zottel herüber und blieb leicht schwankend vor dem rot gesprenkelten Pony stehen.

„Hat deine Mutti dich aber fein gemacht!", lallte er und sah Zottel aus glasigen Augen an. „Na komm, nimm 'nen Schluck!"

Zottel schnupperte an der Flasche. Es roch scharf und kitzelte ihn in der Nase. Zottel schnaubte und schüttelte heftig den Kopf.

„Magst du nicht? Nanu?"

Der Mann sah Zottel nachdenklich an. Dann hellte sich seine Miene auf.

„Ich weiß was! Ein kühles kleines Helles. Das schmeckt dir bestimmt! Komm, Junge!"

Zottel konnte sein Glück kaum fassen, als der Mann das Gatter öffnete und ihn herausließ. Geduldig wartete er, bis sein neuer Freund das Gatter wieder geschlossen hatte und ihn, den Arm um seinen Hals gelegt, zu den anderen Männern führte, die im Schatten einer Birke rasteten.

„Ein Bier für meinen Freund!", grölte der Mann an seinem Hals.

Die Männer brachen in lautes Gelächter aus. Einer von ihnen nahm seinen Zylinder ab, hielt ihn unter den Hahn des Fasses und ließ ihn randvoll laufen. Das Bier tropfte und schäumte.

„Schnell, bring ihn her, sonst suppt dat doch allens durch, Mann!", schrie er und stürzte – den Zylinder in den weit vorgestreckten Händen – auf Zottel zu. „Herzlich willkommen in unseren Reihen. Ich bin der Otto. Und du?"

Zottel tauchte seine Nase tief in den weißlichen Schaum und trank vorsichtig ein paar Schlucke. Dann hob er den Kopf und wieherte vergnügt.

„Willi heißt er, hat er gesagt. Habt ihr gehört? Willi heißt er!", sagte Otto lachend und schlug sich auf die Schenkel.

„Angenehm, Willi. Ich bin Kuddl", stellte sich der Mann vor, der Zottel aus der Koppel geholt hatte. „Und das da ist Fritz, und der kleine Dicke da Benno, der mit der Brille Mattes, der junge Spund da drüben Heiko und daneben sein Freund Hannes, und der mit der spitzen Nase ist Fiete. Na, kannst du dir sowieso nicht alles auf einmal merken. Komm, nu nimm erst mal 'n Stück Schinkenbrot – 'ne richtige Unterlage braucht der Mensch."

„Mann, Kuddl", sagte der Mann, der als der dicke Benno vorgestellt worden war, „glaubst du, dass dein Freund beleidigt ist, wenn wir ihn bitten, den Wagen zu ziehen? Der ist das doch sicher gewohnt."

„Wir können ihn ja mal fragen. He, Willi – hättest du was dagegen, den Wagen zu ziehen? Du siehst schön stark aus!"

Zottel malmte genüsslich auf seinem Schinkenbrot herum, den Blick verträumt nach innen gerichtet.

„Siehste – er hat nichts dagegen."

„Aber wie?" Kuddl schob den Zylinder ins Genick und zupfte nachdenklich an seinem Ohrläppchen, das von einem feinen goldenen Ring geziert wurde.

„Wie – was?", fragte Otto.

„Na, wie soll er ihn ziehen? Wir haben doch kein Geschirr?"

„Ach nee – tatsächlich. Komisch, is mir gar nicht aufgefallen."

Eine Weile schwiegen die Männer nachdenklich. Benno nahm einen tiefen Schluck aus seiner Flasche, rülpste zufrieden und lachte.

„Was denn – Schwierigkeiten? Bei uns gibt's keine Schwierigkeiten. Los, Leute – alle Mann die Hosen runter! Hosenträger und Gürtel sind sofort bei Willi abzuliefern! Wir haben kein Geschirr? Dann machen wir uns eben eins!"

„Und womit sollen wir die Hosen halten?", fragte Heiko.

„Wir haben doch noch die Wäscheleine – mit der wir das Fass festgezurrt haben. Da is noch meterweise übrig. Kuddl – gib an die Männer Stricke aus – jedem sein Stück Wäscheleine!"

Unter Johlen und Gelächter entledigte sich die Gesellschaft ihrer Gürtel und Hosenträger. Während Kuddl mit seinem Brotmesser jedem ein Stück Leine zumaß, knüpften Heiko und Hannes unter Bennos Aufsicht ein Notgeschirr, wie sie es nannten. Das dauerte ziemlich lange, denn keiner von ihnen hatte eine Ahnung, wie so ein Geschirr nun eigentlich aussehen müsste, und oft konnten sie vor Lachen nicht weiterarbeiten.

„Viel-viel-vielleicht können wir den Wagen einfach an seinem Schwanz anbinden", gickerte Hannes.

„Willst du meinen Freund beleidigen?", fragte Kuddl empört. „Kommt nicht infrage! Der zieht mit seinem Bizeps, wie jeder anständige Mensch."

„Hat er denn welchen?"

Schließlich war es ihnen gelungen, Zottel die Hosenträger so um Bauch und Brust zu winden, dass sie rechts und links die aneinandergeknüpften Gürtel als Zugseile anbringen konnten. Was nun in der Länge noch fehlte, wurde durch ein Stück Wäscheleine ersetzt.

„Man muss sich nur zu helfen wissen, Willi, hab ich nicht recht, Junge?" Kuddl klopfte Zottel zufrieden den Hals und hielt ihm zur Stärkung die Flasche hin. „Ach so, du hast ja was gegen scharfe Sachen. Wo bleibt das Bier für Willi?", brüllte er.

„Sofort, Chef!"

Heiko rannte nach hinten und ließ den Zylinder noch einmal volllaufen.

„Hier, mein Junge!"

„Ob er Kuchen will? Meine Alte hat mir wieder einen gebacken, wo sie doch ganz genau weiß, dass ich das Zeug nich abkann", lallte Mattes und kramte in seinem Rucksack. Da er Schwierigkeiten zu haben schien, half Zottel nach und zog mit sicherem Instinkt den in ein Tuch gewickelten Kuchen heraus. Er ließ das Bündel vor sich auf den Boden fallen. Anschließend schob er es mit der Nase auseinander und begann, den Kuchen zu vertilgen.

„Ihm schmeckt er", sagte Mattes glücklich. „Möchte einer von euch noch was davon?"

Aber die Frage erübrigte sich, das letzte Stück Kuchen verschwand gerade in Zottels Maul.

„Na, was is' nu? Können wir?", rief Fiete ungeduldig.

„Klar. Weiter geht's, Männer – auf lasst uns brechen …"
Fritz schulterte das Akkordeon und intonierte einen zünftigen Marsch. Die anderen sangen selbst erfundene Texte dazu, jeder einen anderen. Zottel fühlte sich selig in seine Zirkus-Vergangenheit zurückversetzt.

Kuddl führte Zottel am Halfter, und Otto passte auf, dass auf abschüssigen Strecken der Wagen nicht davonrollte und ihm von hinten in die Beine fuhr.

„Willi, mein Junge", grölte er, „brauchst keine Angst zu haben. Otto sorgt für dich wie eine Mutter!"

Der Marsch ging an Wedenbruck vorbei Richtung Neukirchen. Nach einer Stunde hatten sie ihr Ziel erreicht, eine abseits der Straße gelegene kleine Waldgaststätte mit einem Schießstand und einer Kegelbahn. Hier hatten die Männer einen großen Tisch reservieren lassen. Die Festtafel – im Schatten einer Kastanie – war bereits gedeckt, und aus der Küche duftete es verheißungsvoll.

„Herr Wirt! Noch ein Gedeck für unseren Freund Willi!", brüllte Kuddl.

Zottel wurde abgespannt und der kleine Wagen mit dem Bierfass im Schatten geparkt. Kuddl nahm am oberen Ende der Tafel Platz, das Gedeck zu seiner Linken wurde für Zottel bestimmt. Die Wirtsleute verfolgten kopfschüttelnd, wie Otto von einem der Nebentische die rot karierte Tischdecke holte und sie Zottel als Serviette um den Hals band.

„Schweinebraten für alle!", posaunte Kuddl. „Und für unseren Freund eine große Schüssel Salat und gelbe Rüben, er ist Vegetarier. Ohne Öl und Essig bitte, das hat ihm der Arzt verboten. Prost, Willi! Lass es dir schmecken, mein Junge! Zum Nachtisch gibt's noch was Süßes."

Zottel belohnte Kuddl mit einem feuchtwarmen Kuss

mitten ins Gesicht. Die Gäste des Lokals steckten die Köpfe zusammen und tuschelten, einem Mann fiel vor Staunen die Gabel aus dem Mund und verschwand mit einem dumpfen „Pflop" in seinem Bierglas. Das Essen wurde aufgetragen und Zottel bekam seine Schüssel Salat. Kinder näherten sich ihm vorsichtig und legten Zuckerstücke neben die Schüssel. Zottel fühlte sich großartig, wenn ihn das Bier auch ein wenig schläfrig machte.

Aber das ging nicht nur ihm so. Nach dem Essen machte sich einer seiner Freunde nach dem anderen davon und ließ sich irgendwo ins Gras sinken, um alsbald in lautes Schnarchen zu verfallen. Was lag näher für Zottel, als sich danebenzulegen und ebenfalls ein Nickerchen zu tun.

Als die Sonne tiefer sank, erwachte die kleine Gesellschaft zu neuen Taten. Die Kellnerin trug große Kannen Kaffee auf, und eine Runde Schnaps nach der anderen erschien auf dem Tisch. So gestärkt begab man sich auf die Kegelbahn. Unter brüllendem Gelächter der anderen versuchte jeder mit mehr oder weniger Glück, „alle neune" zu treffen. Nur Fiete, der sich vom vielen Schnaps kaum noch auf den Beinen halten konnte, gelang es, die neun Kegel mit einem Wurf abzuräumen.

„Alle achtzehn!", lallte er glücklich. „Jungs, ich geb einen aus. Alle achtzehn! Das hab ich noch nie geschafft! Und das, wo sie doch immer hin und her gelaufen sind, die Kegel. Bedienung!"

Jetzt war Mattes an der Reihe. Sein Zustand blieb kaum hinter dem Fietes zurück. Er zielte – stutzte –, zielte wieder. Dann richtete er sich auf, so gut es ging, wischte die Nebelschwaden vor seinem Gesicht beiseite und torkelte auf die Kellnerin zu.

„Frollein – was is 'n dat für 'ne komische Kegelbahn? Die macht ja Schlangenlinien. Und die Kegel gehen immer im Kreis!"

„Los, mach schon, Mattes!", drängten die anderen.

Mattes holte aus wie ein Hammerwerfer, indem er sich ein paarmal um sich selbst drehte. Dann schnellte die Kugel aus seiner Hand, allerdings nicht in die geplante Richtung, sondern in die Mitte der Schießbude, wo sie die Scheibe in der Mitte durchriss. Mattes schaute verdutzt hinterher, dann machte er einen Luftsprung.

„Zwölfe! Gewonnen! Habt ihr das gesehen? Mitten ins Schwarze!"

Die Kellnerin setzte eilig das Tablett mit den Schnapsgläsern ab und ergriff die Flucht.

„Und jetzt Willi!", schrie Kuddl. „Willi, du bist dran!"

Er nahm Zottel beim Halfter und führte ihn an die Kegelbahn heran. Unter dem wiehernden Gelächter der Übrigen legte er Zottel die schwere Holzkugel vor den rechten Vorderhuf und zeigte auf die Kegel.

„Die musst du treffen, alle zusammen. So, und nu tritt!" Dabei verpasste er Zottel einen aufmunternden Klaps aufs Hinterteil.

Zottel, der – vom Bier müde – ein wenig gedöst hatte, machte einen Satz nach vorn und galoppierte die Kegelbahn hinunter. Da sie spiegelglatt war, schlitterte er das letzte Stück, und die Kegel spritzten nach allen Seiten auseinander.

„Bravo, Willi! Alle neune! Willi gibt 'ne Runde aus!", jubelten seine neuen Freunde.

„Ja, sind Sie denn von allen guten Geistern verlassen!", brüllte der Wirt und kam wild mit den Armen fuchtelnd von der Theke herüber. „Ein Pferd auf der Kegelbahn! Den Schaden werden Sie mir bezahlen! Ich zeige Sie an!"

Kuddl zog Zottel zur Seite und flüsterte ihm ins Ohr: „Haltung, mein Junge. Immer schön das Gesicht wahren!"

Dann zog er vor dem Wirt seinen Zylinder bis zum Boden, machte eine unsichere Verbeugung und richtete sich wieder kerzengerade auf.

„Mein Herr", sagte er, „ich stehe zu Ihrer Verfügung. Schicken Sie mir Ihre Rechnung. Inzwischen entschuldigen Sie meinen Freund und mich, wir müssen mal zur Toilette."

Schwer auf Zottel gestützt, mit schwankenden Schritten, aber so aufrecht wie möglich, schritt er auf die Tür mit der Aufschrift „Herren" zu. Der Wirt und die übrige Gesellschaft sahen ihm fassungslos nach.

Kuddl verschwand mit Zottel in der Herrentoilette. Aber nicht lange. Gleich darauf ertönte ein Hilfeschrei, gefolgt von fürchterlichen Flüchen mehrerer Männer. Dann erschien Kuddl wieder auf der Bildfläche, hinter ihm einige auch nicht mehr ganz nüchterne Herren und Zottel. Die Männer drohten Kuddl und dem Pony mit Fäusten. Sie glaubten offensichtlich, Kuddl habe sich mit ihnen einen bösen Scherz erlauben wollen.

„Jungs, jetzt geht's rund!", brüllte Otto. „Das können wir nicht auf uns sitzen lassen!" Er warf seinen Zylinder in die Luft, krempelte die Ärmel hoch und stürzte sich auf die Gegner. Die anderen folgten seinem Beispiel.

Lange wogte der Kampf unentschieden hin und her. Die Gegner waren in der Minderzahl, dafür fielen bei Kuddls Truppe Fiete und Mattes als vollwertige Kämpfer aus. Zottel stand inmitten der fliegenden Fäuste, wich mal hierhin, mal dorthin aus und wusste nicht, wie ihm geschah.

„Willi, du Flasche, gib's ihnen!", schrie Kuddl. „Keine Müdigkeit vorschützen! Schlag sie, wo du sie triffst!"

Irgendwie musste Zottel diese Aufforderung missverstanden haben. Jedenfalls entschied er die Auseinandersetzung, indem er – um sich endlich Luft zu verschaffen – kräftig auskeilte. Seine Hufe trafen gezielt und gut: das Tablett der Kellnerin, die ahnungslos aus der Küche kam, um der Familie am Ecktisch sechs Portionen Gulasch mit Salat zu servieren. Der Regen aus heißer Gulaschsoße und säuerlich-feuchten Salatblättern besänftigte die erregten Gemüter augenblicklich. Jetzt war jeder nur noch mit sich selbst beschäftigt. Und nachdem man sich notdürftig gereinigt hatte und auch das letzte Gulaschstück oder Salatblatt aus aufgeweichten Hemden entfernt war, fiel man sich versöhnt in die Arme und beschloss, den Frieden bis zur Stunde der nahenden Heimkehr kräftig zu begießen.

Als Bille und Karlchen die Pferde von den Koppeln holen wollten, war von Zottel keine Spur zu sehen. Aber ehe Bille Zeit hatte, sich über das Verschwinden ihres Lieblings aufzuregen, zog etwas anderes ihre Aufmerksamkeit auf sich.

Von der Ferne näherte sich grölender Gesang.

„So ein Tag – so wu-underschön wie hoooiiite – so ein Tag, der sollte niiiiiee vergehn …"

„Volle Deckung!", zischte Karlchen und zog Bille hinter einen Baum.

„Mann, wird meine Alte wieder ein Theater machen", lallte Fiete. „Was werd ich wieder alles zu hören kriegen!"

„Glaubst du, ich nicht? Am liebsten würde ich gar nicht mehr nach Hause gehen", jammerte Benno. „Und dabei bin ich so müde …"

„Uns geht's – hick – allen nicht besser – hick – nicht wahr, Willi? Ich bin ge – hick – spannt, was deine Alte sagen wird, wenn sie dich sieht."

„Da hilft nun alles nichts", philosophierte Otto. „Das ist nun mal so. Tragt es wie Männer!"

Die kleine Gesellschaft hatte Zottels Koppelgatter erreicht.

„Na sieh mal, da is' ja schon deine – hick – deine Haustür! Willi! Mach's gut, Junge – du warst ganz – hick – ganz große Klasse. Leb wohl!" Kuddls Stimme wurde weinerlich.

„Willi, mein Junge, trag es mit Fassung – was immer auch kommt, deine Freunde halten dir die Treue. Leb wohl!", sagte Otto feierlich.

„Tja, was soll man da viele Worte machen – so ist das nun", brabbelte Heiko und verabschiedete sich mit einer Verbeugung vor Zottel.

„Meine Hosenträger – du hast meine Hosenträger noch an", murmelte Fritz. „Na, macht nichts, behalt sie als Andenken. Und das Bierfass darfst du auch behalten. Bring's deinem Frauchen mit – meine kriegt sowieso Blumen."

Einer nach dem anderen umarmte Zottel heftig, dann hakten sie sich ein und zogen singend davon. Nur Kuddl blieb noch neben Zottel stehen – schwankend wie eine Fernsehantenne im Sturm – und suchte unter Tränen nach einem letzten Abschiedswort.

„Junge, wenn du wüsstest – wenn du wüsstest …", das war alles, war er herausbrachte.

Bille hielt es nicht länger aus. Sie stürzte aus ihrem Versteck auf ihren mit Fähnchen, Girlanden, Hosenträgern und Resten von Gulasch verunstalteten Liebling zu.

„Zottel!", schrie sie. „Zottel, was hast du gemacht?"

„Siehste, da geht's schon los", kicherte Kuddl. „Aber so sind sie alle. Na, ich verdrück mich lieber. Hi, hi – Zottel! So ein Schlingel – sagt doch glatt 'n falschen Namen – hi, hi – nichts für ungut, gnädige Frau, wünsche noch einen schönen Abend!" Kuddl ging rückwärts, bis er sich sicher glaubte.

„Der ist ja stockbesoffen", sagte Karlchen kichernd.

„Die sind alle voll bis zum Rand", schimpfte Bille hinter den Männern her.

„Ich meinte mehr dein Schätzchen hier. Wie der riecht …"

Karlchen konnte nicht wissen, dass Zottel von seinen Freunden, da er nicht mittrinken wollte, mit einer Flasche Schnaps begossen worden war.

„Unverantwortlich!", fauchte Bille und versuchte, Zottel von den Hosenträgern zu befreien. „Das ist das letzte Mal, dass ich dich am Vatertag rauslasse."

„Hä, hä", machte Karlchen. „Jetzt redest du genau wie meine Mutter. Mach dir nichts draus, Dicker. Hauptsache, du hattest einen schönen Tag."

Herr Tiedjen hat Pech

„Mich zerreißt's gleich vor lauter Spannung!"
Florian hüpfte auf dem Sessel auf und nieder.
Bille und Simon knieten vor dem Fernsehapparat wie Schlangenbeschwörer, denen die Schlange entlaufen ist.
„Vier Fehler!", brüllten sie im gleichen Atemzug und sanken erleichtert zurück.
„Nein, acht!", übertönte sie Daniel. „Da – an der Mauer!"
„Püh!" Bettina rieb sich den Bauch. „Ich hab schon Magenschmerzen vor lauter Aufregung. Ein Reiter noch …"
Die Kamera begleitete die englische Reiterin, die mit ihrem Pferd den Parcours verließ. Die Schranke öffnete sich und der letzte Reiter ritt ein.
„Leutnant Alfonso Ignazio, Italien", verkündete eine Lautsprecherstimme.
„Und hier, meine Damen und Herren, kommt Italiens große Nachwuchshoffnung, auf dem zehnjährigen Wallach Agostino, ein Pferd, das seinerseits zu den größten Hoffnungen berechtigt …"
„Stell doch den Quatschkopf ab, man kann sich ja gar nicht konzentrieren", knurrte Florian und boxte mit den Fäusten auf seinen Sessel ein.
Leutnant Ignazio grüßte zur Richtertribüne hinauf und ritt an den Start. Das Glockenzeichen ertönte, der Sekundenzeiger lief.

Agostino legte ein kräftiges Tempo vor.

„Wenn er ihn nicht zurücknimmt, kommt er nicht ohne Fehler durch", sagte Bille hoffnungsvoll.

Ignazio setzte offensichtlich alles auf eine Karte. Er ritt wie der Teufel. Agostino flog nur so über die Hindernisse.

„Bitte, bitte, Agostino, mach doch zwei kleine Fehler. Nur acht kleine Fehlerpunkte!", flehte Bettina.

Noch vier Hindernisse hatte Ignazio vor sich. Da passierte es: Mit dem rechten Hinterbein berührte Agostino den Doppeloxer. Die Stange fiel zu Boden.

„Danke, Agostino!", stöhnte Bettina. „Mach weiter so!"

Agostino stürmte auf den Wassergraben zu. Leutnant Ignazio versuchte, ihn zurückzunehmen, aber – zu spät. Agostino war wenige Meter vor dem Wassergraben aus dem Tritt gekommen und zu früh abgesprungen. Das Wasser spritzte hoch, als er mit der Hinterhand hineinsetzte.

„Leutnant Ignazio auf Agostino, acht Fehler."

„Es gibt noch ein Stechen", überschrie Florian den Ansager.

„Ein zweites Stechen! Diesmal muss es klappen!"

Die Kamera schwenkte über den Parcours, auf dem jetzt im Laufschritt Helfer nach allen Seiten strömten, Hindernisse erhöhten, aufgerissene Stellen im Rasen feststraten und die Halterungen der Stangen überprüften. Dann griff sie Gesichter im Publikum heraus, einen Minister, eine bekannte Schauspielerin, einen Mann, der ein geknotetes Taschentuch als Sonnenschutz auf dem Kopf trug, ein kleines Mädchen im rosa Spitzenkleid, das hingebungsvoll in der Nase bohrte.

„Umgekehrt wäre es viel lustiger", meinte Florian.

„Wie umgekehrt?"

„Wenn der Minister das Taschentuch auf dem Kopf hätte und die Schauspielerin in der Nase popelte."

Bille und Bettina lachten gehorsam. Aber ihren Gesichtern war anzusehen, dass nichts in der Welt sie jetzt aus ihrer fieberhaften Spannung lösen konnte.

Durch die Fensterscheiben des Peershofer Gutshauses blitzte die Sonne, die Pferde dösten auf den Koppeln, die Hitze lockte zu einem ersten Bad im Meer – aber da saßen sie. Wie angenagelt starrten sie in den Kasten, Fingernägel bohrten sich in Handflächen, Magennerven flatterten, auf den Stirnen bildeten sich kleine Schweißtropfen.

Herr Tiedjen kam als dritter der vier Reiter an die Reihe, die ins zweite Stechen gekommen waren. Nathan tänzelte in die Bahn, er schlug mit dem Kopf.

„Er hasst Fliegen und Mücken", erklärte Bille. „So ruhig er sonst ist – das Geschwirr um seinen Kopf macht ihn verrückt."

„Hoffentlich vergisst er es beim Springen", sagte Bettina besorgt.

„Ich glaube schon. Er weiß, worum es geht. Im entscheidenden Moment ist er voll da."

Herr Tiedjen galoppierte auf dem Zirkel, dann erklang das Startzeichen. Konzentriert ging Nathan an das erste Hindernis heran, nahm genau Maß und setzte mit einem gewaltigen Sprung hinüber.

„Super, Dicker!", sagte Bille stolz. „Er gibt sich Mühe. Er will nicht noch einmal einen Fehler machen, das weiß ich."

Bille schien recht zu haben. Nathan sprang besser als in den vorigen beiden Durchgängen. Unbegreiflich, dass er nach null Fehlern im ersten Durchgang beim ersten Stechen den Doppeloxer und gleich darauf die Mauer gerissen hatte. Er war doch in so guter Form!

„Es muss an Herrn Tiedjen liegen", dachte Bille laut.

„Was sagst du?"

„Herr Tiedjen – er ist nicht so wie sonst. Er kommt mir so blass vor – und so angestrengt."

„Ach, das liegt sicher nur am Fernseher", beruhigte Daniel sie. „Auf die Entfernung kannst du das doch gar nicht erkennen!"

„Doch, glaub mir, ich kenne ihn inzwischen so gut …", beharrte Bille.

Jetzt kam das Birkenrick mit Graben. Nathan übersprang es tadellos. Nun die doppelte Kombination. Auch diesmal ohne Fehler. Nur noch wenige Meter trennten ihn vom letzten Sprung. Bille und ihre Freunde hielten den Atem an. Ein großer Oxer mit dazwischengestellter Mauer. Er ist zu nah herangeritten!, fuhr es Bille durch den Kopf. Aber dann hatte Nathan das Hindernis schon übersprungen.

„Geschafft!"

Bille, Simon und Bettina schrien vor Freude, Daniel und Florian fielen sich in die Arme.

Die ersten beiden Reiter hatten jeder vier Fehlerpunkte. Der nächste Ritt musste die Entscheidung bringen. Wenn der temperamentvolle Agostino nur ein Hindernis riss, hieß der Sieger im Großen Preis von Nizza Hans Tiedjen!

Agostino schien durch die zweimalige Anstrengung etwas ermüdet zu sein. Das bewirkte, dass er ruhiger sprang, die Hindernisse besonnener anging. Vielleicht hatte er sich auch einfach an die Umgebung gewöhnt und seine Nervosität verloren. Ruhig und kraftvoll übersprang er ein Hindernis nach dem anderen. Billes Fäuste waren schneeweiß, so presste sie die Finger in die Handflächen. Vor Aufregung vergaß sie zu atmen.

„Null Fehler! Das darf nicht wahr sein!", jaulte die Mannschaft auf, als Leutnant Ignazio seinen Ritt beendet hatte.

Bille wurde es flau im Magen. Ein drittes Stechen! Sie wusste, wie Herr Tiedjen eine solche Strapaze für seine Pferde hasste – noch dazu in dieser brütenden Hitze! Zum Glück ritt er Nathan, nicht Feodora. Der kräftige Wallach war solchen Anstrengungen eher gewachsen. Und Herr Tiedjen selbst?

„Ich halte die Spannung nicht aus, ich glaube, ich platze gleich!", stöhnte Bettina.

„Dann ist es ja gut, dass ich euch was zur Erfrischung bringe", kam eine Stimme aus dem Hintergrund.

Fräulein Fuchs, die Haushälterin, stand mit einem großen Tablett in der Tür.

„Eure Eltern warten seit einer halben Stunde vergeblich darauf, dass ihr zum Tee kommt. Aber Herr Henrich meinte, das müsste man verstehen. Ihr solltet man ruhig euren Tee hier trinken."

„Füchschen, Sie sind ein Engel!" Simon sprang auf, um der Haushälterin Platz zu machen. „Hm, frische Kirschwaffeln! Das wird uns wieder auf die Beine bringen."

Gemeinsam halfen sie der Haushälterin, Tassen und Teller auf dem kleinen Tisch zu verteilen. Bille schenkte den Tee ein, Daniel verteilte Zuckerstückchen und Milch, Bettina legte jedem zwei Kirschwaffeln auf den Teller.

„Ich glaube, ich kann vor Aufregung keinen Bissen hinunterbringen", jammerte sie, strafte sich selbst aber sofort Lügen und biss kräftig in das saftige Gebäck.

„Kann ich gar nicht verstehen", murmelte Florian mampfend. „Je aufgeregter ich bin, desto mehr esse ich."

„Dann scheint Aufregung dein Normalzustand zu sein – nach deinem Appetit zu urteilen", meinte Fräulein Fuchs.

„Na, viel Spaß noch und viel Glück für euern Herrn Tiedjen. Oder wie sagt man da – ,Gut Huf'? Oder ,Gut Hüpf'?"

„Pschschscht!", kam es von fünf Seiten gleichzeitig.

Der Fernsehsprecher kündigte das dritte Stechen an. Die Strecke war wiederum verkürzt, die Hindernisse erhöht worden. Und da kam auch schon Herr Tiedjen in den Parcours geritten. Wie erschöpft er aussieht!, dachte Bille erschrocken. Das Startzeichen erklang. Nathan galoppierte unverdrossen auf das erste Hindernis zu und überflog es, als hätte er heute noch nichts geleistet.

„Er hat eine fantastische Sprungkraft!", jubelte Daniel auf. „Er wirkt ganz frisch. Er muss es schaffen, er muss!"

Schon hatten sie das zweite Hindernis hinter sich gelassen. Nathan hatte ganz leicht mit dem rechten Hinterhuf die Stange berührt, es war kaum zu hören gewesen. Die Stange vibrierte ein wenig, das Publikum stöhnte auf – aber sie blieb in ihrer Halterung liegen.

Jetzt kam eine scharfe Wende. Bille sah, wie Herr Tiedjen das Gesicht verzog und für einen Augenblick sich im Sattel abstützte. Nathan schien verdutzt, aber gleich darauf hatte er sich wieder gefangen und stürmte auf die Mauer zu. Bille sprang auf. Herr Tiedjen schien sich nur noch mit Mühe im Sattel zu halten. Alles, was er tat, war, sein Pferd so wenig wie möglich zu behindern. Und Nathan schaffte das Wunder – auch die nächsten drei Hindernisse überwand er ohne Fehler.

„Braver Junge", lobte Bille. Aber in ihrer Kehle saß ein würgender Kloß. Was war mit Herrn Tiedjen los?

Da – am letzten Hindernis passierte es. Wenige Meter vor

dem Absprung glitt Herr Tiedjen aus dem Sattel und stürzte. Nathan galoppierte an dem Barrierensprung vorbei und kehrte im Schritt zu seinem ohnmächtig am Boden liegenden Herrn zurück.

„Nein!", schrie Bille und stürzte vor.

Auch die anderen waren aufgesprungen. Klirrend fiel Florians Tasse vom Tisch. Im Publikum hörte man Stöhnen und Gemurmel. Dem Fernsehsprecher schien es die Sprache verschlagen zu haben. Niemand konnte begreifen, was da soeben passiert war.

Quer über den Rasen rannten zwei Sanitäter mit einer Trage. Herr Tiedjen schien immer noch bewusstlos zu sein. Ein Helfer führte Nathan am Zügel aus dem Parcours. Leutnant Ignazio ging an den Start. Bille liefen die Tränen über das Gesicht.

„Stellt ab – ich kann das nicht mehr sehen!"

„Nein, lasst mal an!" Simon legte Bille den Arm um die Schultern. „So erfahren wir am schnellsten, was mit ihm los ist."

„Du hast recht, entschuldige. Ich bin so durcheinander."

„Wer hat denn hier eben so fürchterlich geschrien?"

Frau Henrich, gefolgt von ihrem Mann, kam ins Zimmer und sah mit unverhohlenem Missfallen auf die beiden Mädchen.

„Man hätte ja glauben können, das Haus wäre eingestürzt!"

„Wir haben alle geschrien", sagte Florian gleichmütig und sammelte die Scherben seiner Tasse vom Teppich. „Herr Tiedjen ist schwer gestürzt. Vor dem letzten Hindernis im dritten Stechen – gerade als er dabei war zu siegen."

„Pssst!", machte Daniel. „Hört doch mal!"

Leutnant Ignazio hatte einen Null-Fehler-Ritt geschafft. Er war der Sieger des Tages. Der Fernsehsprecher gab einen kurzen Überblick über die Platzierungen der Reiter und versprach, genauere Informationen über den Sturz von Herrn Tiedjen einzuholen. Auf dem Parcours bereitete man die Siegerehrung vor. Nach einer Weile meldete sich der Sprecher wieder.

„Wie ich soeben erfahren habe, meine Damen und Herren, hatte Hans Tiedjen bereits vor Beginn des dritten Stechens starke Schmerzen. Man spricht von einem Muskelriss und einer schweren Wirbelverletzung. Welche Auswirkungen das auf die weitere Laufbahn von Herrn Tiedjen haben wird, vermag noch keiner zu sagen. Im besten Falle wird er einige Wochen – vielleicht auch Monate – pausieren müssen. Wir jedenfalls wünschen ihm von Herzen viel Glück und gute Besserung."

Bille saß still in ihrem Sessel und starrte auf den flimmernden Bildschirm, auf die bunten Punkte der Publikumsgesichter, auf die Kapelle, die jetzt einmarschierte und einen fröhlichen Marsch intonierte – und auf Nathan, der von einem Reiterfreund und Landsmann seines Herrn hereingeführt wurde, um sich für seinen zweiten Platz ehren zu lassen.

„Was – was machen wir jetzt bloß?", fragte sie kleinlaut.

Die anderen sahen sich bedrückt an.

„Nun – erst mal vielleicht ein Telegramm schicken. Und Blumen", schlug Daniel zögernd vor. „Und dann müssen wir rauskriegen, ob er dort im Krankenhaus bleibt – oder hierherkommt. Vielleicht in eins in der Nähe."

„Ich werde das für euch in die Hand nehmen", sagte Herr Henrich. „Ich rufe in Nizza an und erkundige mich, in welchem Krankenhaus er liegt. Denkt ihr euch inzwischen den Text für euer Telegramm aus."

„Ich möchte nach Hause", sagte Bille leise. „Das heißt – ich möchte nach Groß-Willmsdorf hinüber. Mich um seine Pferde kümmern – das ist doch das Einzige, was ich für ihn tun kann."

Pläne für Herrn Tiedjens Heimkehr

Zwei Tage später kehrte Nathan heim. Klaus Krüger brachte ihn, ein junger Turnierreiter aus dem Reitverein Neukirchen, der die Kosten für das Turnierreiten dadurch bestritt, dass er Herrn Tiedjens Pferde auf der Reise mitbetreute. Er selbst ritt den Grauschimmel Polarstern, der dem Reitverein gehörte. Polarstern war wie sein Herr ein Neuling auf den internationalen Parcours, aber er sprang gern, und es war zu erwarten, dass er noch eine große Karriere vor sich hatte. Schließlich war er erst acht Jahre alt.

Auch für Klaus Krüger war Hans Tiedjen das große Vorbild, obgleich er nie das Glück gehabt hatte, von ihm unterrichtet zu werden – wie Bille und ihre Freunde. Aber er hatte genau das Einfühlungsvermögen, das Herr Tiedjen bei einem Reiter als wichtigste Voraussetzung betrachtete. Das Wohlbefinden seines Pferdes war ihm wichtiger als alle Siege, und er besaß eine große Portion Geduld.

Bille hatte Klaus Krüger bisher nur flüchtig kennengelernt, wenn er mit Herrn Tiedjen gemeinsam auf die Reise ging. Jetzt bestürmte sie ihn mit Fragen.

„Wie geht es ihm?", rief sie, kaum dass er die Autotür geöffnet hatte.

„Langsam, langsam", sagte Klaus Krüger lachend, „lass mich doch erst mal aussteigen!"

Sein sympathisches Gesicht mit dem strubbeligen Blond-schopf darüber war braun gebrannt, die braunen Augen standen in eigenartigem Gegensatz zu den hellen Haaren. Seine breiten Schultern und riesigen Hände ließen ihn größer erscheinen, als er in Wirklichkeit war. Er erinnerte Bille an einen lachenden Bernhardiner.

„Also – es geht ihm den Umständen entsprechend gut."

Klaus Krüger machte eine Pause und strich sich die Haare aus der Stirn, eine völlig überflüssige Geste, da sie sofort wieder nach vorn fielen.

„Und – wie sind die Umstände?"

„Nun ja, also – kurz und knapp gesagt: Er wird wieder reiten können. Aber diesen Sommer nicht mehr."

„Den ganzen Sommer nicht mehr?"

„Nein, so lange wird es schon dauern."

„Und wie fühlt er sich? Ich meine, ist er sehr verzweifelt?"

„Du kennst doch Tiedjen. Der lässt sich nicht lange von Stimmungen beeinflussen. Und schon gar nicht von traurigen!"

Ich weiß nicht … Ich kenne ihn da besser, wollte Bille sagen, hielt sich aber zurück.

„Tja, ich hab ihn gestern Morgen noch besucht. Soll euch herzliche Grüße sagen und schönen Dank für das Telegramm. Ja, und dann hat er mir noch was aufgetragen, extra für dich."

„Für mich allein?" Billes Herz schlug schneller.

„Ja. Du sollst dir keine Sorgen machen, hat er gesagt. Und du sollst an das Gespräch voriges Jahr im Pferdestall denken. Er wird jetzt vieles anders machen. Besser. Und er hätte jetzt Zeit, in Ruhe über alles nachzudenken. Und dass er sich darauf freut, nach Hause zu kommen."

„Das hat er gesagt?"

„Ja. Würde ich es dir sonst ausrichten?"

„Er soll sich nicht umsonst gefreut haben! Wir werden ihm einen Empfang bereiten – wie – wie – na, da fällt mir noch was ein. Wann kommt er denn?"

„In drei Wochen etwa. Dann wird er zunächst in einem Stützkorsett und an Krücken gehen und muss zwischendurch viel liegen."

„In drei Wochen schon? Das ist gut." Bille atmete auf. „Ich fürchtete schon, es würde viel länger dauern."

Petersen und Hubert waren schon dabei, den Transporter zu öffnen und Nathan auszuladen.

Der Wallach kam gemächlich aus dem Dunkel des Wagens und schaute sich um. Dann warf er den Kopf hoch und wieherte. Er hatte einen Ausdruck, als wolle er sagen: Wo bleibt der rote Teppich? Und an Musik hättet ihr auch denken können!

Bille ging zu ihm, klopfte ihm den Hals und bot ihm einen Apfel an.

„Toll hast du das gemacht, mein Dicker, wir sind alle sehr stolz auf deinen zweiten Platz! Herzlich willkommen daheim!"

Sie nahm Petersen den Führstrick ab und führte den Wallach in den Stall zu seiner Kameradin Feodora, mit der er sonst gemeinsam auf Turnierreise ging und die wegen einer Verletzung diesmal daheim geblieben war. Feodora hob schnuppernd den Kopf an die Gitterstäbe zwischen ihren Boxen, und Nathan ging sofort zu ihr und blies ihr zärtlich in die Nüstern.

„Jetzt muss er ihr erst mal alles erzählen", meinte Bille, „stören wir die beiden nicht."

„Kommst du nächsten Monat zu unserem Turnier?", fragte Klaus Krüger, als Bille aus dem Stall kam.

Bille riss die Augen auf.

„Als Teilnehmerin?"

„Was sonst? Als Zuschauerin doch wohl nicht."

„Aber ich bin noch nie bei einem Turnier mitgeritten!"

„Dann wird es ja Zeit. Du sollst sehr gut reiten, habe ich gehört."

„Na, wenn man jeden Tag auf dem Pferd sitzt – und manchmal mehrere Stunden –, da bleibt schon was hängen. Die Leute in eurem Reitverein, die nur ein- oder zweimal in der Woche zum Reiten kommen, haben es da natürlich schwerer."

„Wie man's nimmt. Sie wären andererseits wohl kaum zu den Opfern bereit, die du bringst. Also, was ist – kommst du?"

„Ich habe doch gar kein Pferd – mein Pony springt nicht."

„Na, darüber wird Herr Tiedjen schon mit sich reden lassen. Also, bis dann! Okay?"

„Okay – äh – mal sehen …"

Bille starrte Klaus Krüger nach, der, in eine große Staubwolke gehüllt, durch die Auffahrtsallee davonfuhr.

War das sein Ernst gewesen? Bis jetzt hatte sie von einer solchen Möglichkeit nur geträumt. Herr Tiedjen legte größten Wert auf eine solide Ausbildung und hielt nichts von Leuten, die sich blindwütig in die ersten Wettbewerbe stürzten, kaum dass sie sicher im Sattel saßen. Würde er es ihr überhaupt erlauben? Nun, eines stand fest: Wenn sie sich meldete, mussten es Simon und Daniel auch tun. Allein würde sie auf keinen Fall ein solches Abenteuer wagen. Aber mit den beiden Freunden an der Seite – darüber ließ sich reden.

„Bille, komm doch bitte schnell mal her!", rief Hubert verärgert aus dem Stall. „Dein Schätzchen empfängt schon wieder Privatbesuche!"

Ach du Scheiße, sie hatte Zottels Box offen stehen gelassen, als Krüger mit Nathan auf den Hof fuhr. Bille rannte in den Stall und sah schon von Weitem neben Zottels rot gesprenkeltem Fell das blauschwarz glänzende von Black Arrow. Hatte er es also wieder geschafft.

„Er hat mich glatt überrumpelt!", regte Hubert sich auf. „Ich bin aus seiner Box, da hat er mich zur Seite gedrängt und ist rübergelaufen."

„Er wird nicht eher ruhen, als bis die beiden in ein und dieselbe Box kommen", meinte Petersen kopfschüttelnd. „Dabei hatte ich schon gehofft, er wäre über den Tick weg. Weil Zottel jetzt doch meistens in Wedenbruck gestanden hat. Und außerdem wegen Sindbad, weil der Schwarze auf den Kleinen eifersüchtig ist. Aber seit Zottel wieder ganz hier ist, hat Black Arrow seine Gefühle neu entdeckt, scheint mir."

Der schöne Rappe und Zottel fraßen fröhlich mampfend aus der gleichen Krippe, wie zwei Freunde, die sich nach einem arbeitsreichen Tag in der Eckkneipe zum Abendessen treffen.

Bille streichelte beiden zärtlich den Hals. War es nicht schön, dass es solche Freundschaften zwischen den Pferden gab? Und dass es in Groß-Willmsdorf keine Feindschaften gab. Wie oft hatte sie aus anderen Ställen gehört, dass zwei Pferde sich nicht ausstehen konnten. Hier gab es zwar Einzelgänger, die sich nicht viel aus der Gesellschaft der anderen machten, aber alle hielten Frieden miteinander.

Bille stand zwischen Zottel und dem schönen großen Rappen und legte ihre Arme um die Pferdehälse. Meine beiden Pferde!, dachte sie und wurde sich gleich darauf bewusst, dass es wirklich ihr größter Wunsch war, dass Black Arrow ihr Pferd wäre. Wie viel musste man wohl aufwenden, um eine solche Kostbarkeit zu erwerben? Konnte man sich das Geld zusammensiegen? Und wie lange würde das dauern?

Nein, ein solches Pferd zu besitzen musste für immer ein Wunschtraum bleiben. Onkel Paul verwöhnte sie zwar wahnsinnig und förderte ihre Pferdeleidenschaft nach Kräften, aber er war kein Millionär, der seiner Stieftochter ein Pferd für hunderttausend Mark kaufen konnte.

„Na?", sagte der alte Petersen und schaute in die Box.

„Was ist, wenn wir die beiden zusammen hier drinlassen?"

„Nee, nee, mein Deern, so gern ich das täte – aber die Verantwortung kann ich nicht übernehmen. Die Box ist zu klein für zwei. Und wenn der Amerikaner sich verletzt, bin ich dran."

„Schon gut, ich bring ihn wieder rüber. Na komm, Königliche Hoheit, wir danken für den Besuch."

Noch am Abend rief Bille in Peershof an und erzählte von Klaus Krügers Einladung zum Turnier des Reitvereins Neukirchen.

„Klar machen wir das!", sagte Simon sofort. „Daniel und ich wollten schon voriges Jahr dort starten – aber es gab einen elterlichen Einspruch wegen schlechter Schulnoten. Genauer gesagt: Daniel hatte die schlechten Noten, und alleine hatte ich auch keine Lust."

„Dachte ich mir doch. Ich weiß doch, dass du ein Musterschüler bist. Und du meinst, ich sollte mich auch melden? Bin ich gut genug?"

„Klar, da gibt's viel Schlechtere als dich."

„Oh, danke!"

„So war's doch nicht gemeint, ich wollte sagen …"

„Immer Kavalier", brüllte Daniel lautstark im Hintergrund.

„Also – am besten, wir sprechen mit Herrn Tiedjen darüber, wenn er wieder da ist. Oder wir schreiben ihm ins Krankenhaus und bitten ihn um seinen Rat."

„Tiedjen! Mensch, jetzt hätte ich beinahe vergessen, euch von ihm zu erzählen! Er lässt euch grüßen. Und in drei Wochen ist er wieder da." Bille erzählte lang und breit, was sie von Klaus Krüger gehört hatte. „Wenn ich nur wüsste, wie man ihm eine Freude machen könnte", sagte sie nachdenklich.

„Es müsste irgendwas sein, was ihn aufmuntert. Was ihn seine Verletzung vergessen lässt", überlegte Simon. „Ein Fest veranstalten? Den Stall neu anstreichen – oder neue Hindernisse bauen? Aber nein, das würde ihn erst recht an sein Pech erinnern."

„Wir könnten ja was dichten?", rief Bettina, die dicht daneben stand, um alles mitzuhören. „Ein Heldenepos auf Hans Tiedjen!"

„Warum nicht gleich eine Pferde-Oper", meinte Bille lachend.

„Moment mal – die Idee ist gar nicht so schlecht!", mischte sich Daniel ein, der ebenfalls mit am Hörer hing. „Wolltet ihr ihn nicht zum Lachen bringen? Da wär doch eine Pferde-Oper oder so was Ähnliches genau das Richtige!"

„Wie willst du denn das machen – in so kurzer Zeit?"

„Lass mich eine Nacht darüber schlafen. Mir fällt schon was ein."

„Okay, dann bis morgen. In der großen Pause kannst du uns dann deine genialen Einfälle mitteilen. Tschüss!"

Bille hängte ein.

„Ich wüsste schon was", sagte Onkel Paul nachdenklich, der den Inhalt des Gesprächs in etwa erraten hatte.

„Wirklich? Was denn?"

„Ihr braucht dazu eine gute Stereoanlage mit starken Lautsprechern und ein paar Kostüme und Requisiten, weiter nichts."

„Das müsste sich doch machen lassen."

„Eben. Allerdings müssten die Kostüme den Pferden passen."

„Da wird's schon schwieriger. Aber vielleicht genügen Andeutungen …"

„Sicher. Euch fällt bestimmt was ein."

„Jetzt sag schon, was du dir ausgedacht hast!"

„Also – ich habe mir das so vorgestellt: Aufführungen kann doch jeder machen. Ich meine, Aufführungen, die von Menschen gespielt werden. Das ist nichts Besonderes. Aber wenn ihr nun die Pferde auftreten lasst – in Kostüm und Maske – und die Stimmen dazu von einer Kassette abspielt? Natürlich müsstet ihr die Pferde führen – aber so, dass ihr selbst nicht gesehen werdet. Das ist nicht schwierig, ich kenne da einen Trick. Die Frage ist nur, wie ihr sie dazu bringt, im richtigen Moment das Maul aufzusperren."

„Hm – man müsste ihnen aufs Stichwort ein Stück Zucker geben. Vielleicht funktioniert es auch mit einem Stück Mohrrübe oder Apfel. Mensch, Onkel Paul, du bist einfach genial! Das ist die Idee! Die anderen werden Augen machen, wenn ich ihnen das erzähle!"

„Weißt du, den Trick, von dem ich eben sprach, habe ich einmal in einem Varietétheater gesehen. Auf der Bühne bewegten sich Stoffpuppen, Plüschtiere und alle möglichen Gegenstände durch die Luft, als seien sie lebendig." Onkel Paul redete sich in Begeisterung. „Es war wie Zauberei – ich kam lange nicht dahinter, wie die das anstellten. Aber schließlich kam ich drauf: Die Puppen und Gegenstände wurden von Spielern bewegt, die von Kopf bis Fuß schwarz angezogen waren, sodass sie in dem grellen Scheinwerferlicht, in dem die Puppen auftraten, einfach nicht zu sehen waren!"

„Und das klappt wirklich?"

„Ja. Ihr müsst natürlich jemanden haben, der mit Scheinwerfern geschickt umgehen kann. Die Scheinwerfer kann ich euch besorgen. Wir haben drüben im Spar-Markt jede Menge davon im Lager stehen – für Werbeveranstaltungen und so was. Die könntet ihr euch ausleihen. Dann braucht ihr nur noch ein gutes Stück."

„Super!" Bille sprang auf und fiel Onkel Paul um den Hals. „Du, das wird ein Riesenspaß! Ich kann's kaum erwarten, bis es so weit ist! Vielleicht ist bis dahin auch Moischele wieder gesund und kann mitspielen."

„Ach je, Moischele – unser Hofhund", seufzte Onkel Paul theatralisch und legte seine Stirn in Falten. „Du weißt ja noch gar nicht, was deine Mutter ausgebrütet hat."

„Waaas? Sie will ihn doch nicht etwa weggeben?"

„Im Gegenteil. Sie will eine zweite Box neben der Garage bauen lassen. Für Zottel – damit Moischele der Schock erspart bleibt, noch einmal umziehen zu müssen."

„Ist das wahr?", fragte Bille begeistert. „Ich muss schon sagen, dein guter Einfluss auf Mutsch ist unbezahlbar. Früher wäre ihr so was zu teuer gewesen."

„So ändern sich die Zeiten – jetzt ist es mir zu teuer. Nein, eigentlich nicht direkt", verbesserte er sich schnell. „Er ist ja so ein lieber Kerl, unser Moischele. Und Mutsch hängt so an ihm."

„Du sagtest es ja schon: Er ist unser Hofhund. Nur das Bellen muss er noch lernen. Ich bin gespannt, wie Zottel sich mit ihm verträgt. Und was die zweite Pferdebox betrifft – wenn unser Stück ein Erfolg wird, geben wir einfach noch eine öffentliche Vorstellung. Vielleicht reichen die Einnahmen ja für die Baukosten von Zottels neuer Behausung."

Das Willkommensfest

So schwer es Bille fiel, sie ließ sich nichts anmerken. Als sie an Bettinas Seite am nächsten Tag in der großen Pause den Schulhof betrat und die Jungen am Zaun warten sah, setzte sie die unschuldigste Miene auf, die sie zustande brachte. Neugierig ging sie auf Daniel zu.

„Na? Erzähl! Was hast du ausgebrütet?"

„Ja, wisst ihr …" Daniel kratzte sich verlegen am Kopf, „das ist gar nicht so leicht. Ich denke an einen richtigen Western mit Saloon und Schießerei und so. Aber wie wir das auf die Beine stellen wollen, ist mir noch ein Rätsel."

„Hm. Das ist aber schade."

Bille biss in aller Ruhe in ihr Brot, kaute langsam und mit Genuss und schluckte den Bissen hinunter.

„Wisst ihr", sagte sie beiläufig und betrachtete interessiert den Belag ihres Wurstbrotes, „Aufführungen zu machen, das ist keine Kunst. Das können schon die Kleinen im Kindergarten."

„Ach was!"

„Aber den Leuten wirklich was richtig Neues zu bieten, etwas, auf das noch keiner gekommen ist …"

„Und, worauf willst du hinaus?" Daniel wurde langsam sauer.

„Lass mich doch ausreden! Was können wir schon groß machen? Ein Märchen aufführen – oder ein Singspiel. Ein paar Zaubertricks für Kinder, im höchsten Fall so was wie Winnetou oder Robin Hood. Das lockt doch keinen Hund hinterm Ofen hervor. Und zum Lachen bringt es Herrn Tiedjen bestimmt nicht. Das können wir vergessen."

„Willst du das Ganze sein lassen?"

„Im Gegenteil. Ich will es anderen überlassen – die besser sind als wir."

„Willst du eine Schauspieltruppe engagieren oder was? Das ist doch viel zu teuer!"

„Du sagst es. Außerdem weiß ich andere – die sind viel besser."

„Mensch, jetzt spuck's schon aus! Wen meinst du?"

„Unsere Pferde."

Die anderen schauten sich verblüfft an.

„Ich glaube, das musst du uns näher erklären", sagte Simon. „Hab ich richtig gehört? Unsere Pferde?"

„Ja, klar! Hört zu …"

Nun erzählte Bille Onkel Pauls Vorschlag in allen Einzelheiten, und sie war ehrlich genug, sich nicht mit fremden Federn zu schmücken.

Die Freunde hatten ihr aufgeregt zugehört. Jetzt brach ein Sturm der Begeisterung los. Florian hüpfte von einem Bein aufs andere.

„Das wird ein Riesenspaß! Einfach super, die Idee!"

„Einsame Spitze, wirklich", sagte Daniel anerkennend.

„Ich glaube nicht, dass ich heute im Unterricht noch irgendwas mitbekomme", seufzte Bettina. „Ich werde pausenlos an unsere Aufführung denken. Aber was lassen wir die Pferde denn nun spielen?"

„Eine Oper oder ein Musical. Das muss doch total witzig sein", meinte Daniel.

„Klar – Asterix als Othello!", sagte Simon grinsend. „Vom Kopf bis zu den Hufen schwarz geschminkt. Oder als Japanerin mit Kimono und großer Schleife auf dem Popo …"

„Also – Oper ist, glaube ich, zu schwer. Spielen wir doch lieber einen Western", schlug Florian vor.

„Na, und dann? In einen Western gehören doch Pferde, oder? Sollen unsere Pferde die Menschen darstellen? Oder sollen wir die Pferde spielen?", fragte Bille. „Nein, nein, Pferde dürfen in unserem Stück nicht vorkommen."

„Wir müssen gehen, es hat längst geläutet. Heute Nachmittag halten wir bei uns in Peershof eine Besprechung ab, einverstanden?", sagte Bettina. „Denkt inzwischen darüber nach, was wir machen könnten, okay?"

Von diesem Tag an begann eine fieberhafte Tätigkeit. Sogar das Training mit den Pferden wurde zu Gunsten der Proben vernachlässigt. Aber Bille und ihre Freunde waren so begeistert von ihrem Plan, dass sie alle Bedenken beiseiteschoben.

Bei der Diskussion um den Inhalt des Stückes ging es hoch her. Jeder hatte eine andere Idee, und je länger sie darüber redeten, desto schwieriger schien das Unternehmen zu werden. Bille machte dem heißen Kampf schließlich ein Ende.

„Ich weiß, was wir machen!", verkündete sie.

„Noch was Neues!", seufzte Simon.

„Quatsch! Wir werden etwas aufführen, bei dem jeder von uns das machen kann, was er vorgeschlagen hat. Und wisst ihr, wie?"

„Du wirst es uns vermutlich gleich erklären."

„Jetzt halt doch mal 's Maul. Wir werden das abendliche Fernsehprogramm von unseren Pferden vorführen lassen. Mit Nachrichten, Politik, Krimi und Show!"

„Mensch, klar! Warum ist mir das nicht eingefallen!", stöhnte Daniel. „Das ist die Lösung! Lasst uns gleich mal das Programm zusammenstellen. Wer wird der Nachrichtensprecher?"

„Asterix. Er sieht so würdig aus. Wir werden ihm eine Brille aufsetzen und eine Krawatte umbinden." Bettina war Feuer und Flamme. „Dann kommt Bongo als Wetteronkel und trägt den Wetterbericht vor. Ein weißer Kragen würde sich auf seinem schwarzen Fell bestimmt gut machen – und vielleicht können wir ihm einen blonden Schnurrbart ankleben!"

„Super. Jetzt die Ansagerin!"

„Na, wer schon! Pünktchen, ist doch klar – wir werden sie ganz toll herrichten!", begeisterte sich Simon.

„Okay. Und wie geht es weiter?"

„Pünktchen sagt einen Krimi an. Warte mal, da fällt mir gleich was ein!"

Simon zog sich ein Blatt Papier herüber und begann eifrig zu schreiben.

„Und nach dem Krimi kommt eine Show", sagte Bille. „Zottel und Sternchen als Schlagersänger. Und dann alle als Ballett."

„Ihr habt den Sport vergessen! Danach wird noch ein Fußballspiel übertragen", schrie Florian dazwischen.

„Klar – ein Fußballspiel muss auch rein! Sportstudio oder so."

„Und zum Schluss kommt dann das ‚Wort zum Sonntag'. Das spricht wieder Asterix – natürlich in einer anderen Verkleidung."

„Oder was Politisches."

„Mal sehen, vielleicht. Aber ich glaube, ‚Wort zum Sonntag' liegt Asterix mehr." Daniel stand auf. „Ich rufe gleich mal einen Typen aus meiner Klasse an, der eine super Stereoanlage hat. Die Aufnahme der Stimmen ist jetzt erst mal das Wichtigste. Wenn wir die fertig haben, können wir mit den Proben beginnen."

„Aber wer soll die Scheinwerfer bedienen", überlegte Bille. „Es ist ziemlich schwierig und wir brauchen mehrere Leute dazu."

„Da weiß ich jemanden. Der wird bestimmt gern mitmachen – und als Helfer nehmen wir Karlchen und Helga. Vielleicht machen Hubert und dein Onkel Paul auch mit, was meinst du?", fragte Simon Bille.

„Onkel Paul? Sicher. Schließlich hat er den Einfall gehabt. Und Mutsch wird uns beim Zusammenstellen der Kostüme helfen. Wie weit bist du mit deinem Krimi?"

„Er ist im Entstehen. Wenn wir mit unserer Besprechung fertig sind, werde ich mich zurückziehen und ihn ausarbeiten. Es wird der spannendste Thriller, der je über die Mattscheibe gelaufen ist."

„Galoppiert ist, meinst du."

„Sagt mal, wenn ich mir die Sache so überlege", Bettina schob mit dem Zeigefinger ihre Nasenspitze in die Höhe und starrte ins Leere, „es wird eine zimlich große Sache, die wir da planen ..."

„Hm, und? Hast du Schiss davor?", fragte Daniel.

„Im Gegenteil. Aber ich überlege gerade, wo wir unser Publikum hernehmen – außer Herrn Tiedjen. Zehn Leute hinter der Bühne und nur ein einziger Zuschauer, das ist doch bescheuert!"

„Stimmt, ein paar Gäste müssten wir schon haben", überlegte Bille.

„Wisst ihr was? Wir werden mit Dr. Dörfler darüber

sprechen. Der ist doch mit Herrn Tiedjen befreundet. Wir werden ihn bitten, das Einladen der Gäste für uns zu übernehmen."

„Wir laden ein zu einem bunten Abend mit Speis und Trank und vielen Überraschungen – so in der Art. O Gott, das mit ‚Speis und Trank' müssen wir ja auch noch organisieren."

„Am besten, wir jubeln es – mit viel Diplomatie – Frau Engelke unter", überlegte Bille.

„Wer ist Frau Engelke?"

„Herrn Tiedjens neue Haushälterin. Sie ist ganz gut drauf."

„Na also", sagte Florian zufrieden, „und Fräulein Fuchs steuert sicher auch etwas bei, wie ich sie kenne."

„Damit wäre der erste Abschnitt der Planung abgeschlossen. Gehen wir an die Arbeit. Simon ist für Text und Regie verantwortlich, Bille für die diplomatischen Verhandlungen mit den Erwachsenen, ich kümmere mich um die Technik, Bettina ist Kostümbildnerin und Florian unser aller Assistent. Einverstanden?", fragte Daniel.

Alle nickten einmütig.

„Dann geh schriftstellern, Simon. Bevor der Text nicht fertig ist, können wir nicht proben. Wir verhandeln inzwischen – und du, Flori, kannst mit Bettina schon mal die Einladungen entwerfen."

Drei Wochen später war es so weit. Die meist ziemlich chaotischen Proben lagen hinter ihnen, die Kulissen waren gebaut und bemalt, die Kostüme fertig, die Scheinwerfer montiert. Fräulein Fuchs und Frau Engelke wetteiferten in ihren Küchen um die besten Salate und kalten Platten, und

Dr. Dörfler kümmerte sich gemeinsam mit Onkel Paul um die Beschaffung der Getränke und alles, was sonst noch für das Fest benötigt wurde.

Mutsch hatte sich bereit erklärt, als Garderobiere beim schnellen Wechseln der Kostüme zu helfen, und Hubert stellte sich als Kulissenschieber zur Verfügung. Außerdem war ein halbes Dutzend Mitschüler als freiwillige Helfer angetreten.

Am Abend zuvor war Herr Tiedjen angekommen. Blass und schwer auf den Arm Klaus Krügers gestützt, der ihn von der Bahn abgeholt hatte, war er aus dem Wagen gestiegen. Frau Beck, die Sekretärin, Herr Lohmeier, der Gutsverwalter, und Frau Engelke hatten mit gespielter Fröhlichkeit ihren Chef begrüßt. Dann waren Bille, Bettina und die drei Jungen angetreten, hatten einen großen Blumenstrauß überreicht und Herrn Tiedjen die Einladung für das Fest am folgenden Abend in die Hand gedrückt.

„Ich freue mich, dass ich wieder bei euch bin", hatte er lächelnd gesagt. „Im Augenblick bin ich ein bisschen k. o. von der Reise. Aber morgen werdet ihr staunen, wie ich schon wieder herumspringen kann."

Bille hatte mit den Tränen gekämpft, als sie ihr Idol auf Krücken die Stufen zum Eingang erklimmen sah, die er sonst mit einem Satz hinaufgesprungen war. Frau Engelke, die die Blumen im Arm hatte, und Klaus Krüger, der das Gepäck trug, waren ihm schweigend gefolgt. Die Zurückgebliebenen hatten sich bedrückt angesehen, und Bille war sich plötzlich gar nicht mehr sicher gewesen, ob ihre Aufführung wirklich so eine gute Idee war, wie sie bisher gemeint hatten. Aber nun gab es kein Zurück mehr.

Petrus war ihnen gnädig, und so konnte das Fest wie

geplant im Freien stattfinden. Auf der Veranda standen Tische mit Gläsern, Geschirr und Besteck bereit, daneben eine Theke mit Getränken. Im Hintergrund wartete die Tafel mit den Leckerbissen auf eifrigen Zuspruch.

Da Herr Tiedjen heute Ehrengast im eigenen Hause war, kümmerte sich Dr. Dörfler um die eintreffenden Gäste. Für den Beginn der Vorstellung musste man den Einbruch der Dunkelheit abwarten. Als die ersten Fledermäuse ums Dach huschten, wurden die Gäste gebeten, auf den im Park aufgestellten Stühlen vor der Bühne Platz zu nehmen. Das große aus Holzlatten zusammengesetzte Rechteck, das den Fernseher markierte, war noch mit Decken verhängt.

Karlchen machte sich bereit, die Stereoanlage zu bedienen. Von ihm hing ein Großteil des Erfolgs des heutigen Abends ab. Die freiwilligen Helfer aus Daniels Klasse kletterten auf ihre luftigen Sitze hinter die in den Bäumen montierten Scheinwerfer.

Bille und ihren Freunden war ganz elend vor Aufregung. Sie hatten so viel geprobt – aber würde die Aufführung nun auch wirklich ein Erfolg werden?

Da! Onkel Paul schlug auf den Gong, die ersten Scheinwerfer strahlten auf. Die grauen Decken wurden zur Seite gezogen und gaben den Blick auf ein Pult mit Mikrofon frei, hinter dem Asterix stand, einen Kragen mit rot-gelb gestreifter Krawatte um den Hals, auf der Nase eine riesige Brille. Ein musikalisches Signal erklang, Daniel schob seinem Schimmel unbemerkt von unten ein paar Apfelstückchen ins Maul. Asterix nickte begeistert mit dem Kopf.

„Guten Abend, meine Damen und Herren, hier ist das Deutsche Fernsehen mit den Nachrichten", erscholl es aus den Lautsprechern.

Aus dem Publikum klangen die ersten Lacher herauf. Asterix stieß mit dem Huf gegen das Podest, es wankte bedenklich. Das aus einer Flasche und grauem Stoff gebastelte Mikrofon schaukelte wild von einer Seite zur anderen und stürzte klirrend um. Karlchen drückte geistesgegenwärtig die Stopptaste und wartete, bis Daniel es wieder in Stellung gebracht hatte, wobei er darauf achtete, dass es aussah, als wäre es Asterix gewesen, der das Mikrofon mit dem Maul aufgehoben hatte.

Den Nachrichtentext hatte Onkel Paul mit seinem vollen Bass auf Band gesprochen. Keine Stimme hätte besser zu dem großen Schimmel passen können.

„London", sagte der Nachrichtensprecher. „Bei den diplomatischen Verhandlungen zwischen den Vertretern des englischen und des arabischen Vollbluts über das bessere Laufvermögen konnte bisher noch keine Einigung erzielt werden. Regierungssprecher Black Arrow betonte, das Gespräch habe in einer offenen und freundschaftlichen Atmosphäre stattgefunden. – Hannover: Bei einem Raubüberfall auf das Gestüt Langenschweif konnten Diebe mehr als fünfzig Zentner Hafer erbeuten. Der Nachtwächter, ein verdienter Wallach des Gestüts, wurde mit Zucker überwältigt, dem die Verbrecher ein Abführmittel beigemengt hatten. Von den Tätern fehlt bis jetzt jede Spur. Doch glaubt die Polizei, ein international gesuchter Lebensmitteldieb mit rot-weiß geflecktem Fell könne an der Tat beteiligt gewesen sein."

Begeistertes Lachen kam im Publikum auf. Da war Herrn Tiedjens Stimme dabei; Bille seufzte erleichtert.

„Paris", fuhr der Nachrichtensprecher fort. „Der Wunderhengst Bel Ami hielt gestern seine Antrittsrede vor dem Parlament. Bel Ami kritisierte das explisove Wachstum, ehem, das oxpiesive Wuchstam anquulifizierter – Verzeihung – das ixplesove Tachswum inquilufazierter Wuchtver – Zuchtver – na so was! Also das – das – na ja, also, er war dagegen. – Und nun die Wetterkarte. Bitte, Professor Bongo!"

Bongo trippelte von Florian geführt herein, während die Zuschauer versuchten, ihre Lachmuskeln wieder unter Kontrolle zu bekommen. Auf dem Kopf thronte ihm eine blonde Perücke, unter dem Kinn baumelte ein gewaltiger Spitzbart, der durch einen Schnauzbart über den Nüstern wirkungsvoll ergänzt wurde. Der Schnauzbart kitzelte ihn, Bongo versuchte, durch heftige Bewegungen der Lippen das lästige Ding loszuwerden. Das ersparte Florian die Äpfel. Er führte Bongo dicht an die Wetterkarte heran und drehte ihn halb zum Publikum um.

„Regen!", krächzte Professor Bongo. „Beim Auftauchen grauer Wolkenberge ist unbedingt mit Regen zu rechnen. Sollte der Himmel aber blau sein, wird vermutlich die Sonne scheinen. Nun, auf jeden Fall kann es nur besser werden."

„Danke, Herr Professor."

„Hoffentlich reichen die Äpfel", flüsterte Bille, „Asterix hat einen enormen Verbrauch."

Das Licht erlosch, und Pünktchen nahm Asterix' Platz ein.

Donnernder Applaus begrüßte die Ansagerin, die bis zum Hals in geblümter Seide steckte. Ihre Mähne war zu einer bauschigen Löckchenfrisur hochtoupiert worden.

„Und nun, meine Damen und Herren", zirpte es aus den Lautsprechern, „setzt der Sender Wedenbruck das Abendprogramm mit einem Krimi aus der Reihe ,Big Zottel schafft sie alle' fort. Wir wünschen Ihnen gute Unterhaltung."

Bille atmete tief durch. Das war ihr schwierigster Auftritt. Die Scheinwerfer erloschen, und die Helfer verwandelten die Bühne blitzschnell in das Büro Kommissar Schlaukopfs, der von Lohengrin gespielt wurde. Ihm hatten sie eine weiße Perücke übergestülpt, außerdem trug er einen weißen Kragen und eine Krawatte. Zottel, als flotter Detektiv, erschien mit Schiebermütze und einer langen Pfeife im Maul, die Bille seitlich am Gebiss befestigt hatte.

„Vergiss die Äpfel nicht!", zischte Bettina hinter ihr.

Die Scheinwerfer flammten von Neuem auf, und Bille führte Zottel auf die Bühne. Hinter einem auf Pappe aufgemalten Schreibtisch stand Lohengrin, von Simon unsichtbar gehalten.

„Heute kommt Little Joe aus dem Gefängnis", knurrte der Kommissar – Lohengrin malmte wie ein Kamel –, „schätze, er wird sofort zu dem Versteck gehen, in dem er die Beute zurückgelassen hat, als wir ihn damals verhaftet haben. Verfolgen Sie ihn unauffällig."

„Klar, Sir", antwortete Detektiv Big Zottel. „Und wenn mich nicht alles täuscht, werde ich nicht der Einzige sein, der hinter ihm her ist. Schielauge und Blacky warten sicher schon, um ihren Anteil an der Beute zu kassieren. Gute Gelegenheit, alle drei zu schnappen."

Wieder erlosch das Licht und die Szene wurde verwandelt.

„Fertig!", flüsterte Hubert.

Bettina zog Sternchen – die kesse Lilli – im Dunkeln auf die Bühne. Die kesse Lilli trug ein Spitzennachthemd und hatte eine riesige rosa Seidenschleife auf dem Kopf. Jubelnder Applaus erklang, als sie im vollen Scheinwerferlicht stand. Die kesse Lilli stieg erschrocken auf die Hinterbeine und warf Bettina fast um. Aber da kam schon Moischele als Little Joe. Er steckte noch in seinen Sträflingskleidern. Das war zwar nicht ganz richtig, aber Bille und Simon hatten dafür gestimmt, weil es so komisch aussah.

„Lilli, meine Puppe!", flötete Little Joe. „Da bin ich wieder." Moischele trippelte an das wesentlich größere Sternchen heran und zwickte die Stute in den Bauch. Die kesse Lilli quiekte und keilte aus.

„Mensch, pass doch auf!", zischte Bettina Florian zu und zerrte verzweifelt an dem schwarzen Strumpf, der ihren Kopf einhüllte, weil die schmalen Sehschlitze verrutscht waren und irgendwo auf der Stirn saßen.

„Joe! Mein Geliebter! Endlich! Ich bin fast gestorben vor Sehnsucht!", zwitscherte die kesse Lilli. Ihre Worte standen in krassem Gegensatz zu ihrem Benehmen.

„Ich hoffe, du hast die Beute gut bewacht?" Little Joe rückte vorsichtig näher an die spröde Lilli heran.

„Natürlich. Hier in der Schublade, unter den Büstenhaltern, kein Mensch hat sie dort vermutet!" Sternchen wieherte wie zur Bestätigung ihres Textes, und das Publikum wieherte mit.

„Ha! Haben wir dich endlich in der Falle!" Schielauge – das heißt Asterix, mit schwarzer Augenklappe – und Blacky alias Bongo stürzten auf die Bühne und traten als Erstes Lillis Bett in Trümmer. „Her mit dem Zaster!" An ihren Schultern blitzten gefährlich aussehende Pistolen – ein Werk von Hubert und Karlchen.

Jetzt wurde es eng auf der Bühne. Little Joe und Lilli wurden in eine Ecke abgedrängt, Schielauge rückte auf die Kommode vor und förderte – scheinbar mit den Zähnen – alle möglichen Wäschestücke zu Tage.

Bongo-Blacky hielt die beiden anderen in Schach.

„Hufe hoch, oder es knallt!"

Bille zog Big Zottel auf die Bühne. Blacky und Schielauge fuhren herum. „Au!", schrie es unter Blackys Bauch hervor. Peter, ein Klassenkamerad Simons, der Bongo führte, war bei der schnellen Wendung mit dem Fuß unter einen Huf des Ponys geraten. Bille brachte Zottels Revolver in Stellung.

„Ich habe jedes Wort gehört. Ihr seid verhaftet! Keine Bewegung!"

„Knall den Bullen ab!", fiepte Little Joe.

Und schon eröffnete Schielauge das Feuer. Sahnetörtchen müssen's sein, das ist immer komisch!, hatte Simon gesagt. Und so flogen die klebrig-süßen Geschosse nun zwischen Detektiv und Verbrechern hin und her. Karlchen sorgte aus dem Hintergrund für Nachschub. Da sie die Schlacht mit den Törtchen nur theoretisch geprobt hatten, entstand auf der Bühne bald ein heilloses Durcheinander.

Peng!, klatschte das erste Törtchen Zottel vor die Füße. Der erfasste die Situation sofort und begann den Leckerbissen zu verspeisen, so sehr Bille ihn auch am Zaumzeug zerrte, denn er musste ja zurückschießen. Klatsch! Bille traf – abgelenkt von dem in die andere Richtung ziehenden Zottel – Florian mitten ins Gesicht. Little Joe rächte sich sofort. Zack! Der nächste Schuss beförderte Big Zottels Pfeife ins Publikum. Big Zottel entschloss sich daraufhin, den Rest seiner Munition selber zu verzehren. Bille rettete die zwei letzten Törtchen vor seiner Gier und traf mit dem einen die kesse Lilli auf den Popo, mit dem zweiten Blacky genau vor die Brust.

Der hätte jetzt eigentlich tot sein müssen. Er begann seine Sterbeszene wirkungsvoll, indem er sich erschreckt aufbäumte, entschloss sich dann aber, sich die Sahne von der Brust zu lecken. Little Joe tat das Gleiche mit dem Törtchen auf Lillis Hinterteil.

„Das ganze Haus ist von Polizei umstellt, Jungs, jeder Widerstand ist zwecklos. Ergebt euch!", drohte Big Zottel und schleckte sein Törtchen.

Onkel Paul machte Karlchen ein Zeichen, die Kassette abzuschalten, und ließ die Scheinwerfer ausblenden. Da Detektiv und Verbrecher so friedlich miteinander speisten, konnte man sich den Schluss des Stückes sparen.

Den Abschluss und Höhepunkt der Sendung bildete Pünktchen als Schlagersängerin. Diesmal war sie in viel glitzernd Grünes gehüllt, Perlen schmückten den Kopf, die Augen waren schwarz umrandet. Asterix spielte den Ansager.

„Und nun – der Schlager der Woche, liebe Zuschauer!" Der Ansager leckte sich die Lippen. „Heute präsentiere ich Ihnen unseren neuen Star Gabriela mit dem neuesten Hit! Sie werden begeistert sein! Ein Hit – hot, kann ich Ihnen sagen, hot! Na also, der ist schon nicht mehr hot, der ist hottehüh! Und hier kommt sie! Gabriela!"

Simon schob seine grün glitzernde Stute ans Mikrofon. Pünktchen warf geziert den Kopf in den Nacken und trippelte. Die Musik ertönte. Simon schob Pünktchen schnell etwas Hafer ins Maul.

„Mariechen saß weinend im Garten", schluchzte die Schlagersängerin. Ohrenbetäubendes Gelächter übertönte ihren Gesang. „Im Grase lag schlummernd ihr Kind. In ihren schwarzbraunen Locken", Pünktchen schüttelte wie zur Bestätigung ihre gelockte Mähne, „spielte leise der Abendwind" – Pünktchen hob den Schweif.

„Nein, bist du verrückt? Nicht jetzt!", jammerte Simon.

„Sie saß so still, so traurig", hinter der Schlagersängerin fiel der erste dampfende Apfel zu Boden, „im Abenddämmerschein, die dunklen Wolken zogen", von der Bühne her verbreitete sich strenger Geruch, klatschend fielen weitere Äpfel, „und Wellen schlug der Teich."

Simon wusste nicht, ob er lachen oder weinen sollte. Bei der Probe hatte doch alles so gut geklappt. Die Aufregung musste Pünktchen auf den Magen geschlagen sein. Unter dem schallenden Gelächter des Publikums beendete sie ihren Auftritt. Der Rest der Vorstellung ging im Jubel der Zuschauer unter: Zottels Auftritt im Matrosenanzug und mit Gitarre, er sang „Junge, komm bald wieder", und Lohengrins gefühlvoll vorgetragenes „Grün ist die Heide".

„Puh", stöhnte Bille, als alles vorüber war. „Noch so eine Vorstellung, und ich habe mir so viel runtergeschwitzt, dass ihr mich als Stangenspargel verkaufen könnt."

Grauer Alltag und neue Pläne

Nach den turbulenten Proben und dem bejubelten Erfolg der Pferde-Show fiel es ihnen schwer, sich wieder an den Alltag mit seinen Pflichten zu gewöhnen. Die langen Schulwochen bis zu den großen Ferien lagen vor Bille wie eine riesige Schüssel Brotsuppe, graubraun und fad. Wenn es eines auf der Welt gab, was Bille hasste, dann war es Brotsuppe. Ihr Vater hatte sie geliebt, und solange er lebte, hatte er sie mindestens einmal in der Woche eigenhändig zubereitet. Vati hatte nicht einsehen wollen, dass Bille seine Leidenschaft für dieses Gericht nicht teilte, und hatte darauf bestanden, dass sie ihren Teller leer aß. Für Bille war das immer eine schreckliche Qual gewesen, denn sie durfte den Tisch nicht verlassen, bevor sie ihre Suppe gegessen hatte. Noch in Erinnerung daran schüttelte sie sich.

Dass das Wetter regnerisch und kühl war, trug auch nicht gerade dazu bei, ihre Laune zu verbessern. Es gab viel nachzuholen für die Schule, und sie musste ihre Zeit fürs Reiten und für die Pferde auf das Notwendigste beschränken.

Herr Tiedjen hatte den Unterricht wieder aufgenommen. Karlchen hatte ihm einen Sitz gebaut, der wie ein Königsthron wirkte: Auf einem Podest stand ein uralter Sessel mit steifer Lehne, der Herrn Tiedjens Rücken den nötigen Halt gab. So konnte er zwar nur einen Teil der Reitbahn überblicken, aber Bille und ihren Freunden genügte es, wenn er ihre Fehler auf dieser Teilstrecke entdeckte.

Seit Bille, Daniel und Simon mit ihm besprochen hatten, dass sie in Neukirchen beim Turnier dabei sein wollten, war er unerbittlich streng geworden. Der Idee selbst hatte er sofort zugestimmt. Denn er fand es richtig, dass sie auf einem kleinen Turnier ihre ersten Erfahrungen in einem Wettkampf vor Publikum sammeln wollten. In einem Punkt hatte er Billes Freude allerdings einen gewaltigen Dämpfer erteilt. Sie hatte gehofft, er würde ihr erlauben, Troja zu reiten. Aber er hatte seine Zustimmung davon abhängig gemacht, dass er das Pferd für sie auswählen würde. Und dieses Pferd hieß nicht Troja – es hieß Lohengrin. Bille hatte gedacht, sie höre nicht recht. Ausgerechnet Lohengrin! Mit dem sie solche Schwierigkeiten hatte! Wie recht Herr Tiedjen hatte, sollte sie erst viel später einsehen.

Vorerst wurde gearbeitet, hart gearbeitet. Und Bille war manchmal dem Weinen nahe, weil sie glaubte, plötzlich überhaupt nichts mehr richtig zu machen.

„Halte die Schenkel ruhig! Sie rutschen hin und her, als wolltest du mit ihnen Geige spielen!"

„Pass auf deine Ellbogen auf!"

„Hände ruhig halten!"

„Wenn ich sage, Hände ruhig halten, dann meine ich nicht, dass du sie auf dem Widerrist festleimst. Hände ruhig halten bedeutet, Zügel ruhig halten – sie müssen elastisch mit den Bewegungen des Pferdes mitgehen."

„Du reitest zu dicht an das Hindernis heran! Du musst die ideale Absprungstelle im Gefühl haben!"

„Dein Pferd verliert Schwung! Achte darauf, dass es Tempo behält!"

„Nicht runterschauen! Sieh geradeaus, wenn du springst, du bist hier nicht beim Pilzesuchen!"

Die Anweisungen prasselten nur so auf sie nieder, nichts entging Herrn Tiedjens Aufmerksamkeit. Bille wurde immer mutloser.

„Was ist los mit dir, du wirkst so kraft- und lustlos", fragte er eines Tages, als sie am Ende der Unterrichtsstunde aus dem Sattel rutschte und schwer wie ein Mehlsack auf den Boden plumpste.

„Ach – ich weiß selber nicht", sagte Bille weinerlich. „Manchmal möchte ich am liebsten alles hinschmeißen und mich in eine dunkle Ecke verkriechen."

„Na, na." Herr Tiedjen legte den Arm um ihre Schulter und ging – schwer auf sie gestützt – mit ihr aus der Bahn. „Was soll ich denn da sagen? Was glaubst du, wie schwer es mir fällt, Geduld zu haben und nicht den Glauben daran zu verlieren, dass alles wieder gut wird?"

„Das ist wahr", sagte Bille beschämt. „Es tut mir leid."

„Es braucht dir nicht leidzutun. Probleme sind dazu da, besprochen und gelöst zu werden! Meinst du nicht, dass du dir in den vergangenen Monaten ein bisschen zu viel zugemutet hast? Die Schule – der Stalldienst – das kranke Pony – dein Pflegesohn Sindbad – das Reiten …"

„Aber nie im Leben!", sagte Bille erstaunt. „Jede Stunde bei den Pferden ist einfach – na, einfach Glück! Andere spielen Tennis oder schwimmen oder surfen oder sitzen vor Computerspielen – meine Leidenschaft sind eben die Pferde!"

„Und trotzdem bist du nicht glücklich."

„Ja, das ist es ja. Ich verstehe mich selbst nicht mehr. Ewig bin ich unzufrieden mit mir. Ich meine einfach, ich müsste nun endlich alles können."

„Ach, Bille!" Herr Tiedjen lachte auf. „Du wirst ein Leben lang lernen und immer neue Erfahrungen machen – man hört nie auf, Schüler zu sein."

Bille schwieg. Er hatte ja recht. Vor etwas mehr als einem Jahr hatte sie mit dem Reiten begonnen. Sie hatte schnell Fortschritte gemacht, da sie jeden Tag reiten konnte, oft sogar mehrere Stunden. Trotzdem stand sie schließlich noch am Anfang ihres Reiterdaseins.

„Hast du das Gefühl, dass ich zu viel von dir verlange?"

„Um Himmels willen, nein! Ich ärgere mich doch nur über mich selbst!"

„Das ist normal, das tun wir alle von Zeit zu Zeit."

„Vielleicht", überlegte Bille, „hängt es einfach mit der Schule zusammen. Die Schule kotzt mich so an, ich kann's gar nicht beschreiben. Und sie kostet so viel unnötige Zeit. Am liebsten würde ich aufhören."

„Bist du verrückt?" Herr Tiedjen blieb stehen und sah sie entsetzt an. „Du weißt nicht, was du da sagst. Es gibt nichts Schrecklicheres für mich als Leute, die nur Pferde im Kopf haben und sonst nichts. Kein Buch lesen, sich nicht dafür interessieren, was in der Welt vorgeht, für Musik, Theater, Kunst kein Interesse aufbringen – von Fremdsprachen ganz zu schweigen. Wissen ist etwas so Schönes!" Herr Tiedjen sah Bille durchdringend an. „Sag mal – hast du Schwierigkeiten in der Schule?"

„Nicht direkt. Ich war immer unter den drei Besten – und jetzt bin ich ein bisschen schlechter geworden."

„Weißt du was? Ich mache dir einen Vorschlag. Du weißt ja, dass ich mich sehr schonen muss, einen großen Teil des Tages soll ich liegen. Das ist sehr langweilig auf die Dauer. Wie wär's, wenn du nachmittags zu mir kämst und deine

Aufgaben mit mir gemeinsam machst? Vielleicht an drei Tagen in der Woche – wir könnten zusammen Tee trinken und ein bisschen über Groß-Willmsdorf sprechen – über die Pferde – und über meine Zukunftspläne. Mir geht da eine Menge im Kopf herum. Und dann werden wir uns um deine Aufgaben kümmern. Anschließend gehen wir dann in die Reitbahn. Was hältst du davon? Ich will dich natürlich nicht überreden. Sag es mir ruhig, wenn du keine Lust hast, deine Nachmittage am Krankenbett eines alten Mannes zu vertrödeln."

„Alter Mann?" Bille musste lachen. „Im Gegenteil – die Idee ist so toll, dass ich gar nicht mehr weiß, warum ich eben so todtraurig war. Gleich morgen?"

„Klar! Ich sage Frau Engelke, sie soll einen Kuchen backen und eine große Kanne Kakao kochen. Ich hoffe, du magst Kakao?"

„Und ob!"

„Dann bin ich beruhigt. Ich liebe nämlich Kakao über alles, und alle Leute setzen mir Kaffee oder Tee vor. Wahrscheinlich fürchten sie um meine schlanke Linie."

Als Bille Lohengrin zum Stall führte, hatte sie das Gefühl, einen halben Meter über dem Erdboden zu schweben. Und kaum war sie zu Hause, platzte sie auch schon mit der Neuigkeit heraus.

„Er muss dich sehr gern haben", sagte Mutsch nachdenklich. „Wahrscheinlich hat er sich immer gewünscht, eine Tochter wie dich zu haben. Stattdessen hat er einen Sohn, zu dem er kaum Kontakt hat."

„Waaas? Herr Tiedjen hat einen Sohn? Das habe ich ja gar nicht gewusst!"

„Du warst noch zu klein damals. Deshalb kannst du nicht

wissen, dass er einmal verheiratet war. Mit einer Amerikanerin. Sie waren beide noch sehr jung, deshalb ging die Ehe wohl nicht gut. Seiner Frau gefiel es nicht, dass er ständig auf Reisen war und sie hier in Groß-Willmsdorf hockte. Sie sprach noch kein Deutsch und hatte keine Freunde. Dann hat sie wohl von ihm verlangt, dass er das Turnierreiten aufgibt. Na ja, und als er immer weitermachte, war sie eines Tages weg. Mit dem Jungen. Zurückgegangen nach Amerika."

„Warum ist sie nicht mit ihm gefahren, wenn er zu den Turnieren fuhr?"

„Sie konnte nicht reiten und machte sich nichts aus Pferden. Er hätte so eine Frau niemals heiraten dürfen", sagte Onkel Paul. „Jedenfalls nicht, wenn er nicht bereit war, das Turnierreiten aufzugeben."

„Vielleicht wäre es anders gewesen, wenn sie unsere Sprache verstanden hätte. Sie hätte leichter Freunde gefunden. Aber sie kam auch aus einer Großstadt und war das Landleben nicht gewohnt."

„Er tut mir leid. All die Jahre allein in dem großen Haus …", meinte Bille nachdenklich.

„Er hätte ja wieder heiraten können. Aber er wollte wohl nicht – wo er doch immer auf Reisen ist", sagte Mutsch. „Und jetzt hat er dich – als so 'ne Art Adoptivtochter, stimmt's?"

„Stört dich der Gedanke?"

Mutsch überlegte.

„Nein. Ich gebe zu, am Anfang", Mutsch lächelte ein wenig verlegen, „da hab ich manchmal eine Wut gehabt auf ihn. Weil du nur von ihm geschwärmt hast und ich für dich oft gar nicht mehr vorhanden war. Herr Tiedjen und die Pferde, was anderes ging in deinen Kopf nicht mehr rein. Aber damals war auch Onkel Paul noch nicht …"

„… mit uns verheiratet", warf Bille ein.

„Ja, und ich war ziemlich allein. Der Laden, die Arbeit, der Haushalt, das war alles, und …"

„… und nichts fürs Herz!" Onkel Paul legte den Arm um Mutsch und drückte sie an sich.

„Aber schließlich habe ich mir gesagt", fuhr Mutsch fort, „wenn meine Tochter wirklich so begabt fürs Reiten ist, einen besseren Lehrer und Förderer kann sie ja gar nicht finden, das ist doch ein reiner Glücksfall! Schon dass du seine Pferde reiten darfst! Und Vati wäre sicher auch sehr zufrieden damit."

„Das ist gut. Dann kann ich also beruhigt weiter Herrn Tiedjens Adoptivtochter spielen. Er wird schon sehen, was er davon hat, wenn er mit mir französische Grammatik pauken muss."

Bille hatte das Groß-Willmsdorfer Gutshaus bisher kaum betreten. Sie kannte nur das Büro, das in einem Seitenflügel untergebracht war, die große Eingangshalle mit der dunklen Täfelung an den Wänden und den großen Salon, von dem aus man auf die Terrasse hinausging. Aber im Erdgeschoss befanden sich noch die Bibliothek, das sogenannte Herrenzimmer und zwei weitere Wohnräume. Sie alle waren mit schweren, kostbaren Möbeln ausgestattet, die noch von Herrn Tiedjens Großeltern stammten. Herr Tiedjen betrat die Räume nur, wenn Besuch kam oder ein Fest gefeiert wurde. Er machte sich wenig daraus, in einem Museum zu leben.

Frau Engelke führte Bille die Treppe ins obere Stockwerk hinauf, und nun sah sie, wie Herr Tiedjen wirklich lebte. Das größte der oberen Zimmer, das einen schönen Balkon zum Park besaß, hatte er sich als Wohnraum nach seinem

Geschmack eingerichtet. Der Fußboden war mit hellem Wollteppich ausgelegt, die Möbel aus hellem Holz, an den Wänden hingen moderne Bilder. Der bunte Leinenstoff von Gardinen, Sesseln und Couch bildeten einen schönen Gegensatz zu den großen hellen Flächen. Überall lagen Bücher und Zeitschriften herum, die wenigsten davon hatten mit Pferden zu tun, wie Bille neugierig feststellte.

Herr Tiedjen lag auf einer Couch, auf die ein Brett gelegt worden war.

„Erschrick nicht, das hat mir der Arzt verordnet. Es ist nicht sehr bequem, aber es soll meinem Rücken gut tun. Ehrlich gesagt, fühlt man sich darauf wie auf einer Folterbank. Aber wenn Frau Engelke den Kakao bringt, werde ich mich für eine Weile von meiner Folterbank erheben."

Bille gab Herrn Tiedjen die Hand und setzte sich neben ihn auf einen Stuhl.

„Was haben wir auf?", fragte er.

„Eine französische Übersetzung, Mathe, Englisch und Geschichte."

„Fein, wir fangen gleich an. Aber erst nimm bitte mal das große Buch dort vom Tisch und schlage es auf!"

„Was ist das?"

„Was das ist? Ein Zuchtbuch. Ich möchte, dass du es dir mal genau anschaust."

„Oh, da stehen ja unsere Pferde drin."

„Unsere Stuten mit ihren Fohlen, ja."

„Jacaranda, hier: erstes Fohlen Janus – das war vor drei Jahren. Zweites Fohlen Jasmin – drittes Fohlen Jacky-Boy."

„Unsere Zucht ist bisher eher bescheiden. Wir haben ein paar sehr gute Stuten, aber ich habe mich nie wirklich um den Aufbau einer Zucht gekümmert. Das möchte ich jetzt ändern, ich möchte mehr System in die ganze Sache bringen, verstehst du?"

„Hm." Bille nickte eifrig und fuhr fort, die Stammbäume ihrer Lieblinge zu studieren.

„Bis jetzt haben wir keinen eigenen Deckhengst. Du erinnerst dich an Patrick, den ich erst vor Kurzem zugeritten habe und dann zur weiteren Ausbildung für den Distanzsport zu einem Fachmann nach Frankreich geschickt habe?"

„Patrick, den schönen Fuchshengst – wie könnte ich den je vergessen. Ein Märchenpferd!"

„Und er entwickelt sich großartig, läuft super. Den werden wir eines Tages als Deckhengst nach Groß-Willmsdorf zurückholen. Und dann werden wir, je nachdem, was uns der Verkauf unseres Nachwuchses bringt, noch zwei oder drei Stuten dazukaufen. Irrlicht und San Francisco zeigen gute Anlagen. Wenn sie sich weiter so entwickeln, bringen sie uns ein schönes Stück Geld. Bei Donata müssen wir abwarten, ich hoffe, es lässt sich ein gutes Springpferd aus ihr machen, eine Nachfolgerin für Feodora, wenn die eines Tages Mutter wird."

Er sagte die ganze Zeit „wir", Bille wurde es ganz warm innerlich.

„Hoffentlich haben wir mit Troja nicht wieder Pech", sagte sie, „und sie bringt uns nächstes Jahr ein gutes Fohlen."

„Ja, und auch Sinfonie. Am meisten Kopfzerbrechen macht mir Iris. Es ist schade um sie als Springpferd, aber sie gerät bei unruhigem Publikum sofort in Panik. Ich werde sie wohl doch ganz auf Zucht abstellen und auf ihren Nachwuchs hoffen."

Frau Engelke kam herein und brachte Kakao und eine gewaltige Erdbeertorte.

„Du lieber Himmel, ist heute Sonntag?", rief Bille aus. „Oder hat jemand Geburtstag?"

„Ach, weißt du, Geschäftsleute halten ihre wichtigsten Konferenzen immer bei einem guten Essen ab", sagte Herr Tiedjen lächelnd. „Schenk ein!"

Er zog sich von seinem unbequemen Lager hoch und setzte sich aufatmend in einen Sessel. Bille reichte ihm die Tasse und einen Teller mit Kuchen.

„Wir müssen uns intensiver um die Ausbildung von Black Arrow kümmern", sagte Herr Tiedjen nach einer Weile. „Sowie ich wieder ganz gesund bin …" Er nahm einen großen Bissen von der Torte und kaute hingebungsvoll. „Hm, ist die gut!"

„… wollen Sie mit ihm starten", vollendete Bille seinen Satz.

„Im Gegenteil."

„Im Gegenteil? Sie wollen ihn doch nicht wieder verkaufen?", fragte Bille entsetzt.

„Unsinn. Du sollst mit ihm starten – wenn du so weit bist. Ob du dann Zottel mitnimmst oder zu Hause lässt, ist nicht mein Problem. Wahrscheinlich wirst du Black Arrows Maskottchen immer mitschleppen müssen. Schau zu, dass du dir das Geld dafür zusammensiegst. Na ja, bis dahin dauert es schon noch eine Weile. Vielleicht gewöhnen wir ihm den Tick doch noch ab."

Bille musste einmal tief durchatmen.

„Vermutlich habe ich mein ‚Maskottchen' dann nötiger als er", sagte sie aufgeregt, und in ihrem Bauch rumorte es heftig.

Sternchens heimliche Hochzeit

„Hast du schon gehört? Wir haben einen Heimkehrer!", empfing Petersen Bille, als sie den Stall betrat.

„Nein, wen?"

„Patrick. Er kommt heute Abend mit dem Zug in Neukirchen an. Hat eine schwere Infektion bekommen, da hat der Tierarzt gemeint, ein paar Wochen Erholungsurlaub auf den heimatlichen Weiden würden ihm guttun. Und das, wo er doch dieses Jahr in Hamburg starten sollte!"

„Und was für eine Infektion war das?"

„Eine Verletzung am Bein, einer der Betreuer – war wohl 'n Neuer – hat nicht aufgepasst oder versucht, es zu vertuschen. So was Verantwortungsloses! Na, der hat aber auch eins auf den Deckel bekommen. Hätte böse ausgehen können für unseren Patrick!" Petersen schüttelte missbilligend den Kopf.

Heute Abend also! Bille freute sich auf das Wiedersehen mit dem schönen Hengst wie auf die Heimkehr eines lange verreist gewesenen Familienmitglieds.

„Haben Sie seine Box schon eingerichtet?"

„Klar. Der Chef und Herr Krüger holen ihn ab."

„Gut, dann kümmere ich mich jetzt um Sindbad."

Am nächsten Tag tummelte sich Patrick bereits vergnügt auf der Koppel. Von seiner Krankheit war ihm nichts mehr anzumerken, abgesehen davon vielleicht, dass er das kranke Bein ein wenig schonte. Bille stand lange am Gatter und sah dem schönen Tier zu.

Nach drei Tagen nahm Herr Tiedjen ihn bereits an die Longe. Bille sah es, als sie mit Zottel auf den Hof ritt.

„Wird das nicht zu anstrengend für Ihren Rücken?", rief sie zu ihm hinüber.

„Langsam muss ich ja wieder anfangen. Ich mache gleich mit ihm Schluss, dann werde ich mich ein bisschen ausruhen. In einer Stunde komme ich zu euch in die Reitbahn."

„Okay."

Bille brachte Zottel in den Stall und ging auf die Koppel, um Lohengrin hereinzuholen. Von Weitem hörte sie Simon, Bettina und Daniel in den Hof reiten.

„Na komm, Dicker, zier dich nicht. Es hilft alles nichts, gearbeitet werden muss doch!"

Bille ging auf Lohengrin zu und erwischte ihn bei der Mähne. Sofort gab er den Versuch, noch ein wenig mit ihr Fangen zu spielen, auf und ließ sich das Halfter überstreifen.

„Hallo, hier steckst du also! Wir haben dich schon gesucht!" Bettina hielt vor dem Gatter und sprang aus dem Sattel. „Die Jungen schauen Herrn Tiedjen zu, sie bewundern euren Patrick bei der Arbeit."

„Ein Pferd wie ein Denkmal, nicht wahr?"

„Ja, er ist atemberaubend schön. Da muss doch jeder Stute das Herz höher schlagen."

Bille hatte Lohengrin das Halfter angelegt und öffnete das Gatter.

„Sag mal, kann ich Sternchen nicht hier draußen lassen? Die Koppel ist doch jetzt frei, und ich komme heute sowieso nicht dran und bin nur Zuschauer."

„Klar. Nimm ihr den Sattel ab und leg ihn Lohengrin auf den Rücken, er ist Kavalier und wird ihn für dich tragen."

„Sternchen gefällt mir in den letzten Tagen gar nicht so recht", klagte Bettina. „Sie ist irgendwie verändert, so nervös und unruhig – hoffentlich wird sie nicht krank."

„Du musst sie genau beobachten. Hat sie Fieber?"

„Habe ich noch nicht gemessen."

„Das würde ich unbedingt tun. Nur zur Beruhigung. Ich muss meinen Faulpelz hier noch ein bisschen schön machen, bevor der Unterricht losgeht. Du kannst mir ja helfen."

Bettina hatte Sternchen abgesattelt und ihr das Zaumzeug abgenommen. Sie gab ihr einen zärtlichen Klaps. Die Stute trabte vergnügt über die Koppel und strebte den schattigen Bäumen am anderen Ende zu, wo das würzigste Gras wuchs und angenehme Kühle herrschte.

„So krank sieht sie gar nicht aus. Ich glaube, du siehst unnötig schwarz, vielleicht hatte sie nur schlechte Laune."

Die beiden Mädchen ließen Sternchen allein und gingen zum Stall hinüber. Auf dem Longierplatz belohnte Herr Tiedjen Patrick gerade mit ein paar Mohrrüben. Daniel und Simon hatten ihre Pferde im Schatten der Reithalle angebunden und sahen ihm zu.

Bille begann mit Bettinas Hilfe, Lohengrin zu putzen und zu satteln. Dann ritt sie zur Reitbahn hinüber. Daniel und Simon trabten schon und ritten lösende Figuren.

„Herr Tiedjen ruht sich noch einen Augenblick aus", rief Daniel Bille zu. „Wir sollen schon mal anfangen."

„Eine Stunde wird's dauern", ergänzte Simon.

„Bis dahin hat mich der Dicke geschafft", murmelte Bille und trieb Lohengrin verbissen vorwärts. „Der glaubt, er kann hier seinen Mittagsschlaf halten."

Nach einer knappen halben Stunde kam Herr Tiedjen – er ging jetzt nur noch auf einen Stock gestützt – und nahm in seinem Spezialsessel Platz.

„Heute werden wir uns ein bisschen auf die Dressur konzentrieren", sagte er. „Nun zeigt mir mal, was ihr könnt!" Zu Daniel gewandt, fügte er hinzu: „Bist du mit ihm klargekommen?"

„Problemlos", sagte Daniel. „Er hat sich benommen wie ein Herr."

„Er hat einen sehr guten Charakter. Er ist temperamentvoll und kräftig wie ein Elefantenbulle, aber du kannst ihn an einem Seidenfaden lenken. Allerdings nur, wenn er dich mag."

„Aha, du hast Patrick in den Stall bringen dürfen", rief Bille Daniel zu. „Das ist eine Ehre!"

„Sogar auf die Koppel. Ich habe mich auch sehr geehrt gefühlt."

„So, meine Lieben, jetzt wollen wir mal ein bisschen an den Seitengängen arbeiten."

Das Training begann, und alle Gedanken waren auf die Arbeit gerichtet. Bettina schaute eine Weile zu, dann schlenderte sie davon, um sich ein wenig zu sonnen.

Im Park war es still. Ein leichter Wind strich durch die Bäume, die tanzenden Blätter warfen Schattenspiele auf Rasen und Wege. Bettina legte sich ins Gras und blinzelte in die Sonne. Die Wärme machte sie schläfrig. Schon halb im Traum hörte sie noch das leise, zärtliche Wiehern zweier Pferde …

Am Schluss des Unterrichts ließ Herr Tiedjen seine drei Schüler Galoppwechsel üben. Das erforderte ihre ganze Konzentration. So dauerte es eine ganze Weile, bis Bille bemerkte, dass Bettina ihr heftig zuwinkte.

„Was ist los? Ist was passiert?", fragte sie, als sie an der Freundin vorbeiritt. Bettina nickte heftig.

Bille galoppierte eine weitere Runde um die Bahn.

„Bitte, komm schnell!", sagte Bettina leise und sah Bille flehend an.

Bille entschuldigte sich bei Herrn Tiedjen, ritt noch einige Runden im Schritt und verließ die Reitbahn.

„Was ist denn? Du glühst ja."

„Komm schnell, es ist etwas Furchtbares passiert. Ich muss dir was zeigen!"

Bettina lief voraus und Bille trabte auf Lohengrin hinter ihr her.

„Binde Lohengrin lieber am Stall an", bat Bettina.

„Du machst es aber spannend. Warum?"

„Das wirst du gleich sehen."

Bettina führte Bille um den Stall herum zu der Koppel, auf der sie Sternchen zurückgelassen hatte. Stumm wies sie zum anderen Ende der Koppel hinüber. Da graste Sternchen still-vergnügt vor sich hin. Und neben ihr Patrick, der Schöne.

„Und deshalb machst du so ein Geschrei? Sie scheinen sich doch zu vertragen. Er wird dein Sternchen schon nicht fressen. Aber wie kommt er hierher, frage ich mich. Na, vielleicht hat Daniel nicht gesehen, dass Sternchen auf der Koppel war, und hat ihn ahnungslos hier hereingebracht. Aber deshalb brauchst du dich doch nicht aufzuregen."

„Bille – wie soll ich es dir sagen ...", Bettina schwankte zwischen Lachen und Weinen, sie war offensichtlich ganz aufgewühlt, „... sie – sie haben eben miteinander geschlafen!"

„Sie haben ..." Bille blieb vor Erstaunen der Mund offen stehen. Dann brach sie in schallendes Gelächter aus.

„Mensch, hast du ein Glück!", sagte sie lachend. „Gratuliere! Wenn alles klappt, bist du in elf Monaten Großmutter und hast das schönste Fohlen von deiner Stute, das du dir wünschen kannst. Und das, ohne einen Pfennig dafür bezahlen zu müssen."

„Du hast gut lachen", sagte Bettina unsicher. „Aber was wird Herr Tiedjen dazu sagen. Wird er nicht wütend sein? Patrick hätte doch auch etwas zustoßen können – wenn sie ausgeschlagen hätte."

Bille überlegte einen Augenblick. Sollten sie Sternchen schnell von der Koppel holen und das Ganze als ihr süßes Geheimnis behandeln? Vielleicht wurde Sternchen gar nicht trächtig – dann würde nie ein Mensch etwas davon erfahren. Aber nein, das wäre unehrlich.

„Komm", sagte sie. „Am besten, wir erledigen das gleich. ‚Je eher daran, desto eher davon', sagt meine Mutter immer. Den Kopf wird es uns schon nicht kosten. Schließlich war es nur ein unglückliches Versehen, dass die beiden auf eine Koppel gekommen sind."

„Du hast recht." Bettina schluckte und atmete einmal tief durch. „Den Kopf wird es uns nicht kosten. Schließlich war es Daniel, der unfreiwillig den Heiratsvermittler gespielt hat."

Ein Streich
den Sonntagsreitern

„Was machen Sie denn da?"

„Geht dich das irgendwas an?"

„Wie man's nimmt."

Bille stieg vom Fahrrad und trat näher. Der Mann gefiel ihr nicht. Zu seinem hellen, eng taillierten Anzug trug er eine papageienbunte Krawatte, helle Schuhe mit einem Lochmuster und eine karierte Schirmmütze. Seine Augen verschwanden hinter einer riesigen Sonnenbrille, und im Mundwinkel hing eine ebenso riesige Zigarre.

„Gehört Ihnen die Nobelkarosse da?"

„Ja. Da gehen dir die Augen über, was? So was kriegst du hier auf dem Dorf sicher nicht oft zu sehen."

Er lachte selbstgefällig und fuhr fort, auf einen Nagel einzuhämmern, der bereits krumm und schief war. Der Nagel sollte offenbar dazu dienen, eine aus Pappe ausgeschnittene himbeerrote Blume an einem Baum zu befestigen. Das hätte Bille vermutlich nicht weiter gestört, wenn der Baum nicht an der Willmsdorfer Allee gestanden hätte, also zum Besitz Herrn Tiedjens gehörte.

„Wollen Sie mir nicht verraten, was das soll?"

„Nichts für kleine Mädchen wie dich. Es ist für eine Veranstaltung. Ich markiere eine Strecke."

„Eine Strecke?"

„Ja doch", sagte der Mann ungeduldig, denn auch der zweite Nagel dachte nicht daran, in der brüchigen Rinde sitzen zu bleiben, „eine Strecke. Für eine Jagd – mehr ein Geländeritt."

Bille glaubte, nicht recht zu hören. Ob der Mann sich bei Herrn Tiedjen die Erlaubnis geholt hatte? Das musste er wohl, wenn er hier einfach so auf die Bäume einhämmerte. Sie hätte Herrn Tiedjen gern gefragt, aber der war für ein paar Tage zur Untersuchung im Krankenhaus.

„Ein Geländeritt?", fragte sie, als ob sie nicht verstanden hätte.

„Noch nie was davon gehört, wie? Ja, ein Ritt – auf Hottehüs – Pferden – kapiert? Aber ihr hier auf dem Land wisst im Zeitalter der Traktoren ja gar nicht mehr, was ein Pferd ist."

Bille verkniff sich ein Grinsen. Das Gespräch begann ihr Spaß zu machen. Welch glücklicher Zufall, dass sie heute nicht auf Zottel hier vorbeikam. Sie hatte ihn bei Moischele auf der Koppel gelassen.

„Aber Sie verstehen was von Pferden? Ja?", fragte Bille lauernd. „Wer macht denn den Geländeritt? Ihre Kinder?"

Der Mann sah sie verächtlich an.

„Das ist nichts für Kinder. Nur weil wir Blümchen als Erkennungszeichen nehmen? Ein bisschen Spaß wollen die Erwachsenen ja auch mal haben, oder? Was glaubst du, wer da alles kommt! Die reichsten Leute aus der Stadt sind in unserem Klub Mitglied, wir sind der vornehmste Reitklub im Umkreis von hundert Kilometern, Kleines!" (Das hätte er nicht tun dürfen, sie Kleines nennen!) „Da kannst du Pferde sehen – eine Augenweide! Und Autos, sage ich dir! Autos – ein Luxus, das glaubst du gar nicht!"

„So? Und mit wem machen Sie den – Geländeritt? Mit den Pferden oder den Autos?"

Der Mann schnaubte verächtlich durch die Nase.

„Das verstehst du grünes Gemüse gar nicht. Das höchste Glück der Erde liegt auf dem Rücken der Pferde!", dozierte er mit einer gehörigen Portion Schmalz in der Stimme. „Aber das ist eben nur wenigen vergönnt."

„Und Ihnen ist es vergönnt?"

„Tja ..." Der Mann schaute befriedigt auf das himbeerfarbene Blümchen, das sich endlich bequemt hatte, an der Stelle zu bleiben. „Ich bin der Klubwart."

„Aha. Und wann startet das große Ereignis?"

„Morgen um zehn. Der *Krug* in Wedenbruck ist Sammelplatz, Start wird dort vorn am Waldrand sein. Ja, da gibt's was zu gucken für euch Kinder."

„Warum so spät?", fragte Bille. „Um zehn wird es doch schon heiß?"

„Hach, Mädchen, was du für Vorstellungen hast. Unsere Klubmitglieder sind nun mal keine Frühaufsteher."

„Darf ich mal sehen?" Bille blickte auf den Plan, den der Mann studierte. „Das nächste Blümchen kommt drüben an die Feldscheune, stimmt's?"

„Gar nicht so dumm, das hätte ich jetzt gar nicht – na, ich muss weiter. Kannst ja morgen beim Start zuschauen kommen. So was sieht man nicht alle Tage!"

„Sicher nicht", sagte Bille und versuchte, ernst zu bleiben. „Danke für die Einladung. Ich komme bestimmt."

Sie konnte es kaum erwarten, die Neuigkeit an die anderen weiterzugeben. Als Erster wurde Karlchen eingeweiht, der in der Sattelkammer Zaumzeug und Sättel putzte.

„Hm …", sagte er und schaute Bille mit schief gelegtem Kopf an. „Das hört sich gut an. Da gibt's bestimmt was zu lachen."

„Vielleicht auch nicht. Möglicherweise sind das alles ganz tolle Reiter – und nur der Klubwart ist so ein komischer Typ. Das Auto hättest du sehen müssen!"

„Püh – Herrenreiter!" Karlchen schniefte verächtlich. „Na ja, wir werden ja sehen."

„Was werden wir sehen?"

Bettina, Daniel, Simon und Florian stürmten die Sattelkammer.

„Im schlimmsten Fall einen großen Auftritt. Und wenn wir Glück haben, einen riesigen Spaß", sagte Bille und erzählte noch einmal ihr Erlebnis mit dem merkwürdigen Klubwart.

Florian schaute erwartungsvoll von einem zum anderen.

„Da muss doch was zu machen sein", sagte er lauernd.

„Auf jeden Fall schauen wir uns die Bande mal an. Wenn sie alle so sind wie der Zigarrenonkel – na, da dürfte uns manches einfallen", sagte Daniel grinsend. „Reiten wir doch die Himbeerblümchen-Strecke mal ab, damit wir im Bilde sind."

„Das ist ja der Hammer", flüsterte Karlchen Bille zu, als sie am nächsten Morgen den großen Auftritt der Reitklub-Mitglieder verfolgten. „Hast du schon mal so viele Bonzenkutschen auf einem Haufen gesehen?"

„Na, die Pferde sind jedenfalls nicht doll, so Mittelmaß. Dafür sind die Sättel umso teurer."

„Reitstall-Pferde", schnaubte Daniel herablassend. „Denen geht doch nach einem Kilometer schon die Puste aus."

Im *Krug* ging es hoch her. Der Reitklub nahm den Früh-schoppen ein. Immer neue Luxuslimousinen fuhren vor. Die Pferde hatte man bereits am Tag vorher nach Wedenbruck transportiert und hier bei einem Bauern untergestellt.

„Schau dir die an!" Bettina stieß Bille in die Seite.

Aus einem weißen Sportcoupé stieg eine nicht mehr ganz junge Dame mit einer Frisur, als sei sie im Begriff, in die Oper zu gehen. Ihr Reitdress stammte sichtlich vom teuers-ten Schneider, und in den Ohren und an jedem Finger blitzte es von Brillanten.

Aus dem *Krug* stürzte ein Herr, den Bettina sofort als „durchgestylt" betitelte.

„Das ist der Typ von gestern", flüsterte Bille.

„Ach, Mäxchen!", zwitscherte die Dame, während „Mäx-chen" sich galant über ihre Hand beugte. „Wie entzückend das alles ist! Wie romantisch! Ich hoffe, Sie haben uns die Aufgabe nicht zu schwer gemacht? Prinz …", sie ging zu dem schweren braunen Wallach hinüber, der direkt neben Bille stand und döste, „und ich sind keine Gewalttouren gewöhnt. Nicht wahr, mein Kleiner?"

Die Dame tätschelte dem Braunen den Hals, sodass der – aus seinen Träumen in die brillant-harte Wirklichkeit seiner Herrin zurückgeholt – unwillig schnaubte.

„Aber meine Liebe", der Kavalier sah der Dame tief in die Augen, „als ich gestern die Strecke absteckte, habe ich nur an Sie gedacht! Sie werden begeistert sein. Schade, dass Ihr Gatte verhindert ist", sagte er und hängte sich vertraulich bei ihr ein.

„Ja, Liebste! Da sind Sie ja endlich! Wir haben Sie schon so vermisst! Der Doktor erzählt gerade eine seiner entzücken-den Geschichten aus Borneo, kommen Sie schnell!"

Die Dame, die jetzt mit weit ausholenden Gesten die Neuangekommene in die Gaststube zog, musste einen schlecht gehenden Kosmetikladen besitzen, sodass sie genötigt war, ihre Farben und Tuschen in großer Menge selbst zu verbrauchen.

„O ja, wundervoll. Außerdem brauche ich dringend etwas zu trinken. Kommen Sie, Mäxchen, leisten Sie uns Gesellschaft."

„Ich dachte, die wären zum Reiten hergekommen?", fragte Simon. „Oder sollte ich mich da verhört haben?"

„Denen sollte man ein paar Schaukelpferde unter den Hintern schieben, sie würden den Unterschied gar nicht merken", brummte Bille.

Wieder fuhr ein Auto vor. Diesmal entstieg ihm ein junges Paar, das aussah, als wäre es direkt aus einer Illustrierten-Reklame für den etwas dickeren Geldbeutel gestiegen. Die Frau blond, überschlank und nach einem schweren Parfüm duftend, tätschelte im Vorübergehen Florians Backe.

„Na, Kleiner? Spannend, mal so viele Pferde aus der Nähe zu sehen, nicht wahr? Und all die Autos …", und zu ihrem Begleiter gewandt, fügte sie hinzu: „Unser Auftritt hier muss für die Landbevölkerung doch eine Sensation sein!"

Florian quollen fast die Augen aus dem Kopf.

„Du wirst heute noch dein blaues Wunder erleben!", zischte er zwischen den Zähnen hinter der Blonden her. „Blöde Kuh!"

„Überanstrenge dich nicht, sie hört es doch nicht", sagte Daniel gleichmütig. „Kommt, Freunde – ans Werk!"

Solange sie in Sichtweite waren, bummelten sie scheinbar gleichgültig davon. Aber dann gab es einen Blitzstart.

Die Pferde hatten sie bei Brodersens auf dem Hof

angebunden. Wenige Minuten später ritten sie Richtung Willmsdorf davon.

„Letzte Besprechung hinter der Feldscheune!", rief Daniel den anderen zu. „Habt ihr die Blumen?"

„Ich hab sie", meldete Bettina. „Hier, in meiner Hosentasche. Und eine Schachtel Reißnägel."

„Gut."

Hinter der Feldscheune hielten sie an. Wenn sie sich ins Dunkel der Scheune zurückzogen, konnten sie von hier aus den Start am Waldrand beobachten, ohne selbst gesehen zu werden.

„Ich habe mich mit dem Pferdepfleger unterhalten", berichtete Daniel. „Sie starten nicht alle auf einmal, sondern in kleinen Gruppen. Das begünstigt unseren Plan. Wir verteilen uns also überall auf der Strecke und verändern sie. Die Hindernisse ein bisschen höher, Waldwege mit dichterem Gebüsch und so weiter. In der Mitte bauen wir einen Kreis ein. Wenn sie durch den Tannenforst durch sind, steckt ihr die Blumen so, dass sie mindestens noch dreimal an dieser Stelle vorbeikommen, also immer im Kreis reiten. Und von da aus lassen wir dann jede Gruppe in eine andere Richtung reiten – in alle vier Himmelsrichtungen auseinander. Alles klar?"

„Klar."

„Okay."

„Können wir die Pferde nicht noch ein bisschen in Schwung bringen?", fragte Florian. „Ich meine, wenn einer da so müde daherkommt, scharf an ihm vorbeiziehen, dass sein Pferd gleich Lust bekommt, mitzurennen."

„Das lassen wir lieber, das ist zu gefährlich. Also – an die Arbeit. Wir haben nicht viel Zeit. Einer bleibt hier und beobachtet den Start."

„Das wollte doch Karlchen tun."

„Da kommt er schon, das ist sein Moped."

„Okay, wir reiten schon mal los", sagte Simon.

„Halt – die Blumen!" Bettina zog die gefälschten rosa Pappblumen aus der Tasche und verteilte Reißnägel.

„Bis dann!"

Sie ritten in alle Richtungen davon, und Karlchen zog sich in die Scheune auf seinen Beobachtungsposten zurück.

Die Strecke war sieben Kilometer lang, sie führte über Feld- und Waldwege an den schönsten Stellen vorbei, die die Landschaft zu bieten hatte. Hin und wieder war ein kleiner Graben zu überspringen, ein niedriges Gebüsch oder ein umgestürzter Baumstamm. Einmal ging es eine kleine Anhöhe hinauf und auf der anderen Seite wieder hinunter – das war das Äußerste an Schwierigkeiten, was von den Reitern verlangt wurde.

Bille und ihre Freunde hatten die Strecke unter sich aufgeteilt. Jeder von ihnen betreute einen Teilbereich und musste sich für diesen möglichst viel einfallen lassen. Am Ziel – einem Schlossrestaurant, wo auf die Mitglieder des Reitklubs ein exquisites Mahl wartete – wollten sie sich treffen, um aus sicherer Entfernung zu beobachten, wie viele der Teilnehmer am Schluss noch übrig waren.

Simon hatte den Teil der Strecke übernommen, der kurzfristig zum Kreisverkehr umfunktioniert werden sollte. Bille und Daniel kümmerten sich um die Strecken danach.

Wichtig war, wenn eine Gruppe den Kreis hinter sich gebracht hatte, für die nächste Gruppe blitzschnell eine andere Fährte zu legen. Sie entschlossen sich, die erste Gruppe nach Leesten zu schicken – auf eine Strecke, die gespickt war mit Koppelgattern, die zu öffnen und zu schließen waren, mit Gräben, die man überspringen musste – oder durchwaten, wenn man Lust auf nasse Füße verspürte –, und mit einer Reihe natürlicher Hindernisse, die den Reitern keine schweren Stürze, aber doch vielleicht ein kleines Schlammbad einbringen würden.

Die zweite Gruppe wurde nach Peershof geleitet. Ein paar selbst hergestellte Hinweisschilder sollten dafür sorgen, dass die Gruppe Peershof für das angestrebte Ziel hielt, an dem das Festessen auf die Teilnehmer wartete.

Die dritte Gruppe würde dem Sägewerk einen Besuch abstatten und sich voraussichtlich unversehens einem höchst unfreundlichen und reiterfeindlichen Sägewerksbesitzer gegenüber befinden.

„Und die vierte Gruppe schicken wir in den Schweinestall von Groß-Willmsdorf", sagte Bille laut.

Daniel hatte die Strecken nach Leesten und ins Sägewerk abgesteckt und blieb am Endpunkt des „Kreisverkehrs" in einem sicheren Versteck, um die Blümchen – nachdem eine Gruppe die Stelle passiert hatte – für die nächste Fährte umzustecken.

Aus der Ferne hörte man lautes Gelächter und ein wildes Hupkonzert. Die Gesellschaft fuhr per Auto die zweihundert Meter zum Start, wohin inzwischen die Pferde geführt worden waren. Es bedurfte Karlchens Zeichen mit der Trillerpfeife gar nicht mehr, um die Fährtenleger auf den bevorstehenden Beginn der Veranstaltung aufmerksam zu machen.

„Warum machen die ihre Schleppjagd eigentlich nicht gleich im Auto?", knurrte Florian, der die erste Strecke zu betreuen hatte. Am Anfang wollte man die Reiter noch nicht allzu sehr erschrecken, damit sie nicht womöglich umkehrten. So hatte Florian sich darauf beschränkt, den Weg mit Barrieren aus trockenen Zweigen, Strohballen und Brettern etwas mühsamer zu gestalten. Und da er ja die Reiter und nicht die Pferde erschrecken wollte, hatte er einen Teil der Strecke durch einen Waldweg laufen lassen, der besonders dicht bewachsen war, sodass die Reiter mit ihren Köpfen unweigerlich die Zweige berühren mussten. Und um die Wirkung zu erhöhen, hatte er die Zweige dicht mit Mehl bestäubt.

Bettina erwartete die Reiter am Anfang ihrer Strecke mit einer schauerlich hergerichteten Vogelscheuche, die hinter einem Baum lauerte und vom Wind hin und her bewegt wurde. An einer anderen Stelle ertönte das Brüllen eines Löwen aus einem versteckten Kassettenrekorder. Beides hatten sie am Abend vorher unter viel Gelächter zusammengebastelt, ebenso wie sie den ausgestopften Elchkopf aus dem Jagdzimmer in Peershof entführt und in den Wald geschafft hatten. Hier glotzte er jetzt mit seinen Glasaugen böse aus einem Gebüsch auf die um die Ecke biegenden Reiter – und das in einer Höhe, die auf ein Körpermaß von fast drei Metern schließen ließ.

Die meisten Vorbereitungen waren erledigt, nur Bille malte in aller Eile noch ein Schild „Restaurant zum fröhlichen Landmann", das sie an der Schweinestalltür anbrachte.

Die ersten Reiter waren auf der Strecke. Die vom Alkohol beschwingten fröhlichen Gespräche verstummten bald, jeder war nur noch mit sich und seinem Pferd beschäftigt. Schon bald wurden Seufzer und verhaltene Flüche hörbar. Florian lachte glucksend in sich hinein und hatte Mühe, sich in seinem Versteck ruhig zu halten. Er wartete auf den Auftritt der blonden Dame, der würde er ein bisschen einheizen!

„Huch! O Gott, bin ich erschrocken!", kreischte eine weibliche Stimme.

Sie hatten also die Grenze zu Bettinas Bereich passiert. Bettina wartete versteckt in einem Baum, den Finger auf dem Wiedergabeknopf des Kassettenrekorders.

„Was blüht denn hier Eigenartiges? Ich bin voller Blütenstaub", hörte Florian eine ärgerliche Männerstimme.

„Mein Jackett ist ruiniert – dabei ist es ganz neu!"

„Es *war* neu", verbesserte Florian leise. „Aber Mehl ruiniert nichts, keine Sorge."

Die ersten Reiter waren in Bettinas Sichtweite angekommen. Bettina drückte den Schalter und ließ das gefährliche Knurren langsam anschwellen bis zum markerschütternden Gebrüll. Das Pferd eines fetten Reiters stemmte die Beine in den Boden und setzte sich fast aufs Hinterteil. Der Reiter rutschte aus dem Sattel wie ein Butterklumpen von einem Berg Kartoffelbrei. Der Rappe des nächsten Reiters bäumte sich auf und entschloss sich zur Flucht – ohne seinen Reiter verständlicherweise. Den sollte ruhig der Löwe fressen.

Bettina schaltete die Kassette ab. Wenn sie so weitermachte, kam keiner der Reiter weiter als bis zu dieser Stelle, und das hätten die anderen ihr sicher übel genommen. Sie wollten schließlich auch etwas von der Veranstaltung haben. Also weidete sie sich zunächst einmal an den wilden Erzählungen der beiden aus dem Sattel geworfenen Helden und den mitleidig-ungläubigen Gesichtern der nachfolgenden Reiter. Der nächsten Gruppe würde sie wieder einen Löwen bescheren.

Florian hatte inzwischen sein Opfer ausgemacht. Da ritt sie – als Letzte der zweiten Gruppe. Ganz auf Schönheit bedacht, ließ sie ihr blondes Haar im Wind wehen und summte leise vor sich hin. Die Reitkappe hatte sie unter den Arm geklemmt.

„Na warte!", flüsterte Florian.

Er schlich zu Bongo, den er etwas entfernt an einen Baum gebunden hatte, zäumte ihn auf und stieg in den Sattel. In sicherer Entfernung folgte er der blonden Schönen. Als sie aus dem Wald heraus und an einen Kartoffelacker kamen, trieb er Bongo in einen scharfen Galopp und setzte zum Angriff an.

„He, kennen wir uns nicht?", rief er und gab dem Pferd der Blonden einen leichten Klaps mit der Reitgerte – nicht so fest, dass es ihm wehtat, aber gerade so, dass es erschrak und einen Riesensatz nach vorne machte.

Die Blonde quiekte wie ein angestochenes Ferkel, als ihre Stute mit ihr davongaloppierte – mitten in den Kartoffelacker hinein. Florian sah, wie sie nach dem linken Steigbügel angelte, den sie vor Schreck verloren hatte. Ein paar Meter weiter rollte sie durch das saftig-feuchte Feld. Florian ritt heran und betrachtete sie voller Wohlwollen.

„Was willst du?", zischte die Blonde und rieb sich ihr Gesicht, wobei sie den Dreck gleichmäßig über Wangen und Stirn verteilte.

„Ein Autogramm", antwortete Florian fröhlich. „Mit einem Foto von Ihnen natürlich – so wie Sie jetzt aussehen!"

Ganz ähnliche Gefühle, wie sie Florian gegenüber der Blonden gehegt hatte, erfüllten Bille, wenn sie an den sprücheklopfenden Klubwart dachte. Und auch für Bille kam der Augenblick der Rache.

Der Klubwart „Mäxchen" ritt als Schlusslicht der letzten Gruppe. Wenn er nur einigermaßen seinen Grips beisammen hatte nach dem ausgiebigen Frühschoppen, dann musste ihm schnell klar werden, dass die Strecke verändert worden war. Aber was würde er dann tun?

„Mäxchen" war nicht gerade das, was man als einen begnadeten Reiter bezeichnen konnte. Genauer gesagt, er war überhaupt keiner, aber seine Eitelkeit erlaubte ihm nicht, das zuzugeben. So hatte er es von vornherein so einzurichten gewusst, dass er als Letzter ritt und alle Hindernisse umgehen konnte. Außerdem hatte er sich schon eine bequeme Abkürzung zurechtgelegt.

Das nützte ihm allerdings wenig. Denn die elegante Fünfzigerin, die er beim Frühschoppen allzu sehr mit Komplimenten überschüttet hatte, ließ ihn nun nicht mehr aus den Klauen. Sie schnatterte auf ihn ein, dass ihm bald der Schädel brummte. An ein Ausweichen war nicht zu denken. Und sie redete so viel, dass ihm nicht einmal auffiel, dass sie nun schon die dritte Runde im Tannenwäldchen drehten.

Hinter ihnen sprang Daniel aus seinem Versteck und markierte den weiteren Verlauf der Strecke. Route IV – Endstation Schweinestall.

„Moment mal, waren wir hier nicht schon?", fragte „Mäxchen" schließlich irritiert.

„Unsinn, diese Bäume sehen doch alle gleich aus. – Also, da sagte meine Schwägerin zu dem Pianisten …"

„Entschuldigen Sie, Gnädigste, aber ich bin ganz sicher, dass wir hier rechts abbiegen müssen", unterbrach der Klubwart sie.

„Ach was, die Markierungen führen nach links, Sie haben das sicher nur verwechselt."

Die Dame plapperte weiter und „Mäxchen" bog gehorsam mit ihr in den linken Weg ein.

Ein paar Hundert Meter weiter wartete Bille. Sie hatte sich

für dieses Unternehmen Daniels Schimmel Asterix ausgeliehen.

„Sieh da, mein großer Freund von gestern!", rief Bille scheinheilig aus. „Nun, ist der Geländeritt zur Zufriedenheit Ihrer Klubmitglieder ausgefallen?"

Dem Klubwart „Mäxchen" klappte der Unterkiefer herunter, als er Bille auf dem riesigen Schimmel sah. Er grinste verlegen.

„Entschuldigen Sie", Bille wandte sich an die Frau, „wenn ich mich Ihnen so einfach anschließe. Aber der Herr hier hat mir so von Ihrem Reitklub vorgeschwärmt und mich eingeladen, an der heutigen Veranstaltung als Zuschauer teilzunehmen. Zu Fuß ginge das natürlich schlecht …"

„Selbstverständlich, mein Kind, es ist nett, dass du uns begleitest. Du reitest hier draußen sicher sehr viel?"

„Es geht. Drei bis vier Stunden täglich – wenn es die Schule erlaubt. In den Ferien natürlich mehr."

„Herrlich!", schwärmte die Dame.

„Ja, das finde ich auch. Nun, Herr Max, wie wär's zur Erfrischung mit einem kleinen Jagdgalopp?"

Bille ritt mit Asterix dicht an die Stute des Klubwarts heran. Dann gab sie ihrem Pferd die Zügel frei und preschte los. Ehe „Mäxchen" sich versah, ging seine Stute mit. Er konnte sich gerade noch am Sattel festklammern, da setzte sie bereits – gleichzeitig mit Asterix – über den nächsten Graben. Hilflos hüpfte der Klubwart im Sattel auf und nieder. Wie ein Gummiball, dachte Bille begeistert, die „Mäxchen" aus den Augenwinkeln beobachtete. Jetzt ging es einen Hohlweg entlang, an dessen Ende Bille einen Oxer aufgestellt hatte. Die Stute schien das nicht zu stören, umso mehr ihren Reiter.

„Neeeiiiin!", schrie der Klubwart. „Hilfe! Nicht doch! Anhalten! Nicht so schnell! Ich ha – ich ha – be – be meinen Steigbügel verloren, ich – oh …"

Und da hing er auch schon über dem Oxer wie ein zum Trocknen ausgebreiteter Badezimmerteppich. Asterix und die Stute verschwanden in einer Staubwolke am Horizont.

„Mein Gott, Mäxchen, Sie haben sich doch nicht wehgetan? Wie konnte das passieren?", kreischte die Dame, die den beiden mehr schlecht als recht gefolgt war.

Der Klubwart stieg ächzend aus den Trümmern des Oxers und klopfte sich die Hosen ab. Über ihm tauchte der große Schädel von Asterix und darüber das scheinbar erstaunte Gesicht Billes auf.

„Nanu? Ich dachte, Sie können reiten?", sagte Bille liebenswürdig.

„Ja, das dachte ich auch", stellte die Dame, merklich kühler geworden, fest. „Und bei so etwas nehme ich teure Privatstunden. Und vertraue mich ihm auf einem Geländeritt an. Wenn mir nun etwas zugestoßen wäre? Unverantwortlich!"

„Er gibt Unterricht?", fragte Bille ehrlich entsetzt.

„Ja, es ist wirklich die Höhe", schnaufte die Dame und sprang aus dem Sattel. „Wo ist hier das nächste Telefon? Ich fahre sofort nach Hause."

„Im Gutsbüro von Groß-Willmsdorf können Sie telefonieren", sagte Bille. „Kann ich Ihnen behilflich sein?"

„Danke, ich will nur meinen Mann anrufen. Er soll mich sofort hier abholen. Dieser windige Reitklub hat mich zum letzten Mal gesehen!" Wütend stiefelte sie von dannen.

„Ich nehme an, Sie wollen das Pferd der Dame mit nach Wedenbruck nehmen?", frage Bille den Klubwart.

„Ich denke ja gar nicht daran", fauchte der und stiefelte in die andere Richtung davon. „Sollen die Gäule doch bleiben, wo der Pfeffer wächst!"

Herzklopfen beim ersten Turnier

Die bunten Wimpel knatterten im Wind, dass es einem in den Ohren wehtat, Sturmböen trieben zerknülltes Papier und Zigarettenkippen vor sich her. Von der Würstchenbude kamen Schwaden von Fettdunst und Kaffeeduft herüber. Bille drehte sich der Magen um.

Auf dem Abreiteplatz herrschte Hochbetrieb. Bille kam sich vor, als müsse sie einen hoch bepackten Einkaufswagen durch die überfüllten Gänge eines Supermarkts schieben. Immer wieder musste sie durchparieren und ausweichen.

Lohengrin tat widerwillig, was sie von ihm verlangte. Schon lange war er ihr nicht mehr so stur und lustlos erschienen wie heute, es war zum Verzweifeln! Warum hatte sie sich bloß zu diesem Turnier gemeldet! Jetzt kam es ihr wie ein unbegreiflicher Hochmut, eine Selbstüberschätzung ohnegleichen vor!

„Startnummer neunundzwanzig – Elmar Frederichs auf Feuervogel", kündigte der Lautsprecher an.

Noch elf Reiter vor ihr! Und bis jetzt war keiner ohne Fehler über den Parcours gekommen. Wie sollte sie es dann schaffen? Gewiss, es war eine ganze Reihe schlechterer Reiter dabei, manche schienen sich überhaupt keine Gedanken zu machen, wenn sie sich zu so einem Turnier anmeldeten. Aber das war kein Trost.

Hin und her flogen die Zurufe. Neckereien, Glückwünsche, Ratschläge – alle schienen sich hier zu kennen, sie waren wie eine große Familie. Nun ja, der Reitverein Neukirchen hatte eben viele Mitglieder. Bille fühlte sich schrecklich einsam.

„Startnummer neunundzwanzig – 12 Fehler …"

Das Publikum klatschte freundlich. Die Zuschauerreihen waren dicht besetzt. Sonnenschein und eine kräftige Brise dazu, das war genau das Wetter, das die Leute auf den Turnierplatz lockte.

„Nein! Ist das nicht der alte Lohengrin?", hörte Bille eine Männerstimme sagen.

„Klar. Wusstest du das nicht? Eine Schülerin von Tiedjen!"

„Muss ich mir unbedingt ansehen, die Kleine."

Bille kam sich vor wie eine Ware. Ein Stück Stoff auf einem Ladentisch, das auf Qualität, Farbe, Haltbarkeit und Waschfestigkeit geprüft wird.

War es tatsächlich das, was sie sich immer so gewünscht hatte? Die Atmosphäre auf dem Turnierplatz? Musik, Fahnen, Applaus? Und Leute, die mit dem Finger auf sie zeigten: „Ist das nicht die berühmte …?" Sie konnte es nicht mehr begreifen.

Simon hatte es gut, der war schon dran gewesen. Acht Fehler. Daniel kam gleich nach ihr dran; hin und wieder warfen sie sich einen Blick zu, schnitten eine Grimasse. Hier war jeder allein.

Sie hatte sich den Parcours genau eingeprägt – aber jetzt hatte sie ein Gefühl, als wäre ihr Schädel ein ausgehöhlter Kürbis. Kein Gedanke schien mehr darin zu sein, nichts als ein wildes, beklemmendes Rauschen. Noch gestern beim

Training war sie ganz zuversichtlich gewesen, sie hatte zwar nicht auf einen Sieg gehofft, aber doch damit gerechnet, ganz ordentlich abzuschneiden. Jetzt kam ihr das einfach unmöglich vor, undenkbar, vor all diesen Menschen – vor diesen Hunderten von Augenpaaren – in den Parcours einzureiten und an den Start zu gehen! Ich werde runterplumpsen wie ein Mehlsack, dachte sie, beim Grüßen wird mir die Gerte aus der Hand fallen! Ich werde die Steigbügel verlieren oder in den Wassergraben fallen! Sie werden sich über mich totlachen.

Ich darf mich nicht verrückt machen, versuchte Bille sich zu beruhigen. Nur an das denken, was Herr Tiedjen mir beigebracht hat! Ja, was eigentlich? Alles schien sich in Nebel aufgelöst zu haben.

„Na, wie steht's? Du bist ein bisschen käsig um die Nase!" Herr Tiedjen war vom Turnierplatz herübergekommen, um nach seinen Schützlingen zu sehen.

Bille zuckte hilflos mit den Achseln.

„Mir ist auch käsig." Sie lächelte gequält. „Wissen Sie nicht ein gutes Mittel gegen Lampenfieber?"

„Ein sehr gutes. Du hast es bei dir, du weißt es nur noch nicht."

Herr Tiedjen ging zu Daniel hinüber, um ihn davor zu warnen, Asterix beim Abreiten zu sehr zu ermüden. Bille schaute ihm ratlos nach.

Noch vier Reiter vor ihr. Sollte sie weiter versuchen, Lohengrin in Schwung zu bringen? Es hatte ja doch keinen Sinn. Bille sprang aus dem Sattel und zog sich unter einen Baum zurück. Ihr Magen krampfte sich zusammen, ihre Knie waren weich wie nasse Schwämme.

Herr Tiedjen kam noch einmal, um ihr letzte Ratschläge

zu geben. Sie starrte ihn an und war unfähig, in sich aufzunehmen, was er sagte.

Wenn er mich jetzt in die Arme nimmt, fange ich an zu heulen, dachte sie. Aber er musste ihre Gedanken erraten haben. Er nickte ihr noch einmal zu und schlug ihr kräftig auf die Schulter.

Der junge Mann, der vor ihr an die Reihe kam, ging an den Start. Bille prüfte noch einmal den Sitz des Sattels und des Zaumzeugs. Lohengrin schien zu schlafen.

Sie hatte Mühe, in den Sattel zu kommen, so übel war ihr. Krampfhaft versuchte sie sich an alles zu erinnern, was sie gelernt hatte. Noch einmal ging sie in Gedanken den Parcours durch. Da!

„Christian Schröder auf Pollux – 4 Fehler."

Das Rauschen in ihren Ohren nahm zu. Hatte der Lautsprecher etwas gesagt? Ein Platzhelfer winkte ihr heftig zu, sie solle einreiten. Dieser bunte Teppich aus Köpfen – irgendwo dazwischen Mutsch und Onkel Paul, Bettina, Florian und Ehepaar Henrichs. Und alle anderen, die Klassenkameraden, die Wedenbrucker …

Die Richter – wo waren die Richter? Natürlich dort. Bille grüßte steif. Dann trabte sie an den Start. Zügel zurechtlegen – aber ihre Finger waren kalt, gefühllos, wie gefroren.

Da – das Startzeichen. So schnell? Sie hatte doch noch gar nicht – da war schon das erste Hindernis. Lohengrin setzte zum Sprung an und war hinüber, ehe es Bille begriffen hatte.

„Danke!", keuchte Bille und biss die Zähne zusammen. Sie hatte das Gefühl, in einem riesigen Nebelsee zu schwimmen.

Die Mauer – zwei, drei Galoppsprünge noch – Lohengrin

nahm genau Maß und setzte spielerisch hinüber. Jetzt das Birkenrick, Lohengrin übersprang es, als sei es gar nicht vorhanden. Die dreifache Kombination – kein Fehler!

Bille war es, als zöge jemand einen Schleier vor ihren Augen weg. Was hatte Herr Tiedjen vorhin gesagt? Das beste Mittel gegen Lampenfieber hast du bei dir! Natürlich! Lohengrin – den sie um keinen Preis hatte reiten wollen! Und der sie jetzt behutsam wie ein Wickelkind über die Hürden trug, ohne auch nur mit dem Huf anzutippen! Der kluge Profi Lohengrin, erfahren wie ein altes Schlachtross, der seine Kräfte bis zum entscheidenden Augenblick schonte und dann unbeirrbar seine Aufgabe erfüllte.

Bis jetzt hatte sie lediglich versucht, ihr Pferd so wenig wie möglich zu stören. Nun war sie bemüht, wenigstens etwas von dem zu zeigen, was sie gelernt hatte. Aber was konnte sie schon tun? Lohengrin sprang auch ohne ihre Hilfe!

Das letzte Hindernis lag hinter ihnen. Brausender Beifall rauschte auf. Lohengrin verfiel sofort in seinen Droschkengaulschritt und ließ den Kopf schläfrig hängen. Bille fiel ihm überschwänglich um den Hals.

„Super!", rief Daniel ihr zu, als sie den Parcours verließ.

Herr Tiedjen nahm Lohengrin am Zügel und führte ihn aus dem Gewühl, hinüber zum Stall der Reitschule. Bille sprang aus dem Sattel.

„Lohengrin war einmalig", ihre Stimme klang sehr klein. Sie drückte ihr Gesicht an den Hals des großen Fuchses und schluchzte hemmungslos.

Herr Tiedjen strich ihr eine Weile schweigend über die Schulter. Dann schob er ihr ein Taschentuch unter die Nase. Bille schnäuzte sich heftig.

„Na? Besser?"

Bille nickte.

„Das nächste Mal ist es nur noch halb so schlimm. Man gewöhnt sich daran."

„Ich schäme mich so", sagte Bille und ihre Stimme drohte wieder umzukippen. „Sie hätten genauso gut eine Schaufensterpuppe auf seinem Rücken festbinden können. Ich war überhaupt nicht da!"

„Das ist nicht wahr, du glaubst es bloß. In Wirklichkeit hast du automatisch alles so gemacht, wie du es monatelang trainiert hast. Denkst du beim Essen daran, wie du Messer und Gabel hältst? Nein. Du machst es automatisch richtig, auch wenn du mit deinen Gedanken ganz woanders bist. Der Vergleich hinkt natürlich. Ich wollte dir damit nur erklären, wie gründlich eingeübte Verhaltensweisen auch funktionieren, wenn man sie nur mechanisch vollzieht."

„Aber das kann man doch beim Reiten nicht sagen?"

„Nur in gewisser Weise, das ist klar. Woran hast du übrigens gedacht? An deine Angst? An das Publikum? Daran, dass du siegen willst?"

„Nein. An Lohengrin! Ihn nicht zu behindern, es ihm nicht noch schwerer zu machen …"

„Na siehst du. Weshalb machst du dir dann Vorwürfe?"

„Ich weiß nicht. Ich habe nie für möglich gehalten, dass mir so restlos alle Felle davonschwimmen könnten – ich hab mir das immer ganz anders vorgestellt …"

„Hm, Bille Abromeit, konzentriert, gespannt wie eine Feder, in jedem Augenblick Herr ihres Pferdes, das ihr auf den leisesten Wink gehorcht …"

Bille musste lachen.

„So ungefähr."

„Lass nur. Es ist ganz gut, wenn wir mal mit der Nase auf

unsere eigenen Grenzen gestoßen werden. Es hilft uns mehr, als wenn uns das Glück alles so einfach in den Schoß fallen lässt."

„Bille! Bille, wo bleibst du denn? Alle warten auf dich!"

Bettina und Daniel kamen atemlos herangerannt. „Wir haben dich schon überall gesucht!"

„Was ist los? Hat das Stechen schon angefangen?"

„Welches Stechen? Wovon redest du?"

„Gibt es denn keins?"

„Ach wo, du hast den einzigen Null-Fehler-Ritt! Nach dir kommt ein junger Reiter aus Neukirchen, und den dritten Platz hat Simon belegt. Daniel hatte Pech, Asterix hat an der dreifachen Kombination zweimal verweigert", berichtete Bettina.

„Das – das ist ungerecht", stammelte Bille.

„Wieso? Du bist doch super geritten!"

„Unsinn. Lohengrin hat mich super über die Hindernisse getragen, das war's!"

„Also, mir kommen gleich die Tränen", sagte Daniel trocken. „Schließlich haben wir dich ja reiten sehen, oder?"

„Na kommt, wir wollen die Leute nicht noch länger warten lassen", trieb Herr Tiedjen seine Schüler an. „Reden könnt ihr nachher noch genug."

Als Bille dann ihre Ehrenrunde galoppierte und der Applaus von allen Seiten heranbrandete, begann sie sich doch noch zu freuen. Vielleicht war sie wirklich nicht so schlecht geritten? Jedenfalls war es schön, all die Gratulationen und Zurufe zu hören. Der Fotograf der Regionalzeitung machte ein Foto von ihr und Lohengrin, dann noch eines von ihr mit Herrn Tiedjen, und schließlich nahm er Herrn Tiedjen inmitten seiner Schüler auf.

Billes Sieg war die Sensation des Tages. Von allen Seiten wurde sie gefragt, ob sie vielleicht irgendwelche Wünsche hätte, etwas zu essen oder zu trinken, ein Eis oder eine Tafel Schokolade?

Mutsch und Onkel Paul kamen von der Tribüne und umarmten sie.

„Das war doch ein schöner Lohn für all die harte Arbeit im Stall und beim Training", sagte Onkel Paul gerührt.

Und Mutsch drückte sie immer wieder an sich und flüsterte: „Ich hab's ja gewusst, ich hab's gewusst, dass du es schaffen würdest! Ich bin stolz auf dich!"

Der Reitverein Neukirchen veranstaltete am Abend ein Fest, und der erste Vorsitzende hielt eine Rede auf den Nachwuchs im Allgemeinen und auf Bille Abromeit im Besonderen.

Bille musste immer wieder die gleichen Fragen beantworten. Viele Reiter und Reiterinnen aus dem Neukirchener Verein drängten sich in ihre Nähe, um ein wenig von ihrem Glanz mitzubekommen.

Das Festessen schmeckte herrlich, nachdem die Spannung gewichen war. Tagelang hatte sie keinen Appetit gehabt – aber jetzt! Sie hätte bis an ihr Lebensende durchessen können.

Später wurde getanzt und Bowle getrunken. Herr Tiedjen eröffnete mit Bille den Tanz.

„Eine Polka, bitte, darin sind wir zwei besonders gut!", rief er der Kapelle zu. Dann nahm er Bille bei der Hand und sagte lächelnd: „Weißt du noch? Voriges Jahr beim Erntefest? Es war übrigens auch ein Grund, warum ich gern eine Tochter gehabt hätte: damit ich später mal mit ihr tanzen gehen kann."

Bille blinzelte übermütig zu ihm hinauf.

„Jetzt haben Sie ja mich."

„Ja, jetzt habe ich dich."

Es wurde spät.

„Wie gut, dass morgen Sonntag ist", sagte Mutsch, „morgen wird ausgeschlafen!"

„Wenn ich überhaupt kann", sagte Bille und gähnte herzhaft.

Sie konnte. Sie schlief bis zehn Uhr durch, und als sie dann zum Frühstück kam, hörte sie Tuscheln, Trappeln und das Rascheln von Papier.

„Wir frühstücken heute im Garten!", rief Mutsch.

„Herzlichen Glückwunsch, liebe Bille", dröhnte ein verzerrter Bass aus dem Kassettenrekorder.

Neben dem Frühstückstisch standen Zottel und Moischele. Zottel hatte einen Blumenstrauß um den Hals hängen, den er gerade zu verzehren begann – und Moischele ein Band, an dem eine große Schachtel Pralinen hing.

„Danke, meine beiden Schätze!" Bille rettete den Blumenstrauß und befreite Moischele von der Pralinenschachtel, die ihm sichtlich Unbehagen bereitete. „Wie nett von euch, mir zu gratulieren!" Bille gab jedem von ihnen einen zarten Kuss auf die Stirn und belohnte sie mit ein paar Äpfeln. Dann setzte sie sich an den Frühstückstisch, in dessen Mitte eine große Torte prangte.

„Die hat Mutsch heute früh extra gebacken", erklärte Onkel Paul.

„Ach, Mutsch, du bist ein Schatz! Du weißt gar nicht, was für einen Appetit auf Kuchen ich habe. Ich muss ewig nichts gegessen haben." Bille schnitt sich ein großes Stück von der Torte ab und biss heißhungrig hinein. „Übrigens …", sagte sie kauend, „was ist das denn für ein Kassettenrekorder? Den kenne ich ja gar nicht!"

„Den", sagte Mutsch und lächelte Onkel Paul an, „hat Onkel Paul heute früh besorgt. Er hat den Radio-Händler extra deswegen aus dem Bett geholt. Er ist für dich."

„Falls du mal wieder eine Pferde-Show aufführen möchtest", fügte Onkel Paul hinzu.

Als Bille am Montagnachmittag in den Stall kam, hing an Lohengrins Box die neue Rosette. Und darunter, auf Pappe aufgeklebt, ein Zeitungsartikel. Jemand hatte mit Rotstift an den Rand geschrieben „Für Bille". Bille glaubte, Herrn Tiedjens Handschrift zu erkennen. Aufgeregt nahm sie den Artikel von der Boxentür.

„Tja – wenn man berühmt wird …", sagte Hubert, der in der Box gegenüber frische Streu verteilte.

Bille wurde rot.

„Wieso berühmt? So 'n Quatsch. Sag das nicht noch mal!"

„Wieso – findest du das nicht toll?"

„Nein. Denn erstens bin ich nicht berühmt – noch lange nicht –, und zweitens mag ich so was nicht hören!"

„Schon gut, schon gut. Hab's ja nicht böse gemeint."

„Weiß ich. Entschuldige."

Bille hängte den Zeitungsartikel wieder zurück. Wenn Hubert glaubte, nur weil jemand ihren Namen in der Zeitung erwähnte, wäre sie schon berühmt, dann wollte sie den Artikel gar nicht lesen.

Bille ging zu Lohengrin hinein, streichelte ihn und sagte einige liebe Worte zu ihm. Irgendwie hatte sie das Gefühl, sie verstünden sich jetzt besser – oder war es nur sie, die Lohengrin besser verstand?

„Ich komm gleich wieder zu dir. Will nur schnell nach unseren Kindern sehen. Nachher geht's wieder an die Arbeit, mein Lieber!"

Der Regen peitschte an die Scheiben. Bei dem unfreundlichen Wetter waren die Stuten mit ihren Kindern im Stall. Der kleine Sindbad kam sofort angesprungen, als Bille an die Box kam.

Bille nahm das Fohlenhalfter vom Haken und legte es Sindbad an.

„Ich bewege ihn ein bisschen!", rief sie zu Petersen hinüber. „Komm, mein Kleiner!"

Sindbad ging willig mit. Bille legte ihm eine Decke über und führte ihn zur großen Scheune hinüber, die weit offen stand. Auf dem festgestampften Erdboden im Schutz des Scheunendachs konnte er wundervoll galoppieren und sich austoben, ohne sich zu verletzen. Bille rannte in großen Sprüngen neben ihm her und hielt ihn am Führstrick.

„Puh – du bringst mich ganz schön außer Atem!", keuchte sie.

Zwei-, dreimal lief sie mit ihm noch hin und her, dann brachte sie ihn zurück in den Stall. Sie putzte ihn gründlich und bereitete ihm seine Kindernahrung. Während sie seine Mutter, Sinfonie, einer gründlichen Reinigung unterzog, brachte sie ihn zu Zottel in die Box, der den Kleinen freudig wiehernd begrüßte.

„Könntest du nicht heute mal Sinfonie longieren?", fragte Petersen. „Ich muss früher weg."

„Klar, mach ich."

Das war das wirklich Schöne an dem Leben mit Pferden, dachte Bille. Nicht der Turnierplatz, der Wettkampf, nein, der Alltag, die tägliche Fürsorge war das, was wirklich zählte. Sie beendete ihre Putzarbeit und ging mit Sinfonie in die Reithalle hinüber. Der Wind rüttelte an Fenstern und Türen, aber hier drinnen war nur das leise Schnauben der Stute zu hören, die im Trab Bille umkreiste.

Später las Bille den Zeitungsartikel dann doch noch. Sie zog sich zu Lohengrin in die Box zurück und putzte den Wallach gründlich. Und da sie bis zum Training bei Herrn Tiedjen noch eine ganze Weile Zeit hatte, hockte sie sich auf seine Krippe und vertiefte sich in die Lektüre.

Der Reporter hatte zunächst über die Geschichte des Neukirchener Reitvereins geschrieben, über den Reitlehrer und Veranstalter und über die erfolgreichsten Schüler der Reitschule. Aber dann kam es:

„Für eine Überraschung sorgte die dreizehn Jahre junge Sibylle Abromeit aus Wedenbruck, eine Schülerin Hans Tiedjens. Sie siegte im Springen um den Pokal der Stadt Neukirchen mit dem einzigen Null-Fehler-Ritt auf ‚Lohengrin', einem Pferd, das allen Beobachtern der Turnierszene noch in guter Erinnerung sein dürfte. Sibylle Abromeit lenkte den schweren Wallach kaum sichtbar wie an einem seidenen Faden. Erstaunlich, wie das Pferd jedem ihrer Winke gehorchte! Eine reiterliche Begabung, die zu den größten Hoffnungen berechtigt, ein Name, den man sich merken muss!"

„So ein Idiot!", schimpfte Bille. „Hast du das gehört? Am seidenen Faden! Wo hat der denn seine Augen gehabt? Will er dich beleidigen? Märchenerzähler – keine Ahnung von Pferden!"

„Was meckerst du denn da vor dich hin?"

Bille hatte gar nicht bemerkt, dass Bettina und die drei Jungen in den Stall gekommen waren.

„Ach, der blöde Artikel. So ein Gelaber", brummte Bille.

„Na und? Freu dich doch! Da – seht sie euch an: ist am Ziel ihrer Wünsche und mault noch rum", sagte Bettina lachend.

„Am Ziel?" Bille sprang von der Krippe und führte Lohengrin hinaus auf die Stallgasse. „Am Anfang bin ich! Ganz am Anfang."

Die schönsten Ferien hoch zu Ross

Eine große Überraschung

„Welches Futtermittel gibt Reitpferden am meisten Energie, Florian?"

„Kartoffelchips!"

„Spinnst du?"

„Kartoffelchips! Ich will endlich die Kartoffelchips. Daniel frisst und frisst, und für uns bleibt nichts übrig!" Florian schaute wütend auf seinen hünenhaften Bruder.

„Ich brauche das, ich wachse noch. Aber bitte sehr." Daniel warf seinem jüngsten Bruder gönnerhaft die Tüte zu. „Nimm sie. Ich weiß ja, dass man mit dreizehn nichts als Essen im Kopf hat!"

„Würdest du mir vielleicht gütigst die letzte Frage beantworten?", seufzte Bettina und rollte die Augen gen Himmel.

„Gern. Was hast du mich gefragt?"

„Welches Futtermittel gibt am meisten Energie?"

„Am meisten Energie gibt Hafer, der aber unbedingt durch Raufutter wie beispielsweise Heu ergänzt werden sollte", leierte Florian seinen Text herunter.

„Welche Futterarten unterscheidet man, Bille?"

„Kraftfutter, Raufutter und Saftfutter."

„Was und wie viel wird gefüttert, Simon?"

„Mittelschwere Pferde bekommen bei normaler Arbeit pro Tag fünf Kilo Hafer, sechs Kilo Heu – und Stroh nach Bedarf. Also ich finde, das Kapitel Futter können wir jetzt in- und auswendig. Nimm doch mal was anderes dran – das Kapitel Krankheiten zum Beispiel!"

„Okay."

Bettina blätterte im Lehrbuch „Vorbereitung auf die praktische und theoretische Prüfung für das Kleine Reiterabzeichen". Sie hockte im Gras unter einer weit ausladenden Kastanie wie in einer Höhle. Die anderen lagen lang ausgestreckt um sie herum und beantworteten mit halb geschlossenen Augen ihre Fragen. Über den Koppeln und Feldern flirrte die Hitze und warf geheimnisvoll durchsichtige Wellen in die Luft. Es sah aus, als hätte sich das Meer über das Land erhoben und käme auf sie zu.

„Hat einer von euch schon mal eine Fata Morgana gesehen?", fragte Bille, die die ganze Zeit in die Ferne gestarrt hatte.

„Ja, ich eben", sagte Daniel säuerlich. „Ich bildete mir ein, da hätte noch eine volle Colaflasche gelegen – aber sie ist unerklärlicherweise leer."

„Wenn ich doch so 'nen Durst habe", verteidigte sich Florian. „Mit leerem Magen kann ich nicht denken."

„Merkwürdig, ich denke mit dem Kopf, nicht mit dem Magen", bemerkte Bettina spöttisch. „Können wir jetzt weitermachen?"

„Schieß los."

„Was ist eine Sommerwunde, Florian?"

„Eine Sommerwunde – eh – hm – gestern habe ich's noch gewusst, warte mal ..."

„Bille?"

„Eine Sommerwunde ist eine durch Fliegeneier schlecht heilende und wuchernde Wunde."

„Siehst du, wusst ich's doch!", sagte Florian triumphierend.

„Warum hast du es dann nicht gesagt?"

„Kinder, strengt euch an, in einer Woche ist die Prüfung!", mahnte Daniel.

„Gut, dann sag du mir gleich mal, welche Beinschäden zu schweren Lahmheiten führen können!"

„Brüche, Zerrungen, Muskel- und Sehnenrisse, Verstauchungen und Knochenauftreibungen wie zum Beispiel Überbeine."

„Weine, meine Kleine, über deine Überbeine", blödelte Simon. „Ich bin müde. Müssen wir noch lange weitermachen?"

„Keine Müdigkeit vorschützen!", sagte Bettina streng. „Wer hatte denn die Idee, Herrn Tiedjen mit dem Reiterabzeichen zu überraschen?"

„Und wenn man einen Lehrer wie den berühmten Springreiter Tiedjen hat, ist man leider moralisch verpflichtet, eine solche Prüfung bestens zu bestehen. Eins mit Stern und Lorbeerkranz", stöhnte Florian. „Und das bei dieser Hitze!"

„Nächste Frage …"

Daniel hatte sich auf den Bauch rollen lassen und sah an Bettina vorbei zu den Pferden hinüber.

„Welches ist das gesündeste Kraftfutter für ein gefräßiges Pony? Antwort: Billes gute Schokoladenbutterkekse und Vollkornbrot mit Bauernwurst und saurer Gurke", sagte er grinsend.

Bille fuhr hoch.

„Wieso, ich hab doch meine Tasche ganz fest zugemacht …"

„… und Zottel hat sie wieder geöffnet. Kannste mal sehen!"

Bille sprang auf und stolperte zu ihrem rot gefleckten Liebling, der friedlich auf der Kekspackung herumkaute.

„Ein umweltfreundliches Tier", lobte Simon. „Weil kein Papierkorb in der Nähe ist, frisst er das Papier gleich mit."

„Du Fresssack, du alter Müllschlucker, kannst du denn nichts liegen lassen?", schimpfte Bille. „Und ich hab mich so auf die Kekse zum Nachtisch gefreut!"

„Sei nicht undankbar: Wenigstens die sauren Gurken hat er dir übrig gelassen", sagte Bettina lachend.

Bille versuchte Zottel die Packung aus dem Maul zu ziehen.

„Idiot!", knurrte sie. „Ich fress dir deinen Hafer doch auch nicht weg!"

„Mach's doch mal", schlug Daniel vor. „Vielleicht nimmt er sich die Lehre zu Herzen!"

„Der? Totlachen wird er sich", brummte Bille.

„Na, das kann man ihm eigentlich nicht verdenken. Die Vorstellung, wie du über seiner Krippe hängst, den Mund voller Hafer ..." Florian strampelte mit den Beinen vor Vergnügen und kicherte.

„Können wir jetzt endlich weitermachen? Wenn ihr euch nicht zusammenreißt, wird aus eurer Überraschung für Herrn Tiedjen nie was!", mahnte Bettina. „Simon – wodurch kann Kolik entstehen?"

„Durch Aufregung, schlechtes oder verdorbenes Futter, Erkältung oder durch Wurmbefall."

„Gut. Bille – wann spricht man beim Pferd von Fieber?"

„Wenn die Temperatur höher als 38 Grad ist."

„Okay. Nehmen wir mal ein paar Fragen aus der Abteilung Satteln und Trensen. Daniel – was wird zuerst angelegt, Sattel oder Trense?"

„Verdammt!"

„Wie bitte?"

„Ich hab mich in einen Ameisenhaufen gesetzt, sie sind mir in die Hose gekrochen, verdammt noch mal!" Daniel sprang auf und rieb sich die Hinterbacken.

„Das soll gut gegen Rheumatismus sein", sagte Simon ungerührt. „Es regt die Durchblutung an."

„Meine Durchblutung braucht aber nicht angeregt zu werden. Wenigstens nicht an dieser Stelle!", giftete Daniel.

„Also Leute, ich sehe schon, das wird heute nichts. Gehen wir lieber baden."

„Ein weiser Entschluss!" Florian erhob sich und reckte sich gähnend. „Nächste Woche sind sowieso Ferien. Da können wir noch drei Tage lang von morgens bis abends pauken."

„Reiten wir ans Meer oder nur zum Peershofer See?", fragte Bille.

„Zum See, der ist näher", jammerte Daniel. „Das ist ja nicht zum Aushalten! Es brennt, als hätte ich mich …"

„… in einen Ameisenhaufen gesetzt, genau so!", fiel Bettina ihm ins Wort. „Armer Daniel, unser Mitgefühl ist grenzenlos!"

„Spottet auch noch …"

„Aber nein!" Bettina hängte sich bei ihrem großen Adoptivbruder ein und ging mit ihm zu den Pferden hinüber. „Schließlich verdanken wir dir das abrupte Ende der Theoriestunde und die Aussicht auf ein erfrischendes Bad."

Der Peershofer See war eigentlich mehr ein Teich, ein kleiner Moorsee mitten im Wald, dessen Wasser angenehm kühl war. An der einen Seite war der Untergrund so fest, dass man mit den Pferden bequem ins Wasser reiten konnte. Auf der anderen Seite musste man durch einen Wald von Schilf hindurch, ehe man ins freie Wasser kam. Hier hatte Herr Henrich einen langen Steg zum Baden anlegen lassen.

In Sekundenschnelle waren die Pferde abgesattelt, und ihre Reiter saßen im Badezeug auf den nackten Pferderücken und ritten ins Wasser, dass es hoch aufspritzte. Die Schnalle an den Zügelenden hatten sie alle aufgemacht. Eine eiserne Regel, die ihnen Herr Tiedjen eingeschärft hatte: Wenn man mit einem Pferd ins Wasser geht, müssen die Zügel offen sein. Ansonsten könnte das Pferd sich mit den Beinen darin verfangen und sich selbst den Kopf unter Wasser ziehen.

„Jetzt könnt ihr gleich ein einmaliges Schauspiel erleben", stichelte Florian und kitzelte den kräftigen Schimmel Asterix, den Daniel ritt, mit einem Zweig am Bauch. „Nämlich wie aus einem Schimmel ein Brauner wird!"

Asterix machte einen erschreckten Satz nach vorn und ein Schwall von Moorwasser ergoss sich über Florian. Daniel klopfte seinem Pferd anerkennend den Hals.

„Danke, mein Bester. Wurde auch Zeit, dass Florian sich der Farbe seines Pferdes ein wenig anpasst."

Florians Rappe Bongo hielt nicht viel vom Baden. Sobald das Wasser seinen Bauch berührte, machte er eine Kehrtwendung, bei der Florian ins Wasser plumpste wie ein Kohlkopf von einer zu hoch beladenen Gemüsekarre. Das bräunliche Moorwasser schwappte nach allen Seiten weg.

Nun gab es kein Halten mehr. Bille, Bettina, Simon und Daniel ließen sich von den Pferderücken ins Wasser gleiten. Im Nu war eine heftige Wasserschlacht im Gange. Zottel und Bettinas Stute Sternchen gefiel der kühle Tropfensegen, aber Asterix, Bongo und Simons Goldfuchsstute Pünktchen wichen erschreckt zurück und suchten sich einen weniger turbulenten Platz, um sich abzukühlen.

„Binden wir die Pferde lieber da drüben im Schatten an, sonst kommt noch eines von ihnen auf die Idee, ohne seinen Reiter nach Hause zu laufen", schlug Daniel vor. „Dann können wir in Ruhe zum Steg hinüberschwimmen."

Bille führte Zottel noch ein wenig tiefer ins Wasser.

„Das erfrischt, mein Dicker, wie? Na komm, jetzt ist es genug. Seht euch das an, er freut sich wieder wie ein kleines Kind! Es ist jedes Mal ein Theater, ihn aus dem Wasser zu bekommen ..."

Zottel wehrte sich mit aller Kraft gegen den Zügel. Er planschte mit den Vorderbeinen im Wasser, dass es hoch aufspritzte. Als es Bille schließlich gelang, ihn ans Ufer zu zerren, legte er sich sofort auf den Boden und wälzte sich, sodass er aussah wie ein frischer Streuselkuchen. Bille musste ihn wohl oder übel noch einmal ins Wasser führen. Als sie ihn endlich neben den anderen Pferden an einen Baum gebunden hatte, hatten Bettina und die drei Jungen längst den See durchschwommen und winkten vom Steg herüber.

Bille warf sich mit Indianergeheul ins Wasser und kraulte zu den Freunden hinüber.

„Bestzeit!", sagte Simon anerkennend, als sie sich atemlos am Steg hochzog.

Bille schüttelte ihre blonde Mähne, die der Zottels immer ähnlicher wurde, dass die Tropfen nach allen Seiten flogen. Dann setzte sie sich neben Bettina und ließ die Füße ins Wasser baumeln.

„Bleibst du zum Abendbrot bei uns in Peershof?", fragte Bettina. „Wir könnten die Übersetzung zusammen machen, dann brauchst du sie zu Hause nur abzuschreiben."

„Ich möchte schon, aber es geht leider nicht. Ich hab

Petersen und Hubert versprochen, heute Abend im Stall zu helfen. Karlchen hat keine Zeit."

„Aber Bettina, was für eine Idee!", spottete Simon. „Du weißt doch, dass ohne Pferdepfleger Bille der Groß-Willmsdorfer Stall zusammenbricht!"

„Und Herr Tiedjen dazu …", flötete Florian.

„Ich weiß, wer hier gleich zusammenbricht …" Bille zwinkerte Bettina zu, die Freundin verstand.

Scheinbar gleichgültig standen sie auf, packten die Spötter blitzschnell bei den Schultern und stießen sie ins Wasser. Dann sprangen sie hinterher und schwammen um die Wette zum anderen Ufer zurück.

„Lässt du mich Sternchen reiten, bis nach Peershof?", fragte Bille die Freundin, als sie sich wieder angezogen hatten.

„Klar. Du musst sie so viel wie möglich reiten, wenn du die Prüfung mit ihr machen willst. Schade, dass Zottel sich so beharrlich weigert zu springen. Es wär doch schön, wenn du mit deinem eigenen Pferd starten könntest. Wenn ich mich natürlich auch freue, dass Sternchen nun diese Ehre zufällt. Eine große Leuchte im Springen ist sie ja nicht …"

„Für das Kleine Reiterabzeichen reicht es. Und sie hat hervorragende Anlagen, vor allem für die Dressur. Ich bin froh, dass du sie mir angeboten hast."

Bille klopfte der hübschen Haflingerstute zärtlich den Hals. Wenn man Sternchen ritt, brauchte man kein Lampenfieber zu haben.

Bettina hatte Zottel gesattelt und stieg auf.

„Seid ihr abmarschbereit? Dann schart euch um mich, meine lieben Kinder."

Sie zog das Lehrbuch aus der Satteltasche und blätterte.

„Aus welchen Teilen besteht der Sattel, Florian?"

„O nein! Geht das schon wieder los!" Florian seufzte abgrundtief. „Also – der Sattel besteht aus der Sattelkammer, dem Schweißblatt, dem Sattelgurt, dem Vorderzwiesel, der ..."

„... der Sitzfläche, dem Hinterzwiesel, dem Sattelpolster, den beiden Sattelblättern mit den Pauschen, den Steigbügelriemen mit den Steigbügeln und den drei Gurtstrippen", fielen die anderen im Chor ein.

Drei Reiter strahlen bei der Prüfung

„Heute ist Sindbad genau fünf Monate alt", sagte Bille und strich dem Fohlen mit einem weichen Lappen über den Rücken, bis kein Stäubchen mehr zu sehen war. „Hat er sich nicht super entwickelt?"

„Ja, kannst stolz sein auf dein Pflegekind", sagte der alte Petersen lächelnd. „Und frech ist er geworden! Er kommt schon ins Flegelalter. Gestern hat er Hubert zwei Knöpfe von der Jacke abgebissen, als du nicht da warst. Wahrscheinlich war er ärgerlich, dass jemand anders ihm sein Abendbrot serviert hat."

„O Gott, er hat doch hoffentlich keinen verschluckt?"

„Nein, nein, keine Sorge."

„Herr Petersen ..."

„Ja?"

„Haben Sie mal das Reiterabzeichen gemacht?"

„Nein, warum?"

„Ach – nur so. Ich wollte mal wissen, wie das eigentlich ist. Ob man einzeln abgefragt wird oder in der Gruppe. Und noch so ein paar Sachen."

„Tja, da kann ich dir nicht weiterhelfen. Du wirst es kaum glauben: Ich habe noch bei den Soldaten reiten gelernt. Ist lange her. Später war ich in einem Pferdelazarett, das hättest du mal sehen sollen! Hunderte von Pferden, die verwundet oder völlig erschöpft aus dem Krieg kamen, haben wir da gesund gepflegt. Ein Gelände, zehnmal so groß wie das hier in Groß-Willmsdorf."

„Davon haben Sie mir noch nie was erzählt!"

„Ich weiß. Ich spreche nicht gern über die Vergangenheit. Aber das hat andere Gründe …"

„Ich würde so gern mehr über das Pferdelazarett hören!"

„Hm. Vielleicht ein andermal. Und wegen des Reiterabzeichens fragst du am besten den Chef. Der muss es doch wissen. Er kommt ja bald aus dem Krankenhaus zurück. Hab heute im Büro gehört, die Ärzte wären sehr zufrieden mit der Nachuntersuchung. Er wird bald wieder im Sattel sitzen."

„Ein Glück! Es war schrecklich, ihn so auf Krücken humpeln zu sehen. Manchmal hatte ich wirklich Angst, er würde nie wieder reiten können."

Und wenn er zurückkommt, dachte Bille, dann habe ich hoffentlich das Reiterabzeichen schon in der Tasche!

Die letzten zwei Tage vor der Prüfung paukten sie ununterbrochen. Die Praxis machte keinem von ihnen Schwierigkeiten, aber die vielen theoretischen Fragen, die man beantworten musste! Und Bettina war eine strenge Lehrerin. Sie, die erst seit vergangenem Herbst ritt, wollte sich erst im kommenden Jahr um das Reiterabzeichen bewerben. Doch den Freunden hämmerte sie die im Lehrbuch angeführten Fragen und Antworten ein, bis sie sie im Schlaf rückwärts und vorwärts herunterbeten konnten.

Die Prüfung fand im Reitverein Neukirchen statt. Es war ein regnerischer Samstagmorgen, an dem sich die Prüflinge in der großen Reithalle versammelten. Außer Bille, Simon und Florian waren noch vier Schüler der Reitschule angetreten. Daniel, der in diesem Jahr achtzehn wurde, zählte bereits zu den Erwachsenen und ritt in einer anderen Gruppe.

Bille fror. Sie hatten am Abend zuvor gemeinsam mit den Neukirchenern eine Probe abgehalten und dabei festgestellt, dass sie mit ihren Leistungen den Schülern der Reitschule ein ganzes Stück voraus waren. Trotzdem war ihr jetzt – so kurz vor Beginn der Prüfung – schauderhaft zumute.

Heute Abend habe ich alles hinter mir, dachte sie verzweifelt. Irgendwie werden diese Stunden doch herumgehen! Doch es half alles nichts. Sie wusste, auf die Schülerin von Hans Tiedjen würde man ganz besonders achten, sie möglicherweise strenger beurteilen als die anderen.

Herr Weber, der Reitlehrer des Vereins, sprach beruhigend auf seine Schüler ein. Bille schaute verstohlen hinüber. Die zwei Mädchen und zwei Jungen waren etwa so alt wie sie selbst, dreizehn oder vierzehn. Das eine Mädchen, Ulrike, eine hübsche Blonde mit großen blaugrauen Augen, kannte sie, sie gingen in die gleiche Schule, Ulrike gehörte in die Klasse über ihr. Die andere, ein lustiger Wuschelkopf mit einem runden fröhlichen Gesicht und einer randlosen Brille, die ihr fast auf der Nasenspitze saß, hatte Bille noch nie gesehen, vielleicht war sie neu hier. Die beiden Jungen waren Zwillingsbrüder. Bille überlegte sich, ob es wohl ein Vorteil sei, sich so ähnlich zu sehen, wenn man einen Fehler machte. Konnte man nicht einfach behaupten: Das war ich nicht, Sie müssen mich mit meinem Bruder verwechselt haben? Oder waren sie sich so ähnlich, dass sie auch die gleichen Fehler machten?

Die Tür öffnete sich, und mit einer Regenbö wurden zwei Herren hereingeweht. Herr Weber lief mit ausgebreiteten

Armen auf sie zu, um sie willkommen zu heißen. Einen Augenblick hatte Bille den Eindruck, er würde ihnen um den Hals fallen.

Die Herren schüttelten den Regen aus ihren Mänteln, dann reichten sie Herrn Weber die Hand.

„Fühlst du dich auch so mies?", flüsterte Florian, der neben Bille stand.

„Noch mieser!", gab sie zurück.

Herr Weber entschuldigte sich bei den Herren für den Regen, als hätte er ihn durch ein höchstpersönliches Missgeschick verursacht. Dann führte er sie zu den wartenden Reitern hinüber. Bille stand unwillkürlich stramm. Jeder von ihnen musste seinen Namen sagen, und der dickere der beiden Richter, ein freundliches Rotgesicht, sprach ein paar beruhigende Worte in der Art von „alles nicht so schlimm, wird schon nicht den Kopf kosten, nur keine Nervosität, sind ja keine Menschenfresser".

Dann wurde es ernst.

Es hieß aufsitzen und anreiten. Sternchen folgte Bille wie ein Hündchen, lieb, folgsam und aufmerksam jeder ihrer Hilfen gegenüber. Pferd und Reiterin boten ein Bild der Harmonie. Bille sah, wie die Richter die Köpfe zusammensteckten und zu ihr hinübersahen.

„Abteilung im Arbeitstempo Trab", hieß es. „Leichttraben, ganze Bahn. Bei F durch die ganze Bahn wechseln."

Bille warf einen flüchtigen Blick in den großen Spiegel und korrigierte ihre Haltung noch ein wenig. Hinter ihr ritt Florian. Er musste aufpassen, denn Bongo drängelte, er kam zu dicht heran. Florian ritt die Ecke ein wenig tiefer aus und hatte schnell wieder den richtigen Abstand.

„Abteilung Schritt! Abteilung – halt. Auf der Vorhand

rechtsum kehrt – marsch. Steigbügel hochschlagen. Abteilung im Arbeitstempo – Trab!"

Lieber Gott, gib, dass es weiter so gut klappt!, dachte Bille. Simon auf Pünktchen vor ihr, sie selbst und Florian hinter ihr ritten, als wären sie eins, exakt stimmten die Schritte der Pferde überein, der Abstand war perfekt bemessen. Bille sah, wie sich die beiden Richter eifrig Notizen machten und miteinander flüsterten.

„Aus der nächsten Ecke kehrt. Abteilung – Schritt. Auf dem zweiten Hufschlag geritten. Der letzte Reiter angaloppieren, an der Abteilung außen vorbeireiten. Einmal herum, dann in der Höhe des zweiten Reiters durchparieren zum Trab. Eine Pferdelänge vor dem Anfangsreiter auf dem zweiten Hufschlag durchparieren zum Schritt. Dasselbe gilt für alle anderen."

Die letzte Reiterin war das Wuschelkopfmädchen. Sie hatte Mühe, ihr Pferd zum Angaloppieren zu bewegen, und musste es kräftig treiben.

Bille sah, wie dem Mädchen das Blut in den Kopf schoss und es sich ärgerlich auf die Lippen biss. Aber das Durchparieren zum Trab und zum Schritt gelang tadellos.

Jetzt kam Florian dran.

Bongo hatte heute seinen temperamentvollen Tag, er wollte losschießen, als gelte es, ein Rennen zu gewinnen. Vielleicht wollte er auch nur einmal zeigen, was in ihm steckte. Auf der langen Seite der Bahn ließ Florian ihn ein Stück drauflospreschen, dann nahm er ihn behutsam zurück.

Gut gemacht, dachte Bille.

Jetzt war sie an der Reihe. Sternchen galoppierte, als wolle sie einen Schönheitswettbewerb gewinnen. „Ein entzückendes Tier", hörte Bille den Rotgesichtigen murmeln.

Hoffentlich übersieht er mich dabei nicht, dachte Bille, ich bin schließlich auch nicht ohne! Vor allem, wenn es darum geht, ohne Steigbügel zu reiten, darin war der alte Petersen erbarmungslos mit mir!

Simon startete ein wenig zu früh, aber zum Glück hatten die Richter die Nasen in ihren Büchern, in die sie sich eifrig Notizen machten.

Simons Galopp gelang ebenso perfekt wie der, den Bille auf Sternchen gezeigt hatte.

Die Richter nickten zufrieden.

Jetzt waren die beiden Brüder an der Reihe. Der erste wechselte aus dem zweiten auf den ersten Hufschlag und galoppierte an. Hatte sein Bruder geträumt oder war es wirklich so, dass sie gewohnt waren, alles gleichzeitig zu tun? Jedenfalls lief sein Pferd sofort hinter dem des Bruders her. Alle Versuche, es zurückzuhalten, kamen zu spät. Der Junge tat das einzig Richtige, er ritt, als wäre es völlig in Ordnung, dass die Zwillingsbrüder ihren Galopp gemeinsam vorführten.

Der Reitlehrer runzelte die Stirn, aber die Richter schienen es eher von der heiteren Seite zu nehmen.

„Nanu", sagte der Dicke. „Das doppelte Lottchen. Die können wohl nicht anders."

Der andere kritzelte etwas in sein Buch und schüttelte grinsend den Kopf. Eine gute Benotung gab's für den zweiten sicher nicht, Bille tat er leid.

Jetzt blieb noch Ulrike.

Sie war nervös, man sah es ihr an. Ihr Pferd versuchte, die Ecken abzuschneiden, und strebte energisch zu den Übrigen. Ein typisches Reitschulpferd. Sobald es die anderen erreicht hatte, wollte es in einen gemächlichen Schritt fallen,

Ulrike musste es kräftig treiben, um ihre Übung vorschriftsmäßig zu Ende zu führen.

Wie gut haben wir es, die wir jeden Tag reiten können, so lange wir wollen!, dachte Bille. Eigentlich ungerecht. Ulrike hatte sicher höchstens zwei oder drei teuer bezahlte Reitstunden in der Woche.

„Auf dem äußeren Hufschlag geritten. Abteilung im Arbeitstempo – Trab! Durch die ganze Bahn wechseln", rief der kleinere der beiden Richter. „Abteilung – Schritt. Der erste Reiter angaloppieren und an den Schluss der Abteilung gehen, das Gleiche gilt für die anderen."

Diesmal hatte der andere Zwilling Schwierigkeiten, sein Pferd zurückzuhalten. Als Ulrike angaloppierte, wollte es sofort hinterherrennen. Bille fasste unwillkürlich die Zügel nach, als sie sah, wie sein Pferd dem anderen nachzulaufen versuchte.

Pünktchen war gehorsam, Simon klopfte ihr zur Vorsicht beruhigend den Hals und sprach leise mit ihr. Bille folgte seinem Beispiel, und auch Florian hinter ihr hielt Bongo rechtzeitig zurück und galoppierte nicht eher an, als bis die Reihe an ihm war.

„Steigbügel wieder aufnehmen! Anfang rechts dreht, links marschiert auf!"

Jetzt kam der Sprung. Jeder Reiter musste einzeln ein Hindernis von 60 Zentimeter Höhe überspringen, erst von der einen, dann von der anderen Seite. Hier hatte keiner von ihnen Schwierigkeiten. Mit der Schlussaufstellung und dem vorschriftsmäßigen Gruß endete die Dressurprüfung.

„Das war alles?", fragte Florian. „Ich hatte es mir viel schlimmer vorgestellt."

„Freu dich nicht zu früh, das Schlimmste kommt noch – die theoretische Prüfung – und das Springen."

„Vor dem Springen brauchen wir uns doch nicht zu fürchten – hätten wir bloß erst die blöde Theorie hinter uns!"

„Na, jetzt haben wir erst mal Pause. Lassen wir den armen Daniel und seine Leidensgenossen ein bisschen schwitzen. Gehen wir in den Zuschauerraum?"

„Lieber an die frische Luft", meinte Bille. „Was kommt denn als Nächstes?"

„Das Springen. Auch in der Halle, wegen des Regens. Nach uns springen wieder die Älteren. Die Theorie kommt nachmittags dran. Und dann wird gefeiert", erklärte Simon.

„Sei bloß still! Vielleicht ist uns nach der theoretischen Prüfung gar nicht mehr zum Feiern zumute", meinte Florian kläglich. „Ich hab ein Gefühl, als könnte ich mich nicht an einen einzigen Satz mehr erinnern!"

„Unsinn, jetzt mach dich doch nicht verrückt!"

Bille knuffte ihn freundschaftlich in die Seite.

„Na, ihr Helden? Wie fühlt ihr euch?" Bettina kam an der Seite von Herrn Henrich aus dem Zuschauerraum.

„Es geht so. Wie waren wir denn?", erkundigte sich Bille.

„Einsame Spitze – muss man das noch betonen?"

„Sagt mal, hat keiner von euch Hunger? Ich habe von Fräulein Fuchs ein großes Proviantpaket für euch mitbekommen, es liegt im Auto", sagte Herr Henrich und sah Bille und seine Söhne an.

„Ich wusste doch, da war noch was ..." Simon rieb sich den Magen. „Her damit!"

„Hier hast du die Autoschlüssel. Ich will wieder hineingehen und mir Daniels Prüfung ansehen. Kommst du mit, Bettina?"

„Klar! Bis später …"

„Ich glaube, ich bringe keinen Bissen hinunter, bevor ich nicht alles hinter mir habe", stöhnte Bille.

Aber als sie sah, was Familie Henrichs Haushälterin alles eingepackt hatte, änderte sie ihre Meinung schnell. Da waren Eier und Schinkenbrote, gegrillte Hähnchen, Früchtejogurts und Limonade, eine große Tüte mit Keksen und Schokolade und ein Schraubglas mit gezuckerten Erdbeeren. Die drei kauten noch mit vollen Backen, als sie zur Springprüfung gerufen wurden.

„Nur keine Aufregung. Den leichten Parcours springen wir doch mit dem hohlen Backenzahn", sagte Florian großspurig.

„Komisch, ich bin bis jetzt immer nur mit einem Pferd gesprungen. Aber wenn du mir verrätst, wie man das macht, kann ich es ja mal versuchen", meinte Bille und zog Sternchens Sattelgurt fest.

Florian hatte natürlich nicht so unrecht. Für die Schüler Hans Tiedjens waren die Sprünge, die hier verlangt wurden, ein Kinderspiel. Simon wurde als Erster hereingerufen und kam mit dem Gesicht des strahlenden Siegers wieder heraus. Dann kam das Wuschelkopfmädchen dran. Als Dritte folgte Bille.

Drei Hindernisse standen in der Bahn, das höchste 90 Zentimeter hoch, achtmal musste man springen. Bille grüßte ruhig, galoppierte einmal auf dem Zirkel, bis sie das Startzeichen bekam, und flog mit Sternchen über die bunten Stangen, als täte sie den ganzen Tag nichts anderes. Sternchen, die noch nie vor Publikum gegangen war, schien von einem erstaunlichen Ehrgeiz besessen zu sein, alle anderen auszustechen – obgleich sie sonst nicht besonders gern sprang und Hindernisse von mehr als einem Meter nur schwer bewältigte.

„Braves Mädchen", lobte Bille sie und schielte zu Bettina hinauf, die verliebt auf ihre hübsche Stute sah. In einem Jahr würde sie selbst hier mit Sternchen erscheinen, sie freute sich schon jetzt darauf.

Bille verließ die Bahn und brachte Sternchen zum Stall, wo man für die Gastpferde Boxen frei gemacht hatte.

„Du hast es für heute hinter dir – aber ich?"

Bille nahm der Stute Sattel und Zaumzeug ab und streichelte und lobte sie noch einmal ausgiebig.

„Gleich ist Florian dran, kommst du mit?", rief Simon.

Bille rannte hinter ihm her zum Zuschauerraum hinüber. Alle Köpfe wandten sich ihnen zu, als sie den kleinen Raum betraten. Man klopfte ihnen auf die Schulter und schüttelte ihnen anerkennend die Hand. „Gut gemacht!" und „Super!" hörte man die Zuschauer flüstern. Bille wurde rot vor Freude.

Da ritt Florian in die Bahn. Er riss seine Reitkappe vom Kopf und grüßte, sein rundes Jungengesicht mit den Sommersprossen glühte vor Eifer, die Haare, von der Kappe hochgerissen, standen wie ein Heiligenschein um seinen Kopf. Simon kicherte. Mit der gleichen heftigen Bewegung, mit der Florian sich die Kappe heruntergerissen hatte, stülpte er sie sich wieder auf den Kopf, man glaubte es knallen zu hören. Die Zuschauer grinsten, Herr Henrich schüttelte lächelnd den Kopf. Es war kein Geheimnis, dass Florian den Zwang, eine Reitkappe tragen zu müssen, hasste wie die Pest.

Da kam schon das Startzeichen. Bongo preschte los. Da er am Bauch äußerst kitzlig war, übersprang er jedes Hindernis, so hoch er nur irgend konnte. Der erste Sprung lag hinter ihnen, jetzt stürmte Bongo auf das diagonal in der Halle aufgebaute zweite Hindernis zu und machte, da er etwas zu dicht herangekommen war, einen Steilsprung, dass Florian die Kappe vom Kopf flog. Sie kollerte durch die Bahn und landete vor Bongos Vorderbeinen, gerade als er zum dritten Sprung ansetzte. Bongo beförderte ungewollt die lästige Kopfbedeckung mit über das Hindernis, bekam sie zwischen die Beine und befreite sich schließlich durch ein wütendes Auskeilen von dem Störenfried. Die Kappe flog in hohem Bogen durch die Halle und landete auf dem Richtertisch. Die Zuschauer lachten dröhnend.

Zum Glück schien das Bongo nicht zu stören, er absolvierte auch die restlichen Sprünge ohne Fehler. Florian und sein kleiner Rappe bekamen einen Sonderapplaus.

Und dann ging plötzlich alles ganz schnell. Da das Wetter sich zu bessern schien, verlegte man die Springprüfung der Erwachsenen auf den Nachmittag, um sie dann im Freien abzuhalten. Dafür wurde die theoretische Prüfung der jugendlichen Teilnehmer vorgezogen. Bille, Simon und Florian kamen gar nicht mehr dazu, sich aufzuregen, so schnell war alles vorüber.

„Und dafür habe ich so fürchterlich gepaukt?", fragte Florian enttäuscht. „Wenn ich das gewusst hätte!"

„Hättest du nicht so gepaukt, dann hätten sie dich garantiert etwas gefragt, was du nicht gewusst hättest", tröstete Bille ihn.

Und dann kam das abschließende Urteil. Zweimal „ausgezeichnet" für Simon und Bille. Und einmal „gut" für Florian. Auch die Schüler der Reitschule hatten die Prüfung bestanden – wenn auch mit weniger guten Punktzahlen.

„Mutsch, Onkel Paul und Herr Tiedjen werden Augen machen!", sagte Bille strahlend, als man ihr das Reiterabzeichen an die Jacke gesteckt hatte.

„Wenn sie's überhaupt zu sehen bekommen", meinte Bettina verschmitzt, „und Zottel es nicht längst vorher verschluckt hat, weil er es für ein Sahnebonbon hält ..."

Bille hat eine tolle Idee

„Der Gedanke, dass du allein hier zurückbleibst, gefällt mir gar nicht", sagte Mutsch seufzend. Sie griff zur Kanne und goss sich noch eine Tasse Tee ein. „Willst du nicht doch mitkommen?"

„Unsinn! Es ist euer Urlaub – wenn man so will, eure Hochzeitsreise. Du bist seit Jahren nicht hier aus Wedenbruck herausgekommen, du hast einen Urlaub wirklich mehr als verdient." Bille angelte sich noch ein Brötchen aus dem Korb und brach es auseinander, dass die goldbraunen Krümel über den Tisch sprangen. Dann füllte sie die Höhlung mir einem Gemisch aus Honig und Butter, das sie sich auf dem Teller angerührt hatte. „Außerdem bin ich kein kleines Kind mehr, auf das man aufpassen muss."

„Trotzdem. Du hast doch Ferien und möchtest auch mal was anderes erleben …"

„Aber Mutsch! Du weißt doch ganz genau, dass ich mich nicht von den Pferden trennen kann. Und ich hab meine Freunde hier – was brauche ich denn noch?"

„Wahrscheinlich hat sie Angst, dass ihr zu viel anstellt", mischte sich Onkel Paul ins Gespräch. „Wie wär's, wenn du Inge und Thorsten herholst – als Aufpasser?"

„Kommt nicht infrage!", wehrte Bille empört ab. „Das wär ja noch schöner! Die große Schwester als Aufpasser – das hat mir gerade noch gefehlt. Außerdem haben die beiden zum

Glück genug eigene Probleme – mit ihrer Hochzeit und dem Umzug im Herbst."

„War ja auch nur 'n Scherz. Wir wissen ja, dass wir uns auf dich verlassen können."

Onkel Paul verschwand wieder hinter seiner Zeitung, und Bille überlegte, ob sie noch ein drittes Brötchen vertragen könnte.

„Wenn ich denke, ich müsste mit euch die Berge raufklettern – und das zu Fuß! Da packt mich das kalte Grausen."

„Du weißt gar nicht, wie schön das sein kann", widersprach Mutsch. „Du hast es ja noch nie gemacht."

„Dazu ist später immer noch Zeit."

Moischele, das weiße Shetlandpony, das von allen spöttisch nur noch „Mutschs Hofhund" genannt wurde, verließ seinen schattigen Platz unter dem großen Zwetschgenbaum und kam zum Esstisch herüber.

„Na, da bist du ja, du Gauner", sagte Mutsch zärtlich und hielt ihm die Brotkrusten hin, die sie längst für ihn bereitgehalten hatte.

„Ja, wenn wir Moischele und Zottel mitnehmen könnten, dann wäre das was anderes", sagte Bille.

„Und wo sollen die sitzen?", fragte Onkel Paul, ohne den Blick von der Zeitung zu heben. „Rechts und links von dir auf dem Rücksitz?"

„Na siehst du, es geht nicht." Bille schaute auf Moischele, der sich den Honig von den Lippen schleckte. „Ich steh mal schnell auf und hole Zottel. Was Moischele recht ist, ist Zottel noch zehnmal rechter."

„Oje, dann ist es wohl mit der Frühstücksruhe aus", seufzte Onkel Paul und legte die Zeitung weg. „Fahren wir?"

„Ja", sagte Mutsch und beeilte sich, alles Essbare vom Tisch zu räumen, ehe Zottel über die Reste des Frühstücks hereinbrach. „Bille?! Wir fahren jetzt ins Geschäft rüber."

„Ist gut. Lasst alles stehen, ich räume den Tisch ab", rief Bille vom Stall her.

„Ja, denkste", murmelte Mutsch.

Als Bille mit Zottel an den Tisch zurückkam, lagen nur noch ein einzelnes Brötchen und zwei Äpfel da. Bille fasste in die Taschen ihrer Jeans und legte noch zwei Stück Zucker dazu, die sie vorhin eingesteckt hatte.

„Kannste mal sehen!", murmelte sie. „Und Moischele kriegt Honigbrot – nur weil er vor Kurzem noch ein klapperdürres Gerippe war!"

Bille rückte sich einen Stuhl in den Schatten und griff nach der Zeitung, während Zottel das Brötchen, die Äpfel und die Zuckerstücke vertilgte. Ein Foto mit Pferden darauf hatte ihre Neugier geweckt.

„Pferde-Safaris immer beliebter!", hieß die Überschrift des Artikels. Und etwas kleiner stand darunter: „Reiseveranstalter stellen wachsende Nachfrage nach Urlaubswanderungen hoch zu Ross fest."

„Das ist ja interessant!", sagte Bille laut.

Da wurden landauf, landab Wanderritte organisiert, mit Planwagen oder im Sattel, mit Übernachtungen in Dorfgasthöfen oder im Zelt am Lagerfeuer. Die Leute mussten eine Menge Geld bezahlen für diesen Spaß, aber offensichtlich hielt sie das nicht davon ab, eine solche „Reise in die Romantik" zu buchen.

„He, bist du taub!"

„Hä?"

„Ich pfeife und pfeife, und du hörst nicht!"

Vor ihr stand Karlchen, breitbeinig, die Hände in den Hosentaschen seiner ausgebeulten Jeans. Seine roten Haare leuchteten in der Morgensonne wie ein Feld voller Klatschmohn.

„Entschuldige, ich war so vertieft in diesen Artikel …"

„Hab ich gemerkt. Mein Moped ist wieder okay", kam Karlchen zur Sache. „Fährst du mit rüber nach Groß-Willmsdorf?"

„Klar, ich bring nur noch schnell Moischele und Zottel auf die Koppel. Hilfst du mir?"

„Logisch."

Bille riss den Artikel über die Pferdetouren heraus und steckte ihn zusammengefaltet in ihre Hosentasche. Dann schloss sie die Haustür ab, nahm Zottel am Halfter und öffnete das Tor. Karlchen folgte mit Moischele.

„Lass es so lange offen, wir sind ja gleich zurück. Wahnsinn, was hast du denn mit deinem Moped angestellt?"

„Neue Farbe – musste ja mal sein, die alte war nicht mehr so ganz fit. Gefällt sie dir?"

„Na ja, immerhin passend zur Haarfarbe: brandrot."

„Sieht total schnell aus, ehrlich, die anderen denken, du machst hundertzwanzig Sachen, wenn du mit so 'ner Farbe um die Ecke fegst!"

„Hoffentlich denkt das Wachtmeister Bode nicht auch." Bille grinste.

„Na, so blöd wird er doch nicht sein. Schließlich fährt sein Sohn die gleiche Karre."

„Und sonst hast du nicht ein bisschen dran rumgedreht? Um das Ding schneller zu machen?"

„Wofür hältst du mich?", fragte Karlchen empört. „Hab ich das nötig? Ich kaufe mir sowieso bald einen alten Porsche."

„Hm. Sobald du in drei Jahren achtzehn geworden bist und im Lotto gewonnen hast, oder?"

„Genau."

Sie waren bei der Koppel angekommen. Bille öffnete das Gatter und verabschiedete die beiden Ponys mit einem zärtlichen Klaps.

„Habt einen schönen Tag, ihr beiden. Heute Abend hole ich euch wieder ab."

„Ist Zottel eigentlich beleidigt, wenn du ihn nicht mit nach Groß-Willmsdorf nimmst?", erkundigte sich Karlchen.

„Ich glaube nicht. Er hat sich mit Moischele sehr gut angefreundet. Beleidigt ist nur Black Arrow, wenn ich Zottel nicht mitbringe. Du weißt ja, wie er an ihm hängt. Na komm, die Pflicht ruft. Ich will heute vier Pferde bewegen."

„Aber sonst geht's dir gut, oder?"

Karlchen holte sein knallrotes Moped, setzte seinen Helm auf, und los ging die Fahrt, quer durch die Felder auf ausgefahrenen Sandwegen.

„Einen S-Parcours zu springen ist sanft gegen das, was du mir hier bietest!", brüllte Bille. Aber nachdem Karlchen das dritte Mal „Wie bitte?" geschrien hatte, gab sie es auf.

Mit einem eleganten Schlenker brachte Karlchen das Moped zum Stehen, genau neben den Hosenbeinen des Gutsverwalters Lohmeier, den er leider übersehen hatte. Herr Lohmeier schnappte nach Luft, was ein Fehler war. Denn die Luft bestand im Augenblick nur aus dickem Staub, den Karlchen aufgewirbelt hatte.

„Wohl wahnsinnig geworden!", keuchte er. „Höchste Zeit, dass dir mal einer eins auf den Deckel gibt. Noch einmal so ein Lärm auf dem Hof, und du lässt dein Moped in Zukunft zu Hause, verstanden?"

„'tschuldigung", murmelte Karlchen. „Soll nicht mehr passieren." Brummend entfernte sich Herr Lohmeier.

„Siehste, er hat auch rot gesehen bei deiner neuen Farbe!", flüsterte Bille kichernd und nahm den lästigen Helm ab.

Im Stall war es ruhig, fast alle Pferde waren bereits auf der Koppel. Nur Troja, Lohengrin, Iris und Black Arrow warteten auf das Morgentraining.

„Der Chef ist schon draußen", rief Hubert Bille zu. „Mit Sinfonie …"

„Aber auf dem Longierplatz ist er nicht! Ist er in die Reithalle gegangen mit ihr?"

„Er longiert nicht, er reitet!"

„Bist du verrückt? Das darf er doch noch gar nicht – und ausgerechnet Sinfonie!"

„Nun spiel mal nicht sein Kindermädchen, er wird schon wissen, was er tut. Mal muss er ja wieder anfangen."

Bille machte auf der Stelle kehrt und rannte zum großen Reitplatz hinter dem Gutshaus. Tatsächlich – da ging Sinfonie in einem ruhigen Arbeitstrab, so behutsam, als wisse sie, dass sie ihren Reiter schonen müsse. Die launische Sinfonie! Und neben ihr trabte ihr kleiner Sohn Sindbad, als sei es das Selbstverständlichste auf der Welt.

„Da staunst du, was?", rief Herr Tiedjen. Sein Gesicht strahlte. „Ein herrliches Gefühl, endlich wieder im Sattel zu sitzen!"

„Und der Arzt hat es erlaubt?", fragte Bille skeptisch.

Herr Tiedjen grinste.

„Na, sagen wir – so halb und halb."

Also eigentlich nicht, dachte Bille. Aber wer kann Herrn Tiedjen schon zurückhalten?

„Eine Viertelstunde, dann mache ich Schluss", rief Herr

Tiedjen. „Dann bist du dran. Ich möchte, dass du heute mit Black Arrow anfängst. Wir gehen in die Halle, da ist es ruhiger und kühler."

Es wurde für Bille ein harter Arbeitstag. Eine Stunde trainierte sie mit Black Arrow und dankte dem Himmel, dass die Ferien begonnen hatten und sie so gut ausgeruht war, denn der temperamentvolle Rappe kostete sie alle Kraft.

„Mach nicht so ein deprimiertes Gesicht", sagte Herr Tiedjen am Ende der Stunde lachend. „Ihr beide rauft euch schon zusammen!"

Anschließend ritt sie ihre Lieblingsstute Troja eine Stunde draußen in der Bahn.

Inzwischen waren Bettina, Daniel, Simon und Florian gekommen. Während Daniel und Florian bei Herrn Tiedjen Unterricht hatten, putzte sie Lohengrin und Iris und hoffte inständig, Herr Tiedjen würde von dem arbeitsreichen Vormittag zu erschöpft sein, um noch weiter zu unterrichten.

Aber ihre Hoffnung erfüllte sich nicht. Herr Tiedjen schien durch seinen erfolgreichen ersten Ritt nach seinem Unfall so in Hochstimmung zu sein, dass ihm nichts zu viel wurde. Auch Simon und Bille kamen noch dran, und Bille entschied sich, den faulen, phlegmatischen Lohengrin zu reiten und nicht die temperamentvolle, schwer zu zügelnde Iris. Die hob sie sich lieber für den Nachmittag auf.

Der Unterricht war beendet, und Herr Tiedjen zog sich ins Haus zurück, um sich auszuruhen. Bille und ihre Freunde ließen sich erschöpft auf die Bank vor dem Stall fallen und streckten die Beine weit von sich.

„Gehen wir baden?", fragte Daniel.

„Ich bewege mich keinen Schritt mehr", stöhnte Bille und zog sich die Stiefel von den verschwitzten Füßen. Sie griff sich den Wasserschlauch, schob die Hosenbeine hoch und ließ den kalten Wasserstrahl über ihre Füße laufen.

„Hast du kein Badezeug da? Dann kannst du dich doch gleich ganz abduschen. Danach geht's dir sicher besser", schlug Bettina vor.

„Genau das Gleiche habe ich auch gerade gedacht."

Bille verschwand in der Sattelkammer und zog sich um. Als sie ihre Reithose über den Hocker warf, erinnerte sie sich an den Artikel, den sie am Morgen eingesteckt hatte.

„Hier, habt ihr das gelesen?", fragte sie, als sie zu den anderen zurückkehrte.

„Zeig her, was ist das?"

Während Bille sich mit dem Wasserschlauch von oben bis unten abspritzte, studierten Bettina und die drei Jungen den Bericht über die Reiterferien.

„Na und?", sagte Daniel schließlich. „Davon habe ich schon oft gehört. Du willst doch nicht etwa mit so einer Reisegruppe losreiten!"

„Natürlich nicht …"

Bille richtete den Wasserstrahl auf ihr Gesicht und prustete. Ein herrliches Gefühl war das nach den anstrengenden Reitstunden!

„Ich nehme an, sie hat eher daran gedacht, selber so einen Betrieb aufzumachen", meinte Bettina.

„Genau das habe ich mir dabei gedacht", sagte Bille und sah die anderen der Reihe nach an. „So was könnten wir doch auch auf die Beine stellen. Natürlich nicht sofort – aber vielleicht nächstes Jahr! Wenn wir unsere Eltern und Herrn Tiedjen dazu überreden?"

„Ich glaube, das sind Wunschträume", meinte Simon kopfschüttelnd. „Uns fehlt doch jede Voraussetzung dafür! Stell dir mal vor, was es da alles zu organisieren gibt! Allein die Pferde – du musst mindestens zehn bis fünfzehn lammfromme Pferde haben, die auch den dümmsten, unerfahrensten Reiter nicht abwerfen! Dann musst du Unterkunft und Verpflegung für alle Beteiligten beschaffen! Außerdem sind wir noch nicht volljährig, wir dürfen ein solches Unternehmen vorläufig gar nicht starten. Heb dir das für später auf."

„Na ja, vergesst es, war ja nur so 'ne Idee."

Bille legte ihr Handtuch auf die Bank und setzte sich mit angezogenen Beinen darauf.

„Mal in den Ferien woanders zu sein wäre schon toll!", meinte Florian. „Warst du schon mal in den Bergen?"

„Nein. Meine Eltern fahren übernächste Woche zur Erholung ins Gebirge. Meine Mutter war schon mal in den Alpen und wollte unbedingt wieder Urlaub in den Bergen machen. Ich selbst bin noch nicht über Hamburg hinausgekommen."

„Na immerhin!" Karlchens roter Schopf erschien in der Stalltür. „So weit weg war ich noch nie!"

„Wenn man auf dem Lande lebt, braucht man nicht zu verreisen", sagte Daniel ohne rechte Überzeugung. „Man hat doch alles gratis – die gute Luft, die schöne Natur, Seen zum Baden – wir haben sogar das Meer in der Nähe! Und die Pferde! Was kann man sich denn noch mehr wünschen?"

„Einfach mal was anderes zu sehen", sagte Simon. „Eine andere Landschaft, andere Gewässer – und andere Menschen."

„Na ja …"

Sie schwiegen eine ganze Weile, jeder hing seinen Gedanken nach.

„Und wenn wir einfach losreiten? Selber so einen Wanderritt machen? Wie lange braucht man von hier bis zu den Alpen?", fragte Bille plötzlich.

„Ist das dein Ernst?" Bettina bekam leuchtende Augen.

„Warum nicht? Gepäck brauchen wir doch keines – oder jedenfalls nicht mehr, als in unsere Satteltaschen geht. Und um das Futter für unsere Pferde müssen wir uns jeweils an Ort und Stelle kümmern. Ebenso um das Quartier – wir könnten in Scheunen und Ställen schlafen – und wenn's welche gibt, in Jugendherbergen."

„Hm." Daniel schaute Bille nachdenklich von der Seite an. „Es müssten ja nicht gleich die Alpen sein. Wir wollen ja keine Rekorde aufstellen. Aber die Idee ist nicht übel."

„Super ist sie!" Florian sprang auf. Er stapfte aufgeregt hin und her, offensichtlich juckte es ihn schon in den Zehen, am liebsten wäre er sofort aufgebrochen.

„Warum sind wir eigentlich nicht schon früher auf die Idee gekommen?", sagte Simon. „Was brauchen wir Autos und Züge – schließlich haben wir unsere Pferde!"

„Mit denen können wir uns die ganze Welt erobern, wenn's drauf ankommt." In Bettinas Stimme klang ein unüberhörbarer Jubelton mit. „Stellt euch vor, wir reiten durch Frankreich – oder Spanien!"

„Warum nicht gleich durch Afrika?", spottete Karlchen, der mit gemischten Gefühlen zugehört hatte, denn er würde auf keinen Fall mit von der Partie sein. Er hatte sich noch nie auf den Rücken eines Pferdes gewagt.

„Also, vorerst wollen wir mal kleinere Brötchen backen", entschied Daniel. „Unsere nähere Umgebung ist auch wunderschön."

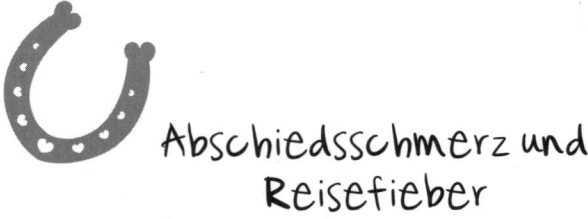

Abschiedsschmerz und Reisefieber

Schon am Nachmittag rückten sie der Verwirklichung ihres Planes ein gutes Stück näher. Bille erzählte Herrn Tiedjen von ihrer Idee, während sie Iris sattelte.

„Hm – warum eigentlich nicht?" Herr Tiedjen schaute seine Schülerin nachdenklich an. „Vielleicht kann ich euch dabei auch helfen. Ich könnte euch da ein paar Adressen geben, von Reiterfreunden und Reitvereinen. Es kommt natürlich darauf an, wo ihr hinwollt. Aber nehmen wir einmal an, ihr nehmt als Ausgangspunkt das Gut eines Freundes von mir im Hunsrück. Er ist ein großer Pferdenarr und guter Reiter. Von dort aus könnt ihr wunderschöne Wanderungen zu Pferde machen, und er wird euch Bauern oder Reitvereine nennen können, bei denen ihr Futter und Unterkunft für eure Pferde bekommt."

„Wirklich? Das wäre ja super!"

Bille strahlte. Aber dann erlosch ihre Freude urplötzlich.

„Ach schade – diesen Sommer geht ja gar nicht mehr! Bis wir dort sind, sind die Ferien rum."

„Nein, bis dorthin müsstet ihr natürlich fahren."

„Ein Transport für fünf Pferde, das wird viel zu teuer. Das erlauben meine Eltern nie – und Herr und Frau Henrich bestimmt auch nicht."

„Nun ja – ich könnte euch ja unseren großen Anhänger

leihen, da ich diesen Sommer sowieso auf keinem Turnier mehr antrete. Da wären schon zwei Pferde untergebracht. Nur fahren kann ich euch nicht. Aber sprecht doch erst mal mit euren Eltern, vielleicht finden die eine Möglichkeit."

Auf dem Heimweg nach Wedenbruck überlegte Bille hin und her, wie sie Mutsch und Onkel Paul ihren Plan am schonendsten beibringen könnte. Und plötzlich kam ihr die rettende Idee.

Hatte Mutsch nicht noch am Morgen versucht, sie zum Mitfahren zu bewegen? Das musste sie ausnützen.

„Ich habe es mir überlegt", begann sie beim Abendbrot. „Ich werde euch begleiten. Allerdings nur ein Stück – und nur, wenn ihr bereit wärt, mich zu ziehen."

„Dich zu ziehen? Kannst du das mal ein bisschen genauer erklären?", fragte Mutsch.

„Hat dein Wagen eigentlich eine Anhängerkupplung, Onkel Paul?"

„Ja, natürlich, das weißt du doch."

„Und wären zwei Pferde zu schwer für dein Auto?"

„Das kommt darauf an …"

„Möchtest du uns nicht endlich mal sagen, worum es eigentlich geht?"

Bille zog den Zeitungsartikel aus ihrer Hosentasche. Er war schon etwas zerfetzt, aber mit dem Bericht über die Reiter-Safaris in der Hand fand Bille sich überzeugender. Sie erklärte in allen Einzelheiten, wie sie auf die Idee gekommen war und wie sie, Bettina und die drei Henrich-Jungen sich ihren Wanderritt vorstellten.

„Und Herr Tiedjen stellt uns kostenlos seinen großen Pferdetransporter zur Verfügung. Nur ziehen müsste ihn einer."

„Ach …" Mutsch sah Hilfe suchend auf Onkel Paul. Allerdings ohne Erfolg.

„Nun ja, alt genug seid ihr ja", sagte Onkel Paul. „Und wenn Herr Tiedjen das in Ordnung findet und seine Hilfe anbietet, wüsste ich nicht, warum wir Nein sagen sollten. Wir hatten sowieso ein schlechtes Gewissen, dich einfach zu Hause zu lassen, stimmt es nicht, Olga?"

„Ja, aber, ich weiß nicht, schließlich …" Mutschs Protest versickerte, ehe er richtig zum Ausdruck gekommen war.

„Ich wusste doch, dass man mit euch reden kann!", sagte Bille mit einer gehörigen Portion Pathos. „Man muss junge Leute auch mal ihre eigenen Erfahrungen machen lassen. Und schließlich haben wir einen Aufpasser! Daniel ist doch fast erwachsen, er wird dieses Jahr achtzehn!"

„Ich möchte aber erst mal mit Henrichs sprechen", sagte Mutsch und stellte das Geschirr zusammen.

„Das kannst du gleich tun. Ich wollte sowieso gerade Bettina anrufen, um ihr zu sagen, dass Herr Tiedjen uns seinen Transporter leiht. Dann brauchen wir nur noch den von Henrichs, und alle Pferde sind untergebracht."

Bevor Mutsch etwas sagen konnte, lief Bille hinaus ans Telefon. Mutsch zuckte resigniert mit den Schultern. Bille erzählte Bettina schnell, was es an Neuigkeiten gab.

„Gut, dass du angerufen hast", sagte Bettina. „Wir sind noch mitten in der Diskussion – deine Informationen kommen genau im richtigen Moment! Ich rufe dich später wieder an, okay?"

„Okay – ich warte! Und ich drück euch fest die Daumen!"

Bille legte den Hörer auf und hockte sich neben dem Telefon auf den Fußboden. Durch die Tür hörte sie, wie Mutsch mit Onkel Paul über ihren Plan sprach.

Bille konnte nicht verstehen, was Mutsch sagte, aber es klang aufgeregt, ängstlich und manchmal vorwurfsvoll. Onkel Paul sprach beruhigend. Bille drückte unwillkürlich ihre Daumen fest in die Handflächen. Es muss klappen!, sagte sie sich. Es muss einfach!

„Und was machen wir mit Moischele?", hörte Bille Mutsch plötzlich fragen. „Der arme Kerl kann doch nicht die ganze Zeit allein auf der Koppel bleiben!"

„Aber nein! Wir werden ihn Karlchen Brodersen anvertrauen. Der wird ihn bestimmt erstklassig versorgen."

„Der arme Kleine, ich möchte nicht, dass er denkt, er würde schon wieder ausgesetzt …"

„Nun mach aber mal halblang!", sagte Onkel Paul. „Karlchen sorgt für ihn wie eine Mutter, wenn wir ihn darum bitten. Und du kannst Moischele ja jeden Tag eine Postkarte schreiben, wenn du glaubst, dass er nicht ohne dich leben kann."

Mutsch lachte hell auf.

Na bestens, dachte Bille. Die Sache ist gelaufen. Sie stand auf und ging in die Küche hinüber. Es konnte nichts schaden, wenn sie in den kommenden Tagen ein bisschen die hilfsbereite Tochter herauskehrte, das Geschirr abwusch, ohne darum gebeten worden zu sein, und Mutsch im Haushalt half, wo sie konnte.

Endlich klingelte das Telefon. Bille streifte das Abwaschwasser von den Händen und rannte hinaus. Aber Mutsch war schneller gewesen.

„Ja, Frau Henrich", hörte sie Mutsch sagen, „das ist richtig. Mein Mann und ich werden den Transporter von Herrn Tiedjen an unseren Wagen hängen und die Kinder dort abliefern – und sie später auf der Rückreise wieder einsammeln. Oh, Ihr Mann selbst? Das ist schön! Ja, nächste Woche schon. Ja, das wäre gut. Passt es Ihnen morgen Abend? Dann können wir alles besprechen."

Bille machte einen Luftsprung und unterdrückte nur mit Mühe einen lauten Jubelschrei. Henrichs hatten also ihre Zustimmung gegeben! Ihr Wanderritt wurde tatsächlich Wirklichkeit!

Als Bille später im Bett lag, begann sie sich die Reise vorzustellen. Es war alles so schnell gegangen, dass sie noch kaum begriffen hatte, was da auf sie zukam.

Vierzehn Tage lang würden sie durch eine fremde Gegend reiten, würden Futter für ihre Pferde organisieren müssen und einen Platz, wo sie nachts schlafen konnten. Und wenn sie nichts fanden, würden sie sich in ihre Pferdedecken rollen und im Freien direkt neben den Pferden schlafen. Sie würden um ein Lagerfeuer sitzen und sich etwas zu essen kochen.

Und wenn einer krank wurde? Wenn ein Pferd sich verletzte? Wenn sie bestohlen, überfallen wurden?

Ach was, schließlich waren sie zu fünft – und sie ritten nicht durch eine einsame Wüste! Sie würden sich schon zu helfen wissen! Was konnte ihnen schon passieren? Trotzdem konnte es Bille nicht verhindern, dass sich irgendwo im Innern ihres Magens ein kleiner Tausendfüßler auf die Wanderschaft begab und ständig im Kreis lief, sosehr sie das kribbelnde Gefühl auch zu unterdrücken versuchte.

Am nächsten Tag begannen sie mit den Vorbereitungen für ihre Reise. Herr Tiedjen telefonierte mit seinem Freund, und nachdem man dessen Einverständnis in der Tasche hatte, konnte man sich mit der Strecke befassen.

„Wie viel Kilometer werden wir pro Tag schaffen, ohne die Pferde zu überanstrengen?", fragte Bettina.

„Dreißig bis fünfunddreißig schätze ich", antwortete Daniel. „Am besten, wir suchen uns im Umkreis von zweihundert Kilometern die interessantesten Punkte und Sehenswürdigkeiten heraus sowie die örtlichen Reitvereine und Reitschulen. Und natürlich die Jugendherbergen."

„Das wird ja eine Doktorarbeit", stöhnte Florian.

„Unsinn!" Bille griff in Onkel Pauls Bücherschrank und holte einen Stapel Landkarten hervor. „Hier – auf dieser Karte sind die Sehenswürdigkeiten bereits eingezeichnet. Kirchen, Burgen, Schlösser, Seen und Flüsse. Außerdem hat sie Markierungen für Sportmöglichkeiten und Wanderwege. Und nicht mal ein Hinweis auf Jugendherbergen fehlt. Onkel Paul hat gewiss nichts dagegen, wenn wir sie mitnehmen."

„Na siehst du. Und an Ort und Stelle können wir uns sicher noch eine Karte mit einem größeren Maßstab besorgen", sagte Simon. „Viel wichtiger ist, dass wir genau festlegen, was wir mit auf die Reise nehmen müssen – und was alles nicht. Denn wir müssen uns auf das Notwendigste beschränken!"

Florian grinste von einem Ohr zum anderen.

„Ich lasse meine Zahnbürste hier, sie nimmt so viel Platz weg."

„O ja – du kannst dir in den zwei Wochen die Zähne ruhig mit der Wurzelbürste putzen, es wird ihnen guttun", stichelte Daniel. „Lass deine Zahnbürste nur zu Hause. Die ersten paar Tage helfe ich dir, damit deine Beißerchen auch richtig sauber werden."

„Einmal Unterwäsche zum Wechseln reicht, die Mädchen können ja abends waschen", sagte Simon mit anzüglichem Lächeln.

„Wenn ihr dafür unsere Pferde putzt, habe ich nichts dagegen", gab Bettina zurück.

„Ich finde, wir sollten alle Arbeit gerecht unter uns aufteilen, jeder muss alles mal gemacht haben: kochen, abwaschen, Wäsche waschen und Knöpfe annähen – so wird wenigstens keiner benachteiligt", schlug Bille vor.

„Okay."

„Einverstanden."

„Gut – und am Schluss verteilen wir Noten – für den besten Koch, den besten Abwascher und so weiter. Ich bin der beste Koch!", erklärte Florian.

„Der beste Esser, meinst du wohl …"

Simon schlug seinen Schreibblock auf und zückte den Bleistift. „Also, lasst uns mal notieren. Regenschutz ist wichtig. Strümpfe und Unterwäsche zum Wechseln, T-Shirts und ein warmer Pulli. Alles so leicht wie möglich. Waschzeug …"

„Eine Hausapotheke – auch für die Pferde unheimlich wichtig!", warf Bille ein.

„Richtig."

„Dann muss jeder einen Teller, einen Becher und ein Besteck haben – am besten aus Plastik oder Aluminium. Und wenn wir selber kochen wollen, brauchen wir einen Kochtopf und eine Pfanne sowie einen Kochlöffel, eine Kelle und einen Dosenöffner", sagte Bettina.

„Am besten, wir nehmen gleich Moischele als Packpferd mit. Wenn ich mir das so anhöre …" Daniel kratzte sich nachdenklich am Kopf.

„Ach Quatsch! Ich werde Mutsch bitten, uns zu beraten und vielleicht extraleichte Sachen zu besorgen – wozu haben wir schließlich den Spar-Markt?"

„Wir müssen die Sachen nur vernünftig unter uns auf-teilen und so packen, dass sie weder Pferd noch Reiter stö-ren", pflichtete Simon bei. „Auf gewisse Dinge kann man nun mal nicht verzichten. Zum Beispiel Putzzeug für die Pferde, Decken und warme Kleidung für uns – schließlich machen's die Cowboys im Wilden Westen doch auch nicht anders."

„Und dazu müssen sie noch den ganzen Whisky mit-schleppen, den sie von morgens bis abends trinken", ereifer-te sich Florian.

„Spinner. Die haben höchstens Feldflaschen mit Wasser bei sich – den Whisky trinken sie doch im Saloon!"

„Aber die viele Munition und die Colts! Und was allein die Lassos wiegen!"

„Also reden wir nun über den Wilden Westen oder über unsere Reise", mahnte Bettina. „Bleibt doch mal bei der Sa-che."

„Was ist mit einem Zelt?", fragte Bille.

„Das kannst du vergessen. Viel zu schwer. Außerdem bräuchten wir ja mindestens zwei …"

„Eins für die Damen, eins für die Herren – und ein Kin-derzelt für Florian."

„Wieso – ich hab doch noch gar keine Kinder!" Florian hatte nicht die Absicht, sich heute ärgern zu lassen – nicht mal von Daniel.

„Aber Schlafsäcke müssen wir mitnehmen. Falls wir wirk-lich öfter mal im Freien übernachten."

„Ja – das wird sich wohl nicht vermeiden lassen."

Simon notierte seufzend auch die Schlafsäcke.

„Kinder, Kinder, ich seh uns schon kochtopf- und pfan-nenklappernd durch die Wälder traben, die Pferde in

Schlafsäcke gehüllt wie weiland die alten Schlachtrösser …“, sagte Daniel kopfschüttelnd.

„Habt ihr die Absicht, auch den gesamten Proviant mitzuschleppen?“

„Nur das Nötigste“, antwortete Bille ungerührt. „Und was das Nötigste ist, bestimmt euer Appetit.“

„Das heißt – wer den größten Hunger hat, schleppt auch am meisten“, Bettina sah Florian durchdringend an, „im wahrsten Sinne des Wortes. Das hilft nämlich.“

Florian tippte sich an die Stirn.

„Ich weiß eine Menge Sachen, die nahrhaft sind und kaum was wiegen: Schokolade zum Beispiel!“

„Das sehe ich mir an – wie du dich zwei Wochen lang von Schokolade ernährst!“

„Habt ihr eigentlich alle gültige Personalausweise?“, unterbrach Simon die anderen. „Und die Reiterabzeichen dürft ihr nicht vergessen, wenn wir in fremde Reitvereine kommen, sind sie uns vielleicht nützlich.“

„Darauf wäre ich gar nicht gekommen.“ Daniel reckte sich gähnend. „Fehlt nur noch, dass du uns an Schreibzeug erinnerst – für die Briefe nach Hause!“

„Wollte ich gerade tun.“

„Siehste.“

„So – ich glaube, jetzt haben wir alles zusammen. Bitte sehr, ihr könnt euch die Liste abschreiben. Alles klar?“

„Alles klar. Nur eins hast du vergessen …“ Bille schnitt eine Grimasse und hob mahnend den Finger, „die Schulbücher! Damit wir in den Ferien fleißig lernen können!“, kicherte sie.

Das kann ja heiter werden!

Das Gestüt Buchenfeld lag oberhalb eines Tals an einem Hang, von dem aus man einen herrlichen Blick weit über das Land hatte. Die Abendsonne spiegelte sich in den Fenstern, als Onkel Pauls Auto mit dem Anhänger, in dem Zottel und Sternchen reisten, durch ein mächtiges Tor auf den Hof einbog. Hinter ihm folgte der Transporter mit den Pferden der drei Henrich-Brüder. Daniel saß vorn neben seinem Vater auf dem Beifahrersitz, Simon und Florian hatten es sich hinten bei den Pferden bequem gemacht.

Links und rechts von der Toreinfahrt erstreckten sich gepflegte Stallgebäude bis an das Gutshaus, das die Stirnseite des Hofes ausfüllte. Eine riesige Eiche stand wie ein Denkmal in der Mitte des Hofes. Nicht weit davon gab es eine Tränke, die aus alten Mühlrädern gebaut war. Dutzende von Geranientöpfen schmückten die Fensterbretter. Auf dem offenen Heuboden dösten ein paar Katzen in der Abendsonne.

Bille sprang aus dem Wagen und reckte sich.

„Geschafft! Bin ich froh …"

„Oh, ist das schön hier!" Mutsch war ebenfalls ausgestiegen und sah sich um. „Richtig idyllisch!"

Im Stall neben ihnen klapperten Tränkeimer. Dann erschien ein schmalgesichtiges Mädchen in der Tür. Ihre rotblonden Haare kringelten sich zu widerspenstigen Locken um die Stirn, ihre Augen hatten die Farbe der Ostsee bei Sturm, ein dunkles Blaugrün, und auf der Nase tummelte sich eine beträchtliche Anzahl von Sommersprossen.

„Oh, da seid ihr ja!"

Das Mädchen wischte die Hände an ihren in allen Farben schillernden Jeans ab und lief auf sie zu. Sie begrüßte Mutsch und Onkel Paul mit einem kräftigen Händedruck. Nachdem sie auch Herrn Henrich begrüßt hatte, schüttelte sie Bille, Bettina und den drei Jungen die Hand.

„Ich bin Joy", sagte sie. „Meine Eltern mussten heute in die Stadt, sie werden sicher jeden Augenblick zurück sein. Darf ich Sie inzwischen ins Haus führen?"

„Ja, ich weiß nicht", Mutsch schaute fragend auf Onkel Paul, „wir wollen heute noch weiterfahren …"

„Aber einen Tee darf ich Ihnen doch sicher anbieten. Oder vielleicht ein Glas Wein?"

Bille sah Mutsch an, wie sie im Stillen Vergleiche zwischen dieser wohlerzogenen jungen Dame und ihrer eigenen Tochter anstellte.

„Wir werden dann erst mal eure Pferde ausladen, okay?", wandte sich Joy an die beiden Mädchen. „Wartet, ich bin gleich wieder zurück! Bitte kommen Sie mit …"

Joy ging den drei Erwachsenen voraus zum Haus hinüber. Daniel starrte ihr nach, als wäre eben vor seinen Augen ein Ufo gelandet, um sofort wieder in den Himmel zu entschweben.

„Mach den Mund zu, alter Junge! Sonst verschluckst du noch 'ne Mücke!"

Simon knuffte den Bruder freundschaftlich in die Seite.

„Hast du die gesehn", sagte Daniel rau, und in seinem Hals gaben gleich ein halbes Dutzend Frösche ein Konzert.

„Hm. Scheint ein super Mädchen zu sein. Nun komm, hilf uns, die Pferde auszuladen."

Als Joy aus dem Haus kam, standen Asterix, Pünktchen, Bongo, Sternchen und Zottel schon auf dem Hof an der Tränke und löschten ihren Durst. Joy betrachtete einen nach dem anderen fachmännisch.

„Lasst mich raten, welches Pferd wem von euch gehört …" Sie legte den Kopf schief und betrachtete Asterix, dann sah sie zu Daniel empor. Dessen Gesicht bekam die Farbe einer knallroten Tomate.

„Der Schimmel gehört dir, nicht wahr?"

Daniel nickte stumm.

„Und dir …", Joy sah Simon an, „dir gehört die Fuchsstute, richtig?"

„Stimmt genau."

„Das andere ist leicht. Dir …", sie zeigte auf Bettina, „gehört der Rappe. Und dir …", sie tippte Bille an, „gehört bestimmt die Haflingerstute. Und der da ist deiner!" Sie zeigte erst auf Zottel, dann auf Florian.

„Falsch!" Bille lachte. „Aber bevor wir dir verraten, wem welches Pferd gehört, sag du uns, wieso du darauf gekommen bist, Bongo müsse Bettina und Sternchen mir gehören?"

„Keine Ahnung. Vielleicht wegen der Haarfarbe – dem schwarzen Mädchen der Rappe, dem Mädchen mit der haflingerblonden Mähne die Haflingerstute …"

„Und dem Jungen mit dem dicksten Bauch das dickste Pony", vollendete Simon den Satz.

In das allgemeine Gelächter hinein tönte kräftiges Hupen.

„Da kommen meine Eltern. Schnell, lasst uns die Pferde in den Stall bringen …"

„Warum?", fragte Daniel verblüfft. „Ich denke, dein Vater mag Pferde?"

„Das erkläre ich dir später."

Joy ergriff Asterix, der ihr am nächsten stand, und zog ihn zum Stall hinüber. Bille und Bettina folgten mit Zottel und Sternchen. Auf der kurvenreichen Zufahrtsstraße unterhalb des Gutshofes näherte sich ein Jeep.

Der Stall war hell und gepflegt. Die letzten fünf Boxen waren für die Gastpferde vorbereitet.

„Unsere Pferde sind noch draußen, Kurt und Baumann, unsere Pferdepfleger, holen sie gerade herein. Ein Teil bleibt auch nachts draußen – in den Sommerställen. Vater hat sie bauen lassen, weil unsere Weideplätze so weit vom Hof entfernt liegen", erklärte Joy.

„Und dort sind die Pferde ganz sich selbst überlassen?"

„Natürlich nicht, zwei Pferdepfleger betreuen sie abwechselnd. Und Vater fährt jeden Tag einmal hinüber."

„Also steht euer Stall den ganzen Sommer fast leer?", fragte Bille weiter.

„Das nun auch wieder nicht. Wir vermieten die Boxen an Privatpferdebesitzer, die hier Urlaub machen wollen. Wir haben sogar ein paar Gästezimmer über den Ställen – da werdet auch ihr heute übernachten. Ich zeige sie euch gleich. Aber die meisten Leute wohnen im Hotel unten im Dorf – dort ist es luxuriöser als bei uns. Außerdem werden manchmal auch Pferde zu uns geschickt, die sich hier erholen sollen."

„Das muss doch herrlich für dich sein – immer neue Pferde betreuen zu dürfen!"

„Normalerweise schon, aber ..." Joy brach ab. „Na kommt, ich zeige euch noch schnell mein Pferd, dann muss ich hinein."

Joy führte Bille und ihre Freunde durch einen Hintereingang aus dem Stall heraus und zu einer kleinen Koppel, die im Schatten einer ganzen Kolonie von Apfelbäumen lag. Am Gatter wartete eine zierliche Grauschimmelstute, deren Fell fast bläulich schimmerte.

„Wahnsinn!", platzte Daniel heraus. „Das ist ja eine Schönheit! Sie hat den hübschesten Kopf, den ich je bei einem Pferd gesehen habe!"

„Sie hat Araberblut", erklärte Joy stolz.

„Und wie heißt sie?", fragte Bille und trat näher an die Stute heran.

„Saphir. Passt das nicht gut zu ihr?"

„Fantastisch!" Bille streichelte Saphir zart über das Maul. „Wie alt ist sie?"

„Zwölf. Sie kam zur Erholung zu uns – in einem jämmerlichen Zustand. Ihr voriger Besitzer wollte um jeden Preis ein gutes Military-Pferd aus ihr machen. Aber sie war dem einfach nicht gewachsen. Da hat Vater sie für mich gekauft."

„Dein Vater muss ein toller Typ sein …"

„Hm …" Joy schnitt eine Grimasse. „Entschuldigt mich jetzt bitte, ich muss rein. Baumann und Kurt kommen gerade mit den Pferden zurück, sie werden euch alles zeigen."

Ehe Bille noch etwas fragen konnte, war Joy davongelaufen.

„Komisches Mädchen, warum hat sie es so eilig, von uns wegzukommen?", fragte Bettina kopfschüttelnd.

„Vielleicht hatte sie ein schlechtes Gewissen, dass sie sich nicht um Mutsch, Onkel Paul und euren Vater gekümmert hat und stattdessen bei uns war. Na kommt, füttern wir erst mal unsere müden Rösser."

Im Stall ging es inzwischen lebhaft zu, die Boxen hatten sich gefüllt, Pferdenasen tauchten tief in die mit Hafer gefüllten Krippen ein. Die Luft war erfüllt vom Geräusch der malmenden Mäuler und von fröhlichem Schnauben.

Bille sah sich nach dem Pferdepfleger um. Da vorn stand er, ein Mann wie ein Gartenzwerg ohne Zipfelmütze, mit einem braun gebrannten, zerfurchten Gesicht und lachenden Augen. Und neben ihm stand Zottel, die Nase tief in die Haferkiste vergraben.

„Ah, da seid ihr ja, 'n Abend, ich bin Baumann", begrüßte der kleine Mann die Gäste. Und zu Zottel gewandt fügte er mitleidig hinzu: „Armer Kerl, hat wohl lange nichts bekommen, scheint ganz ausgehungert zu sein …"

Bille wurde rot und zog ihren Liebling gewaltsam von der Kiste weg.

„Entschuldigen Sie bitte, aber er hat miserable Manieren! Er ist das gefräßigste Tier, das auf dem ganzen Erdboden herumläuft!"

Herr Baumann lachte vergnügt.

„Besser, als wenn sie so heikel sind. Ich hab übrigens euren Pferden schon was gegeben, war doch recht so?"

„Oh, herzlichen Dank! Aber das hätten wir doch auch selber tun können", sagte Bettina schnell. „Joy wollte uns nur erst ihr Pferd zeigen. Dürfen wir Ihnen helfen? Sagen Sie uns doch bitte, was wir tun können!"

„Nicht nötig, lasst nur. Kümmert ihr euch nur um euer Gepäck. Eure Quartiere sind hier über dem Stall, die Treppe findet ihr hinter der Tür links neben der Stalltür. Und zum Abendbrot möchtet ihr rübergehen ins Haus."

„Danke, Herr Baumann."

In der Stallgasse tauchte ein Jüngling auf, der an eine

überdimensionale Stecknadel erinnerte. Er war lang und dünn, und auf einem dürren Hals mit einem enormen Adamsapfel saß ein runder kleiner Kopf.

„Das ist Kurt", stellte Herr Baumann vor. „Kurt, du kannst den jungen Herrschaften helfen, den Transporter in die Scheune zu schieben. Der andere geht ja wohl morgen früh wieder zurück."

Bille und ihre Freunde folgten Kurt auf den Hof und begannen, das Gepäck auszuladen. Daniel und Simon griffen, so viel sie tragen konnten, und machten sich schwer beladen daran, die schmalen, ausgetretenen Stufen zu den Zimmern über dem Stall hinaufzusteigen. Von oben hörte man einen dumpfen Knall.

„Aha", sagte Kurt, „hab ich mir gedacht."

Drinnen fluchte Daniel fürchterlich.

„Was haben Sie sich gedacht, Kurt?", fragte Bettina, erschreckt von Daniels Tobsuchtsanfall.

„Er hat sich den Kopf gestoßen. Der Treppenaufgang ist so niedrig."

„Warum haben Sie ihn denn nicht gewarnt?"

„Ich wollte mal sehen, ob er's merkt. Die meisten merken's nicht."

„Ist ja nett!", murmelte Bille.

Vom Haus her kamen Mutsch und Onkel Paul in Begleitung einer Dame, die aussah wie Joy, nur ein wenig älter. Ihnen folgte Herr Henrich mit Joys Vater.

„Darf ich Ihnen meine Tochter vorstellen", sagte Mutsch und nahm Bille bei den Schultern. „Bille, das ist Frau Hoffmann."

Bille gab Frau Hoffmann die Hand. Dann stellte Herr Henrich Bettina und seine drei Söhne vor, und Hoffmanns schüttelten jedem die Hand. Bille kam sich vor wie bei einem Staatsempfang.

„Tja, wir werden uns dann verabschieden", sagte Mutsch, und das Händeschütteln begann von Neuem.

Mutsch umarmte Bille heftig und steckte ihr einen Zettel zu.

„Hier hast du noch mal unsere Telefonnummer. Hotel Alpenrose. Am besten, du rufst abends an. Vergiss es nicht, sonst sorge ich mich halb tot! Und das hier – fürs Telefonieren …", sie steckte Bille verschämt einen Geldschein in die Hand.

„Aber Mutsch – du hast mir doch schon genug Geld gegeben!"

„Psst! Steck es weg. Nimm's einfach als Reserve. Man kann ja nie wissen."

Mutsch gab ihr einen Kuss, dann wandte sie sich den anderen zu. Onkel Paul nahm Bille in die Arme und drückte sie heftig an sich.

„Pass gut auf dich auf! Und vergiss nicht anzurufen. Mutsch ängstigt sich sonst zu Tode. Hier – fürs Telefonieren, nur so zur Sicherheit, falls du nicht auskommst …"

Wieder knisterte ein Geldschein in Billes Hand.

„Aber Onkel Paul, ich …"

„Pssst! Mutsch braucht es nicht zu wissen. Steck es weg."

„Danke, Onkel Paul. Gute Reise! Und erholt euch gut!"

Mutsch und Onkel Paul stiegen ein, und der Wagen rollte zum Tor hinaus. Ein letztes Winken noch, dann waren sie verschwunden. Bille fühlte einen Kloß im Hals. Es war das erste Mal, dass sie für längere Zeit von Mutsch getrennt war. Ein komisches Gefühl – mit aller Gewalt schluckte sie die Beklemmung hinunter und wandte sich den anderen zu.

Erst jetzt sah sie, dass Daniel ein nasses Taschentuch auf seine Stirn presste. Er war offensichtlich bemüht, sich im Hintergrund zu halten und den Blicken der Anwesenden auszuweichen. Bille trat zu ihm.

„He, was ist los? Zeig her!"

Daniel stellte sich so, dass die anderen ihn nicht sehen konnten, und lüftete das Taschentuch mit dem Ausdruck tiefsten Weltschmerzes. Zum Vorschein kam eine pflaumengroße Beule.

„Das fängt ja gut an", stöhnte Bille. „Komm mit rauf, ich mach dir ein Pflaster drauf. Außerdem haben wir eine Salbe gegen so was, glaube ich."

Die Stübchen waren klein und einfach eingerichtet, kein Wunder, dass die meisten Reiter es vorzogen, im Hotel zu wohnen. Aber Bille fühlte sich sofort wohl in der niedrigen kleinen Kammer mit den rot-weiß karierten Vorhängen. Sie erinnerte sie an das Strohdachhaus, in dem sie noch im vorigen Jahr mit Mutsch gewohnt hatte, und sie bedauerte, nur eine Nacht hier verbringen zu können.

Daniels Beule wurde verarztet, dann ging es ins Gutshaus hinüber zum Abendbrot. In einer herrlich altmodischen Bauernküche war der Tisch gedeckt, ein großer runder Holztisch, bei dessen Umfang man sich unwillkürlich überlegte, wie er wohl hier hereingebracht worden war. Oder hatte man das Haus um den Tisch herum gebaut?

Es gab Bauerngeräuchertes, Würste aller Art, Käse und Tomaten, dazu selbst gebackenes Brot und selbst gepressten Traubensaft. Herrlich schmeckte es.

„Nun – in welche Richtung werdet ihr denn morgen davonreiten?", fragte Herr Hoffmann schließlich.

„Nach Westen …", sagte Simon und zog seinen Plan

heraus, den er ständig bei sich trug. „Wir haben uns auf der Herfahrt schon eine Wanderkarte besorgt – zusätzlich zu unserer großen Karte. Hier …" Simon breitete die Karte vor Herrn Hoffmann aus. „Wir wollen versuchen, in diesem Dorf Futter und Unterkunft für die Pferde zu finden. Wenn es nicht klappt, müssen wir weiter bis zum nächsten Ort, wo es einen Reitverein gibt. Also je nachdem – 28 oder 32 Kilometer werden wir reiten."

„Hm …" Herr Hoffmann nickte anerkennend. „Da habt ihr euch eine besonders hübsche Strecke herausgesucht. Auf den Spuren des Schinderhannes – ihr werdet staunen, wie einsam es hier oben in unseren Wäldern noch ist!"

„Hast du nicht Lust mitzukommen?", fragte Bille Joy, nachdem sie schon eine ganze Weile Daniels sehnsüchtige Blicke verfolgt hatte.

„Sie kann leider nicht, sie reist morgen Mittag ab ins Internat. Bei uns in Rheinland-Pfalz geht die Schule ja schon früher wieder los als bei euch im Norden", sagte Herr Hoffmann mit leichter Schärfe in der Stimme, bevor Joy den Mund aufmachen konnte. Und zu seiner Tochter gewandt fuhr er fort: „Hast du Saphir schon rübergebracht?"

„Nein, Vater."

„Dann tu es bitte morgen früh als Erstes."

„Ja, Vater."

„Wie lange bist du schon im Internat?", fragte Bettina.

„Erst ab morgen", sagte Joy düster. „Vorher ging ich hier in der Kreisstadt aufs Gymnasium."

„Freust du dich darauf?"

„Möchtest du noch Brot?", fragte Joy, um der Antwort zu entgehen.

„Nein, vielen Dank, ich kann wirklich nicht mehr."

Herr Hoffmann wandte sich wieder Herrn Henrich zu. Sie unterhielten sich über die Landwirtschaft, über Pferdezucht und Turniere und über Herrn Tiedjens Unfall. Schließlich verabschiedete sich Herr Henrich, um in sein Hotel im nächsten Ort zu fahren, von wo aus er am nächsten Tag in aller Frühe starten wollte.

„Und ihr solltet heute auch pünktlich zu Bett gehen", ermahnte er die Kinder. „Die Fahrt heute war anstrengend, und ihr wollt doch morgen ausgeruht sein."

„Um sieben Uhr gibt es Frühstück. Dann könnt ihr um acht Uhr auf dem Weg sein", sagte Frau Hoffmann. „Sicher wollt ihr vor eurer Safari noch mal eine heiße Dusche nehmen. Joy zeigt euch den Weg."

„Verstehst du dich nicht gut mit deinem Vater?", fragte Bille, als sie mit Joy über den Hof gingen.

„Normalerweise vertragen wir uns schon gut", antwortete Joy zögernd. „Nur im Augenblick haben wir Krach miteinander. Aber ich werd's ihm schon zeigen ..."

Mehr zu sagen war sie nicht bereit. Sie führte Bille und ihre Freunde zu dem kleinen Raum neben der Sattelkammer, in dem ihr Vater für die Reiter, die auf dem Hof zu Gast waren, eine Dusche hatte installieren lassen.

„Nicht sehr komfortabel, aber es kommt heißes Wasser raus, wenn man eine Weile wartet", erklärte sie. „Also, ihr reitet morgen bis Rattisweiler?"

„Oder bis Limmern, je nachdem."

„Hmhm."

„Hier, ich zeig dir die ganze Strecke, die wir uns vorgenommen haben." Simon zog eifrig die Karte heraus und hielt sie Joy vor die Nase. „Wir werden den ganzen Hunsrück in Schlangenlinien durchforschen."

Joy studierte eine ganze Weile die Karte.

„Das ist eine super Tour", sagte sie nur. „Also, dann gute Nacht. Schlaft gut."

„Ehrlich gesagt, werde ich nicht ganz schlau aus ihr", meinte Bille, als Joy im Dunkel verschwunden war.

„Ja, sehr redselig ist sie nicht gerade. Na kommt. Wer geht zuerst unter die Dusche?" Daniel sah sich um. „Florian, der Jüngste hat immer den Vortritt."

„Immer? Daran werde ich dich bei gegebenem Anlass noch erinnern."

„Ja, spätestens in der ersten Bäckerei, die für uns fünf nur noch vier Stück Kuchen hat", sagte Bettina lachend. „Nun geh schon!"

Sie schliefen traumlos und fest. Das Rauschen der Bäume begleitete ihren Schlaf, es wurde stärker und stärker.

„Ach du lieber Himmel! Na, das kann ja heiter werden!"

Bille rieb sich die Augen und blinzelte verschlafen zu Bettina hinüber, die aufrecht im Bett saß.

„Was ist los? Warum brüllst du hier so rum in aller Herrgottsfrühe?"

„Schau doch mal raus!"

Bille richtete sich auf. Verdammt! Was sie für das Rauschen der Bäume gehalten hatte, war Regen gewesen! Ein vorhangdichter Strippenregen rauschte vom Himmel!

„He, seid ihr wach? Habt ihr schon rausgeschaut?", rief Daniel durch die Tür.

„Wir sind gerade dabei, den Schock zu verdauen. Was machen wir nun?"

„Ganz klar!", kam Simons Stimme aus dem Hintergrund. „Wir reiten!"

Blinder Passagier an Bord

Natürlich hatte Simon recht. Zwar berieten sie noch eine Weile, ob es nicht besser wäre, den Start um einen Tag zu verschieben, aber wer garantierte, dass das Wetter am nächsten Tag besser war? Sollten sie von einem Tag auf den anderen auf Sonnenschein warten und darüber die ganze Zeit in Buchenfeld verbummeln?

Also ritten sie, in Regenjacken gehüllt, das Gepäck mit Plastikhüllen zugedeckt, los, wild entschlossen, sich die Laune durch kein noch so schlechtes Wetter verderben zu lassen.

Gleich hinter dem Hof legten sie einen Trab ein. Und als sie nach ein paar Minuten den Hochwald erreicht hatten und zwischen den Bäumen untertauchten, dampften Pferde und Reiter bereits, als kämen sie aus der Sauna.

Im Wald fiel der Regen nur spärlich. Wenn man nicht die Zweige streifte und damit einen kräftigen Tropfenregen über sich ergoss, spürte man die Nässe kaum.

„Wann machen wir eigentlich Mittagspause?", fragte Florian.

„Wieso, du hast doch gerade erst gefrühstückt?", fragte Bille zurück, die hinter ihm ritt.

„Und wie …", fügte Bettina hinzu.

„Ich meine nur so – man muss sich doch darüber mal Gedanken machen."

„Wenn es aufgehört hat zu regnen", sagte Daniel lakonisch.

„Und wenn es nicht aufhört?"

„Dann wirst du verhungern. Ist doch logisch, oder?" Daniel drehte sich grinsend zu seinem jüngsten Bruder um. „Joy hatte eigentlich recht: Du und Zottel – ihr wärt schon das richtige Gespann!"

Zottel gefiel der Ritt durch den Wald, das schlechte Wetter konnte ihm die gute Laune nicht verderben. Erstaunlicherweise schien er sich noch keine Gedanken über die nächste Mahlzeit zu machen. Bille hatte ihren Schlafsack hinter dem Sattel befestigt. Kleidung und Waschzeug steckten in den Satteltaschen, und auf dem Rücken trug sie einen leichten Rucksack, in dem sich der Aluminium-Kochtopf und etwas Proviant befand. Alles in allem war die Last nicht schwer und konnte Zottels Wohlgefühl kaum beeinträchtigen.

Ob Mutsch und Onkel Paul schon angekommen waren?, überlegte Bille. Ob sie von ihrem Hotelzimmer aus die Berge sahen? Was sie wohl jetzt gerade machten? Und ob es dort auch regnete? Es war ein eigenartiges Gefühl, hier mit den Freunden durch einen fremden Wald zu reiten – auf ein unbekanntes Ziel zu.

„Ich habe noch nie so viel Wald auf einem Haufen gesehn", sagte Bettina. „Ob es hier Wölfe gibt?"

„Nein, aber böse Räuber", spottete Simon. „Die nehmen dir dein Gold und dein Geschmeide ab – und das viele Geld, das du in den Taschen hast!"

„Bist du ganz sicher, dass wir auf dem richtigen Weg sind?"

„Klar. Wenn's dich beruhigt – ich habe sogar meinen Kompass mitgenommen."

„Vielleicht sollten wir Tagebuch führen", meldete sich Florian zu Wort. „Falls wir uns verirren und verhungern, findet man dann wenigstens unsere letzten Aufzeichnungen."

„Wir verhungern nicht", erklärte Daniel. „Nicht, solange wir Zottel schlachten und essen können!"

„He, du hast wohl lange keine Prügel gekriegt!", schrie Bille und trabte an. Als sie Daniel überholte, gab sie Asterix einen leichten Klaps auf die Kruppe.

Daniel setzte hinter ihr her, und die anderen folgten. In flottem Trab ging es einen leicht ansteigenden Hohlweg hinauf.

Atemlos hielten sie auf einer kleinen Lichtung. Zwei finster aussehende Männer waren dabei, Holz zusammenzutragen.

„Das sind Schinderhannes' Spießgesellen", flüsterte Daniel.

Ein Eichelhäher erhob sich krächzend aus einem Gesträuch dicht neben ihnen und verschwand im Wald.

„Kommt weiter!", drängte Bettina.

Der Weg stieg weiter bergan. Mischwald wurde von Tannen abgelöst. Dann – urplötzlich – standen sie auf einer Anhöhe, den Tannenwald wie eine dunkle hohe Mauer im Rücken. Vor ihnen lag das weite Land. Der Regen hatte nachgelassen, Felder und Wiesen dampften.

Weiter führte der Weg an der Anhöhe entlang, er war schmal und steinig, und die Pferde setzten vorsichtig einen Huf vor den anderen. Dann ging es von Neuem in den Wald hinein, aber diesmal war er lichter, erste schüchterne Sonnenstrahlen fielen auf den Weg.

Daniel schaute auf die Uhr.

„Bei der nächsten geeigneten Stelle machen wir Rast."

„Endlich", seufzte Florian und schob sich heimlich das fünfte Stück Schokolade in den Mund.

„Seht mal, da drüben! Wär das nicht was?" Bille zeigte auf einen Bach, der den Wald durchschnitt und an einer Stelle von einer kleinen Insel geteilt wurde. „Ich meine, wenn wir Feuer machen und uns etwas kochen wollen."

„Kochen? Bei der Nässe?", fragte Bettina zweifelnd.

„Eine warme Suppe wäre nicht schlecht. Und wir müssen uns ja im Feuermachen üben. Los, Leute, Abteilung abgesessen. Bettina und ich versorgen die Pferde, ihr anderen kümmert euch um das Essen."

Es war nicht leicht, auf dem feuchten Untergrund ein Feuer zu entfachen. Simon und Bille waren auf die kleine Insel hinübergesprungen und hatten eine Feuerstelle angelegt, indem sie einen Kreis von dem Durchmesser eines Autoreifens mit Steinen auslegten. Florian suchte inzwischen trockenes Holz.

„Die Zündwürfel – dort in der Schachtel!", kommandierte Simon. „Gib gleich zwei Stück her."

„Tatsächlich – es funktioniert!" Die drei Feuermacher starrten fasziniert auf ihr erstes selbst bereitetes Lagerfeuer.

„Brennen tut es. Aber ob die Hitze zum Kochen reicht?", meinte Bille zweifelnd. „Ich hol mal den Kochtopf."

„Was gibt's denn heute mehr oder weniger Gutes?", erkundigte sich Daniel.

„Mal sehen." Bille studierte die verschiedenen Suppentüten, die Mutsch ihr mitgegeben hatte. „Rindfleischsuppe mit Gemüse. Die braucht die kürzeste Kochzeit."

Mit dem Kochtopf und der Tüte bewaffnet, in der Hosentasche den Löffel zum Umrühren, kehrte sie zum Feuer zurück.

„Kann mir einer von euch sagen, wie viel ein Liter ist?"

„Tausend Gramm."

„Idiot – ich meine doch hier im Topf!"

„Zeig mal her – bis dahin, würde ich sagen. Steht das denn nicht drauf?"

„Leider nein. Na, probieren wir's eben aus."

Bille füllte den Topf bis zur Hälfte mit dem klaren Quellwasser.

„Pass auf, dass du keinen Frosch mitkochst!", rief Daniel.

Bille schaute in den Topf.

„Keiner drin", sagte sie, „und die alte Schuhsohle macht dir doch sicher nichts aus?"

Es dauerte lange, bis das Wasser sich entschloss zu brodeln, auch wenn Florian und Simon noch so eifrig dürres Holz ins Feuer schoben. In der Zwischenzeit steckten sie Brotscheiben an lange Stöcke und rösteten sie. Und schließlich war es so weit, dass Bille den Inhalt der Tüte in das siedende Wasser schütten konnte. Es wallte auf, und ein köstlicher Duft nach Fleischbrühe und Gemüse breitete sich aus.

„Acht Minuten – dann muss die Suppe fertig sein. Holt schon mal eure Teller. Zum Nachtisch gibt es für jeden einen Apfel."

Bille tauchte ihren Löffel in die Brühe und kostete.

„Bisschen dünn schmeckt's, war wohl doch zu viel Wasser."

Nun probierte auch Simon.

„Macht nichts, das gleichen wir mit Salz wieder aus."

Schwungvoll schüttete er Salz aus der Tüte in den Topf.

„Bist du verrückt? Das ist doch viel zu viel!"

„Dann verdünnen wir das Ganze eben noch mal." Simon

kostete, verzog das Gesicht und holte schweigend einen Becher voll Wasser. „Jetzt noch ein bisschen Maggi rein, dann stimmt die Sache."

„Am besten, ihr taucht das Brot in die Suppe", empfahl Bille, „so entwickelt sich ihr Aroma am besten."

„Wie heißt das köstliche Gericht?", fragte Bettina.

„Schinderhannes' Montagssuppe, würde ich vorschlagen", meinte Florian.

„Aber nicht doch! Das ist eine ganz typische – eine ganz echte …", Daniel legte den Kopf in den Nacken, schloss die Augen und bewegte die Lippen wie eine trinkende Henne, „… eine ganz vorzügliche Totengräber-Aschermittwochssuppe."

Bettina nahm noch einen Löffel voll und schmeckte.

„Hm – die Asche schmecke ich auch, aber Mittwoch hättet ihr etwas mehr reintun können."

„Also, das finde ich nun wieder nicht, die Suppe schmeckt doch nach nichts anderem als nach Mittwoch!", schoss Simon zurück. „Es ist gerade noch erträglich …"

„Morgen kochen Daniel und Bettina", erklärte Bille energisch. „Mal sehen, was es dann zu essen gibt!"

Am Himmel zogen sich wieder dunkle Wolken zusammen. So beschlossen sie, gleich weiterzureiten. Die Jungen löschten sorgfältig das Feuer, die Mädchen säuberten das Geschirr und verpackten die Reste des Proviants.

Von nun an führte der Weg sanft bergab. Sie ritten an zwei Dörfern vorbei und legten in einem dritten eine kurze Rast ein, um sich Schokolade und ein Stück Kuchen zu kaufen.

Kinder folgten ihnen bis zum Ortsende und bestaunten sie, als hätten sie noch nie in ihrem Leben einen Menschen zu Pferde gesehen.

Gegen Abend setzte ein leichter Nieselregen ein, und sie waren heilfroh, als sie das Dorf Rattisweiler erreicht hatten.

„Und was nun?", fragte Bettina.

„Wir werden in den nächstbesten Laden marschieren und fragen, bei welchem Bauern man Quartier für die Pferde bekommen kann."

Das war allerdings leichter gesagt als getan. Denn von einem Laden war weit und breit keine Spur zu entdecken, und es begegnete ihnen auch auf der Straße niemand, den sie hätten fragen können. „Da!", rief Daniel plötzlich triumphierend, sprang aus dem Sattel und steuerte auf ein Haus zu, neben dessen Tür ein kleines Schaufenster mit Textilien und Geschenkartikeln zu sehen war. Die anderen beobachteten, wie er drinnen mit einer schwarz gekleideten jüngeren Frau verhandelte. Nach einer Weile erschien er wieder.

„Die Frau hat uns angeboten, mit den Pferden in ihrer Scheune zu übernachten. Das hat den Vorteil, dass es uns nichts kosten wird. Die Scheune ist trocken und warm, Futter können wir vom Nachbarn bekommen, und waschen dürfen wir uns in ihrer Waschküche. Was haltet ihr davon?"

„Trocken und warm? Nichts wie hin!", sagte Bille und zog Zottel in den Hof.

Die Frau kam aus dem Laden, sie sah mager und verhärmt aus, und hinter ihrem Rock schaute ein rotznasiges kleines Mädchen hervor.

„'n Abend ...", sagte sie, es klang wie eine Frage.

Bille und die anderen gaben ihr die Hand und bedankten sich für das freundliche Angebot. Dann folgten sie ihr in die Scheune. Sie war nicht groß, bot aber ausreichend Platz für die Pferde und Stroh genug für eine weiche Einstreu. Eine Leiter führte zum Heuboden hinauf, dort konnten sie schlafen. An einem Haken an der Wand hingen Schnüre, mit denen früher Strohballen zusammengebunden gewesen waren. Aus ihnen konnten sie sich wunderbar eine Wäscheleine basteln, um die nassen Sachen aufzuhängen.

„Wir haben den Hof erst vor Kurzem aufgegeben", erklärte die Frau. „Als der Opa starb. Er hätte es nicht verstanden. Aber mein Mann arbeitet in der Stadt – und ich hab den Laden. Wer soll sich um das Vieh und die Felder kümmern? Nehmt euch nur, was ihr braucht. Hafer kriegt ihr beim Nachbarn, der hat zwei Pferde in Pension."

„Haben Sie gar keine Tiere mehr auf dem Hof?", erkundigte sich Bettina.

„Eine Kuh, zwei Schweine und ein paar Hühner. Und dann den großen Garten – das reicht."

„Das glaube ich Ihnen gern. Können wir Ihnen vielleicht etwas von Ihrer Milch abkaufen? Dann könnten wir uns einen heißen Kakao machen, wenn Sie es erlauben."

„Warum nicht? Kann einer von euch melken?", fragte die Frau lächelnd. „Ich meine, richtig ausmelken?"

„Ich!", antworteten Daniel, Simon, Florian und Bille im Chor. Und Bille fügte hinzu: „Wir kommen nämlich auch vom Land, wissen Sie."

„Sehr gut, dann kriegt ihr die Milch auch umsonst. Und eine Pfanne Bratkartoffeln dazu."

„Und Spiegeleier, wenn wir die Kuh und die Schweine füttern und den Stall ausmisten", sagte Simon schnell.

Jetzt lachte die Frau zum ersten Mal richtig.

„Abgemacht."

Die Frau kehrte zurück in ihren Laden, und Daniel teilte die Arbeit ein. Simon und Florian übernahmen den Kuhstall, Bettina wurde zum Haferholen geschickt, und Bille und

Daniel versorgten die Pferde. Sie wurden zunächst einmal tüchtig trocken gerubbelt, dann bereitete Bille ihnen ein weiches Lager aus dem reichlich vorhandenen Stroh. Und da es keine Krippen gab, suchten Bettina und Daniel auf dem Hof nach alten Schüsseln und Eimern, in die sie den Hafer schütten konnten.

Die Pferde fanden sich ohne Weiteres mit der fremden Umgebung ab. Nur Asterix schien hochmütig die Nase zu rümpfen, als Daniel ihm sein Futter in einer eingedellten Waschschüssel servierte. Aber dann siegte auch bei ihm der Hunger über die vornehme Zurückhaltung.

Im Dorf hatte es sich schnell herumgesprochen, dass fünf junge Reiter bei der Kurzwarenhändlerin Nachtquartier genommen hatten. Und so drängte sich im Hof bald eine ganze Schar von neugierigen Kindern, die die Pferde und ihre Reiter sehen wollten.

„Wenn ich nicht so müde wäre, würde ich noch ein Ponyreiten auf dem Dorfplatz veranstalten", sagte Bille und gähnte herzhaft. „Aber für heute habe ich genug."

„Und die Pferde auch", fügte Bettina hinzu.

Simon kam aus dem Kuhstall, in der Hand einen Eimer mit schäumender frischer Milch, den er hinüber ins Haus trug. Florian schob einen Karren Mist zum Misthaufen.

„So sauber war der Kuhstall schon lange nicht mehr!", erklärte er stolz. „Das sollte Vati mal sehen!"

„Zu Hause drückt er sich sogar davor, Bongos Box sauber zu machen", sagte Daniel grinsend. „Kannste mal sehn, wie Reisen bildet!"

Wenig später wurden sie in die Küche gerufen, wo eine Pfanne herrlich nach Speck und Zwiebeln duftender Bratkartoffeln auf sie wartete, verziert mit einem Dutzend

Spiegeleier. Bille kochte Kakao, und die Frau bot ihnen ein Glas Landwein an. Das kleine Mädchen erbte dafür Florians letzte Schokolade.

Es wurde spät – und als sie endlich zur Scheune hinübergingen, beschlossen sie einstimmig, Waschen und Zähneputzen ausnahmsweise auf den nächsten Tag zu verschieben und gleich in ihre Schlafsäcke zu kriechen.

Schon im Einschlafen murmelte Bettina: „Weißt du, warum ich Wein getrunken habe? Damit ich die Mäuse nicht bemerke! Ich mag eigentlich gar keinen Wein."

„Wenn du die weißen Mäuschen meinst, die ich sehe, dann hättest du lieber keinen Wein trinken sollen", sagte Simon gähnend.

„Ich meine die grauen Mäuschen, die scharenweise über uns hinwegklettern werden, während wir schlafen."

„Na, wenn schon", sagte Bille und schlief ein.

Keiner von ihnen hörte das geheimnisvolle Rascheln und Trappeln gegen Mitternacht. Auch dass etwas schwer neben ihnen ins Stroh plumpste und seufzte, merkte niemand.

Simon erwachte als Erster und blinzelte in das fahle Morgenlicht, das durch die Ritzen des Scheunentors drang.

„Ich glaube, ich sehe immer noch doppelt", murmelte er dumpf. „He, Daniel! Steht da ein Schimmel oder sind es zwei?"

„Hör doch mit dem Quatsch auf, ich bin noch müde!"

„Nein, sag doch mal – spinne ich? Wir haben doch nur einen Schimmel, oder?"

„Zwei …", kam eine zaghafte Stimme aus dem Heu.

„Hä?" Simon richtete sich auf und sah sich um. Dann begann er abzuzählen. Kopfschüttelnd unterbrach er sich und begann noch einmal von vorn.

„Das gibt's doch nicht!", sagte er schließlich laut. „Eins, zwei, drei – vier, fünf, sechs! Wir waren doch fünf! Und sechs Pferde – wo kommt das sechste Pferd her?"

„Herrgott noch mal ..." Daniel fuhr hoch und wollte sich auf Simon stürzen. Mitten in der Bewegung erstarrte er plötzlich, sein Blick wanderte an Simon vorbei und bekam den verzückten Ausdruck eines Eis lutschenden Mondkalbs. „Oh ...", sagte er.

Jetzt rappelten sich auch die anderen auf.

„Joy! Was machst du denn hier?", fragte Bille erstaunt. „Wie bist du hier reingekommen? Wie hast du uns gefunden?"

„Ihr seid doch nicht böse?", fragte Joy ängstlich zurück. „Ich bin abgehauen."

„Du bist was?" Jetzt wurde sogar Florian hellwach.

Joy druckste verlegen herum. „Ihr wisst doch, dass ich ins Internat sollte. Es war als Strafe gedacht, wegen meiner schlechten Schulnoten – weil ich mich immer nur um die Pferde gekümmert hab und sonst gar nichts. Ich will aber nicht ins Internat!"

„Ja und? Was nützt dir das Abhauen, wenn sie dich in ein paar Stunden wieder gefunden haben?", fragte Bille.

„Sie werden mich nicht suchen."

„Klar werden sie dich suchen!"

„Nein. Ich habe meine Stute angeblich zu einer Freundin gebracht, die sie während meiner Internatszeit reiten soll. Das war so abgemacht. Und meine Freundin verrät mich bestimmt nicht. Und ans Internat habe ich ein Telegramm geschickt: ‚Wegen plötzlicher Erkrankung an Scharlach Kommen meiner Tochter verzögert. Gruß, Hoffmann.' Ich bin ganz normal mit dem Zug weggefahren, dann bin ich an der nächsten Station wieder ausgestiegen, hab Saphir an dem verabredeten Treffpunkt von meiner Freundin in Empfang genommen und bin euch nachgeritten. Gegen Mitternacht war ich da – ich hab im Gasthof nach euch gefragt –, na ja, und so bin ich hergekommen."

„Ganz schön raffiniert." Daniel kratzte sich nachdenklich den Kopf. „Aber was wird, wenn unser Ritt zu Ende ist und wir auf den Hof deines Vaters zurückkommen?"

„Darüber muss ich noch nachdenken. Ich wollte erst mal einfach nur weg!"

„Na gut, denken wir zunächst mal an das Frühstück für uns und unsere Pferde. Alles andere wird sich finden."

Auf dem Campingplatz spukt es

Joy war eine ausgezeichnete Reiterin, und sie liebte und pflegte ihr Pferd mit der gleichen Hingabe wie Bille und ihre Freunde. Aber sie besaß noch weitere Vorzüge. Mochten ihre Schulnoten auch miserabel sein, auf einem Wanderritt war sie Gold wert. Ihre Fähigkeiten, im Freien zu kochen, ein Feuer in Gang zu bringen, zu basteln und zu improvisieren, hätten jeden Pfadfinder vor Neid erblassen lassen. Außerdem kannte sie die Gegend, fand die interessantesten Strecken heraus, zeigte den Freunden Höhlen, Burgruinen und alles, was es an Sehenswürdigkeiten sonst gab. Sie kannte die schönsten Badestellen an Seen und Flüssen und wusste leer stehende Hütten und Scheunen, in denen sie Unterschlupf fanden. Mit Joy an der Seite wurde das Unternehmen zu einem echten Abenteuer.

Natürlich verzichteten sie darauf, mit Reitvereinen in Kontakt zu kommen. Denn allzu leicht hätte jemand Joy erkennen können. Zum Einkaufen in die Dörfer ritt immer nur eine kleine Abordnung, meistens Bille in Begleitung eines Jungen, da sie – wie versprochen – jeden zweiten Tag bei Mutsch und Onkel Paul im Hotel anrief.

„Wenn wir heute Abend ein schönes Quartier gefunden haben, machen wir uns einen Spießbraten", erklärte Joy. „Ich schreibe euch genau auf, was wir dazu brauchen."

„Und wo nehmen wir den Spieß her?", fragte Simon.

„Da fällt mir schon was ein."

Das war Joys Lieblingssatz, und ihr fiel tatsächlich immer was ein. Daniel wich ihr nicht von der Seite, er spielte den erwachsenen Beschützer und warf ihr hin und wieder tiefe Blicke zu, die sie nicht zu bemerken schien. Sie behandelte alle mit der gleichen freundlich-unkomplizierten Art.

Bille und Florian ritten ins Dorf und kamen kurz darauf mit den bestellten Waren wieder. Der Einkauf wurde auf alle Reiter verteilt, dann machten sie sich auf den Weg.

Es wurde ein anstrengender Ritt durch den Hochwald, und alle waren froh, als das Ziel des Tages, ein kleiner See zwischen grünen Hügeln, endlich unter ihnen lag.

„Schaut euch das an! Ein Campingplatz!", sagte Joy empört. „Denen ist aber auch nichts heilig. Aus ist es mit der Ruhe! Na ja – ich glaube, ich weiß einen Platz, wo wir ungestört sind."

Ein paar Hundert Meter von dem Campingplatz entfernt gab es eine stille kleine Bucht, die von dichtem Gesträuch gesäumt war. Ein steiler Pfad führte zum Wasser hinunter.

Oberhalb, auf einer Wiese, gab es einen Heuschober, der sich als ideales Nachtquartier anbot.

„Daniel und Simon, ihr solltet dem Besitzer Bescheid sagen, dass wir hier übernachten. Er ist selbst Reiter, wir kennen ihn von Turnieren, er hat sicher nichts dagegen", erklärte Joy. „Kommt, ich zeige euch den Weg."

Bille, Bettina und Florian sattelten ihre Pferde ab und führten sie zum See hinunter. Er war klar und nicht tief, ideal, um mit den Pferden hineinzureiten. Zottel, Bongo und Sternchen waren kaum im Wasser, als auch schon eine Schar von Campingplatz-Bewohnern auftauchte. Auf bunten

Luftmatratzen, in Paddel- oder Ruderbooten umringten sie schreiend und lachend die Reiter und ihre Pferde.

„Joy hatte recht", stöhnte Bille, „mit der schönen Ruhe ist es aus. Ich bin froh, wenn wir wieder in den Wäldern untertauchen können."

Bongo und Sternchen schnaubten ärgerlich über die Störung, nur Zottel, der seit seinen Zirkustagen jede Art von Publikum liebte, war vollauf zufrieden. Er quiekte fröhlich, wenn die Kinder versuchten, ihn nass zu spritzen, und schlug mit den Vorderbeinen ins Wasser, als wolle er mitspielen und zurückspritzen.

„Lass uns lieber rausgehen", drängte Bettina.

Aber das war leichter gesagt als getan. Zottel hatte nicht die Absicht, sein Bad bereits zu beenden. Ein dicker semmelblonder Junge und sein noch dickerer und ebenso blonder Vater in einem roten Gummiboot umkreisten Zottel neugierig. Der Sohn schlug begeistert mit dem Paddel ins Wasser, während der Vater sich bemühte, die Szene mit einer Videokamera festzuhalten. Das Paddel näherte sich bedrohlich Zottels Nase und sauste dicht davor ins Wasser.

„Sie sollten Ihrem Sohn das verbieten", rief Bille, „ich kann für nichts garantieren!"

Der Mann schaute unter seinem Sonnenhut hervor und grinste. Dann verschwand er wieder hinter seiner Kamera.

„Noch mal, Klausi", rief er, „dichter ran an das Pony!"

Klausi schlug ins Wasser. Zottel wieherte fröhlich und schüttelte sich.

„Jetzt reicht's aber", rief Bille beunruhigt.

Der Mann hob die surrende Kamera erneut ans Auge und kroch, so weit es das schwankende Boot zuließ, auf den Knien näher.

„Mann, is det 'n Motiv!", ächzte er glücklich. „Noch mal, Klausi."

Jubelnd hob Klausi das Paddel hoch und schlug zu. Er streifte Zottels Nase nur leicht, aber es genügte. Zottel stellte sich empört auf die Hinterbeine, dann fiel er wieder auf die Vorderbeine zurück, wobei sein rechter Huf am Rand des Gummiboots hängen blieb und den Schlauch bis auf den Grund bohrte. Pfffft machte es, und Vater und Sohn nebst Sonnenhut und Kamera verschwanden in den Fluten. Die Umstehenden brüllten vor Lachen.

„Ich habe Sie gewarnt!", sagte Bille kühl, als die beiden wieder auftauchten, und ritt auf ihrem Liebling ans Ufer. Hinter ihr tauchte der dicke Mann jammernd und fluchend nach seiner Kamera.

„Was war denn da eben los?", fragte Joy, die bereits Feuer gemacht hatte.

„Zottel hat ein Boot zum Kentern gebracht."

„Ach, du dicker Vater!"

„Du hast den Nagel auf den Kopf getroffen."

Bettina und Florian bauten nach Joys Anweisungen eine Vorrichtung, auf der man einen Spieß drehen konnte. Den Spieß selbst stellte Joy aus mehreren Stücken Draht her, die sie zu einem festen Strang zusammendrehte. Es dauerte nicht lange und der Braten brutzelte über dem Feuer. Florian und Bettina bewegten ihn langsam um seine Achse, während Bille und Joy einen Salat aus Tomaten, Gurken und Zwiebeln mischten, die Daniel und Simon von ihrem Erkundungsgang mitgebracht hatten.

Es war ein wundervoll milder Sommerabend, und sie saßen lange um das Feuer, aßen, tranken, sangen und erzählten sich Reitergeschichten. Später, als es still geworden war rundum, schwammen sie noch einmal hinaus. Der Mond spiegelte sich im Wasser, und Bille dachte: So könnte es ewig weitergehen! Unterwegs sein, durch die ganze Welt wandern mit den Pferden, mit den Freunden – ich wünschte, ich wäre Zigeuner!

„Was haltet ihr davon, wenn wir nicht in der Scheune, sondern hier neben dem Feuer im Freien schlafen?", fragte Joy. „Es ist so mild und warm heute Nacht …"

„Das ist die beste Idee des Tages!", sagte Bille begeistert. „Ich möchte auf dem Rücken liegen und die Sterne und den Mond anschauen, bis sie untergegangen sind …"

„Ich auch."

„Genau das habe ich eben beim Schwimmen auch gedacht."

„Genau."

Natürlich gelang es keinem von ihnen, länger als zehn Minuten andachtsvoll in die Sterne zu schauen. Einem nach dem anderen fielen die Augen zu, und bald war nur noch tiefes Atmen und leises Schnarchen zu hören. Und so bemerkte auch keiner, dass Zottel es schaffte, Billes Spezialknoten zu lösen, und sich auf einen kleinen Spaziergang begab.

Zottel wäre nicht Zottel gewesen, wenn es ihn nicht wie magisch zu dem nahe gelegenen Zeltplatz gezogen hätte, auch wenn der vertraute Anblick der hohen Zirkuskuppel in der Mitte fehlte und er unter den vielfältigen Gerüchen den intensiven Raubtiergeruch vermisste.

Zottel verharrte einen Augenblick und schaute verträumt über die lange Reihe der Campinganhänger und die zahlreichen kleinen und großen Zeltdächer hinweg. Zweifellos musste es hier eine Fülle von Leckerbissen für ihn geben, er musste nur danach suchen.

Leise schritt er den Hauptweg hinunter und schnupperte. Dort! Hinter der offen stehenden Tür des Wohnwagens! Zottel trat näher und steckte seinen Kopf durch den Türspalt. Unter dem Tisch stand ein Korb mit Obst. Und daneben eine Einkaufstasche, aus der es nach Brot und Kuchen duftete. Zottel zog zuerst mit den Zähnen den Korb zu sich heran, langsam rutschte er über die Schwelle, kippte, und Äpfel und Birnen kullerten ihm vor die Hufe. Die waren ihm sicher. Jetzt die Tasche! Zottel packte den vorderen Henkel, hob die Tasche ein wenig an und ließ sie vor sich auf den Boden fallen. Es klirrte. Zottel schob Papiertüten und die Scherben des Saure-Gurken-Glases vorsichtig auseinander und forschte nach dem Kuchen. Das musste er sein – auch wenn er jetzt intensiv nach der sauren Gurkenbrühe schmeckte. Zottel schüttelte sich ärgerlich. Zum Trost verzehrte er die Äpfel und Birnen, schob die Tasche noch ein paarmal mit den Hufen im Sand hin und her, um zu sehen, ob sie noch irgendetwas Genießbares enthielt, und marschierte weiter.

An die Wohnwagen war schwer heranzukommen, also hielt er sich lieber an die Zelte. Dort stand eins offen! Zottel trat leise an die Öffnung heran. Ein Mann mit einem fröhlichen Mopsgesicht lag auf dem Rücken und schnarchte, neben ihm träumte eine mollige Blondine mit einem dreifachen Kinn. Zottel befühlte mit seinem Maul das Gesicht des Mannes.

„Schnuckilein", grunzte der Mann und griff Zottel an die Nase.

Der fuhr erschrocken zur Seite und landete am Gesicht der Blonden. Die Mollige zuckte zusammen. Zur Beruhigung leckte Zottel ihr über den Hals und den Ausschnitt.

„Du bist mir vielleicht ein Schlimmer!", kicherte die Frau im Halbschlaf.

Da es ihr zu gefallen schien, leckte Zottel ihr auch die Schulter.

„Nicht doch, Egon, was soll das!", gurrte die Frau.

Zottel blies ihr ins Ohr. Die Frau drehte sich wohlig seufzend um und schlug die Augen auf. Über ihr blitzten zwei große schwarze Augen aus einem riesigen Kopf, der von einer wilden Mähne umgeben war.

„Huaaach!", kreischte die Frau.

Zottel stieg vor Entsetzen auf die Hinterbeine. Leider übersah er dabei, dass er sich mit dem Kopf unter dem Zeltdach befand. Das Überzelt wurde aus seiner Verankerung gerissen und legte sich dem wild um sich schlagenden, sich im Kreise drehenden Pony über den Rücken. Zottel floh voller Panik.

Wo war er hier hingeraten? Überall verfing er sich in Schnüren, hinter ihm sanken lautlos die Zelte in sich zusammen, Leinen mit Wäsche blieben an ihm hängen, flatterten ihm um die Ohren, Brust und Beine.

Rundum erhoben sich gellende Hilfeschreie.

„Ein Gespenst! Hast du gesehen? Ein grässliches Gespenst, ein riesiges Ungeheuer!"

„Ein Phantom! Ein fürchterliches Monster!"

„Einbrecher! Randalierer!"

„Polizei! Hilfe! Polizei!"

„Gott sei mir gnädig, ein Geist! Wahrhaftig, ein Geist!"

Es war ein ohrenbetäubender Lärm. Zottel raste voller Panik von einem Ende zum anderen und suchte den Ausgang.

„Willibald, bleib hier, verlass mich nicht!", wimmerte eine Frauenstimme.

„Verdammt noch mal, wo sind meine Hosen!", donnerte ein Bass.

„Licht! So mach doch einer Licht!", brüllte der Nächste.

„Karl, wir reisen sofort ab. Hier bleibe ich keine Stunde länger!", keifte jemand von der anderen Seite.

Zottel war beim Kiosk angelangt, er fegte um die Ecke, wobei er erst den Mülleimer, dann einen Stapel Bierkisten umstieß. Da! Dort war der Ausgang! Zottel beschleunigte seinen Galopp und schleuderte dabei ein Kofferradio zur Seite, das gehorsam zu plärren anfing. Saxophonklänge mischten sich in das Hilfe-Geschrei. Zottel, eine galoppierende Wolke aus wehenden Zeltbahnen und Kleidungsstücken, entschwand ins Dunkel der Nacht.

Eine Viertelstunde später fühlte Bille den heftigen Atem ihres Ponys auf dem Gesicht. Sie tastete im Halbschlaf nach seinem Kopf und bekam die Träger eines Büstenhalters zu fassen.

„He, was machst du mitten in der Nacht mit meinem Bikini?", fragte sie erstaunt. „Wieso läufst du überhaupt hier herum?"

Bille richtete sich auf und sah vor sich etwas, das an ein im Wind schwankendes Zelt erinnerte.

Hümhümhümhüm, machte Zottel leise, es klang sehr kläglich.

„Bettina! Joy! Wacht auf! Es ist etwas passiert!", flüsterte Bille.

Nach und nach erwachten die Freunde aus ihren Sommernachtsträumen. Simon knipste die Taschenlampe an, und nun sahen sie die ganze Bescherung. Stück für Stück entfernte Bille die ungewöhnliche Verkleidung vom Körper ihres Lieblings.

„Hä, hä – dreimal darfst du raten, wo er war!", kicherte Florian.

„Schaut mal, da unten! Auf dem Campingplatz ist der Teufel los!"

„Mach das Licht aus! Wir müssen uns erst mal überlegen, was wir tun", flüsterte Joy. „Am besten, zwei von uns gehen leise runter und versuchen rauszukriegen, was passiert ist."

„Okay, komm mit, Florian!"

Daniel stand auf und verschwand mit Florian in der Dunkelheit. Bille hatte Zottel seiner unfreiwilligen Kostümierung entledigt und streichelte ihm beruhigend den Hals. Es dauerte nicht lange und Daniel kam keuchend den Hügel hinauf.

„Sie reden alle von einem Gespenst, von einem Monster", erzählte er kichernd. „Florian ist unten geblieben, um die Sache weiterzuverfolgen und uns zu warnen, falls sie hier heraufkommen."

„Gut – das Wichtigste ist jetzt, dass wir die Klamotten loswerden", sagte Joy. „Aber wie?"

„Wie wär's denn, wenn wir uns eines von ihren Gummibooten – na, sagen wir: ausleihen – und die Sachen alle hineinpacken? Dann ziehen wir das Boot raus auf den See und verankern es dort", schlug Bettina vor.

„… mit einem Zettel drin: ‚Herzlichen Dank! Das Gespenst' – oder so was!"

„Hm, und den Zettel lassen wir Zottel schreiben", meinte Simon. „Wir tauchen seinen Huf in Heidelbeermarmelade und führen ihn über Packpapier."

„Mein armer Kleiner!" Bille hängte sich Zottel an den Hals. „Das ist ja wohl das dollste Ding, das du dir bisher geleistet hast! Aber mach dir nichts draus – ich mag dich trotzdem!"

Die Pferde sind verschwunden

Die Rückgabe der von Zottel entführten Kleidungsstücke klappte wie geplant. Aber die Freunde zogen es doch vor, ihr Quartier vor Morgengrauen zu verlassen und das Frühstück in einer ruhigeren Gegend einzunehmen. Denn sobald es hell würde, würden die Leute auf dem Campingplatz die Hufspuren entdecken und natürlich sofort darauf kommen, wer sich hinter dem nächtlichen Gespenst verbarg. In der ersten Dämmerung sattelten Bille und ihre Freunde die Pferde und packten Rucksäcke und Satteltaschen.

„Was haltet ihr von frischen Forellen zum Frühstück?", fragte Joy. „Wenn wir hier den Bach aufwärtsreiten, könnten wir uns welche fangen."

„Wenn ich sie nicht roh essen muss, habe ich nichts dagegen", sagte Florian. „Wie willst du sie fangen? Mit der Hand?"

„Ich denke gerade darüber nach."

„Und wenn du eine gefangen hast – wer soll sie töten? Auch du?"

„Na, einer von euch Jungen natürlich!"

„Ich nicht!", erklärte Simon sofort.

„Ich auch nicht", sagte Daniel. „Ich kann so was nicht. Wenn sie mich dann so treuherzig ansieht …"

„Also, ich würde auch lieber was anderes frühstücken", meinte Florian ausweichend.

„Na schön – war ja nur ein Vorschlag."

Durch die Baumwipfel schienen die ersten Sonnenstrahlen. Nebelfahnen schwebten über den Wiesen.

„Wie im Film! Nur dass in den Westernfilmen immer die Cowboys um ein Lagerfeuer stehen, heißen Kaffee trinken und Spiegeleier mit Speck essen", sagte Bille verträumt. „Habt ihr auch solchen Hunger?"

„Zügle deine niederen Triebe", erwiderte Daniel streng. „Beim nächsten Bauernhof werden wir nach Milch und Eiern fragen."

„So lange werde ich es wohl noch aushalten."

Eine ganze Weile ritten sie schweigend.

„Die Pferde haben bestimmt Hunger!", meldete sich Bettina zu Wort und machte ein mürrisches Gesicht.

„Nicht nur die Pferde", jammerte Florian.

„Nun habt doch noch ein bisschen Geduld!"

Aber als nach einer weiteren halben Stunde immer noch kein Gehöft zu sehen war, ließ sich Daniel endlich erweichen und gab nach.

„Also gut, hier ist eine gute Weidefläche für die Pferde. Schauen wir mal, was wir für uns noch zu essen dabeihaben."

Die Vorräte bestanden vor allem aus Tee, Marmelade, Kakao und Zucker. Dann gab es noch ein paar Tütensuppen, drei angetrocknete Brotscheiben, ein kleines Stück Hartwurst und ein paar Kekse. Eigentlich hatten sie am Morgen im Dorf einkaufen wollen. Das war durch ihren überstürzten Aufbruch leider nicht möglich gewesen.

„Na ja – ein heißer Tee ist doch schon mal was", meinte

Joy. „Das Brot und die Kekse teilen wir gerecht unter uns auf, und von der Wurst darf jeder einmal abbeißen."

„Wie wär's mit einer Erbsensuppe?", schlug Bille vor. „Ist zwar ein etwas ungewöhnliches Frühstück, aber es sättigt wenigstens. Die Wurst können wir hineinschneiden, dann schmeckt's besser."

„Okay, also sucht schnell ein bisschen Holz zusammen – da drüben in der Mulde können wir ohne Gefahr ein Feuer machen. Habt ihr eure Feldflaschen mit Wasser aufgefüllt?", fragte Joy drängend.

Bis das Feuer brannte und das Wasser langsam zu kochen begann, hatten die Pferde mit dem saftigen Gras in der geschützten kleinen Lichtung schon ihren ersten Hunger gestillt.

„Noch zwei, drei Minuten, dann kocht es", tröstete Bille die ungeduldigen Freunde.

„Was treibt ihr denn da? Was fällt euch ein, hier ein Feuer zu machen?", kam plötzlich eine scharfe Stimme von hinten. Am Waldrand stand ein hünenhafter Mann mit einem Gesicht wie eine Dogge.

„Entschuldigen Sie, aber das Feuer brennt doch in einer Sandmulde gleich neben dem Weg – es ist völlig ungefährlich", verteidigte sich Daniel.

„Das ist mir egal!" Der Mann kam drohend näher, über seiner Schulter hing eine Jagdflinte, die er mit einer Hand fest umklammert hielt. „Löscht sofort das Feuer und macht, dass ihr hier wegkommt!"

„O nein!", stöhnte Bettina und schaute betrübt in den Suppentopf, in dem das Wasser eben zu brodeln anfing.

„Hören Sie, dürfen wir nicht wenigstens schnell unsere Suppe kochen? Wir haben seit gestern Abend nichts gegessen, und es dauert nur noch fünf Minuten, dann ist sie fertig!", bat Bille.

„Bist du taub auf den Ohren? Nehmt eure Gäule und haut ab! Nun – wird's bald?"

Der Mann nahm seine Flinte von der Schulter und hielt sie drohend in den Händen.

„Kommt – wozu sich herumstreiten", flüsterte Simon. „Es führt doch zu nichts."

Bille goss das Wasser über die Flammen, und Florian schüttete die Feuerstelle sorgfältig mit Sand zu, während die anderen Teller und Lebensmittel zusammenpackten und in den Rucksäcken verstauten. Bettina wollte jedem eine halbe Scheibe Brot in die Hand drücken, aber nicht einmal das ließ der Mann zu.

„Seid ihr noch nicht weg? Ich glaube, ich muss noch deutlicher werden!"

„Nein, danke, Sie sind wirklich deutlich genug!", sagte Joy bitter.

Sie wollte noch etwas hinzufügen, besann sich dann aber. Der Mann hätte es fertiggebracht und einen Warnschuss abgegeben, um die Pferde verrückt zu machen – dieses Risiko wollte sie auf keinen Fall eingehen.

Hastig sattelten sie die Pferde wieder, stiegen auf und ritten davon.

„So ein Scheiß!", knurrte Simon, als sie außer Sichtweite waren. Dann zog er seine Landkarte aus der Tasche und studierte die Strecke. „Freunde, schöpft Hoffnung!", sagte er plötzlich. „Wenn wir von unserer Strecke abweichen und rechts hinüberreiten, kommen wir an ein Waldgasthaus, das hier als Ausflugsort eingezeichnet ist. Was haltet ihr davon?"

„Das fragst du noch? Nichts wie hin!", ächzte Daniel erleichtert. „Ich brauche jetzt wirklich was Kräftiges in den Magen, sonst breche ich zusammen!"

Joy trieb Saphir an und trabte zu Simon vor. Sie sah auf den Plan.

„O ja, das kenne ich, da kann man super essen! Sie machen die größten Wiener Schnitzel, die ihr euch vorstellen könnt – und Apfelkuchen! Ein Traum!"

„Hör auf, das halt ich nicht aus", stöhnte Bille.

„Also – rechts schwenkt marsch!", kommandierte Simon und trabte an. „Da ist schon ein Hinweisschild …"

Plötzlich waren sie alle wieder guter Laune. Sie lachten über den doggenhaften Wildhüter mit seiner Flinte und beglückwünschten sich, dass sie dank seines Auftritts statt Erbsensuppe nun riesige Schnitzel frühstücken würden.

„Na, sieht das nicht fantastisch aus!", rief Bettina, als das Waldgasthaus durch die Bäume schimmerte. „Richtig romantisch!"

„Ein bisschen ruhig, wahrscheinlich sind wir die ersten Gäste", meinte Joy.

„Umso schneller werden wir bedient", sagte Florian. „Ich werde die ganze Karte rauf und runter essen!"

Sie sprangen ab und banden die Pferde auf dem Parkplatz an einen Baum.

Im Laufschritt ging es zur Tür. Florian erreichte sie als Erster und drückte auf die Klinke.

„Noch geschlossen? Wie spät ist es denn?"

„Elf …"

„Klopf doch mal!", riet Simon.

„He – habt ihr keine Augen im Kopf! Seht euch doch mal das Schild an!" Bille versagte fast die Stimme.

„Dienstag Ruhetag. Das darf doch nicht wahr sein", ächzte Daniel. „Das überleb ich nicht."

„Also weiter", stöhnte Joy. „Irgendwo in dieser verdammten Gegend wird es doch wohl für ein paar halb verhungerte Reiter was zu essen geben!"

Bettina nahm schweigend ihren Rucksack ab und begann, die kümmerlichen Vorräte unter den Freunden aufzuteilen. Jeder bekam eine halbe Scheibe Brot, ein kleines Stück Wurst und einen Löffel Marmelade.

Dann saßen sie wieder auf.

„Also ab ins nächste Dorf, dort wird groß eingekauft", sagte Simon. „In einer knappen halben Stunde dürften wir es geschafft haben."

Schweigend ritten sie weiter.

„Wie weit kommen wir denn jetzt von unserer geplanten Strecke ab?", erkundigte sich Bille.

„Gar nicht, wir stoßen nach etwa zwei Kilometern wieder auf unseren Weg."

„Bist du sicher?"

„Völlig sicher."

„Und wenn wir es noch mal mit einer Erbsensuppe versuchen?", fragte Florian vorsichtig.

„Um noch mal verscheucht zu werden? Kommt nicht infrage! Jetzt reiten wir, bis wir einen Gasthof, einen Laden oder wenigstens ein Bauernhaus finden", erklärte Daniel energisch.

„Sagtest du Bauernhaus? Schau mal – da drüben!", rief Bille.

Tatsächlich, da lag in einer Wiesenmulde ein kleines Gehöft. Eine schmale Rauchfahne stieg aus dem Schornstein.

„Na also! Wer sagt's denn." Daniels Stimme klang hoffnungsvoll. „Wo ein Herd brennt, wird es für uns auch was zu essen geben – und wenn wir unser halbes Vermögen dafür blechen müssen, jetzt ist mir alles egal."

Daniel trieb Asterix an und galoppierte am Feldrand entlang auf das Bauernhaus zu. Die anderen folgten ihm. Kaum näherten sie sich dem Hof, brach ein ohrenbetäubendes Hundegekläff los. Asterix stoppte und wich nervös zurück. Zwei wütende Schäferhunde rannten vom Haus her auf sie zu und machten zwei Meter vor den Pferden halt. Sie fletschten die Zähne und überschlugen sich fast vor Wut. Bei ihrem heiser gurgelnden Kläffen drängten sich die Pferde eng zusammen.

„So muss es einem zumute sein, wenn man plötzlich einem Rudel Wölfe gegenübersteht", murmelte Bille. „Was machen wir?"

„Stehen bleiben. Die Leute im Haus müssen doch darauf aufmerksam werden und die Hunde zurückrufen", meinte Simon.

Gespannt starrten sie zum Haus hinüber, aber nichts geschah. Endlich bewegte sich die Gardine. Ein unfreundliches Altfrauengesicht erschien. Einen Augenblick lang sah die Frau gleichgültig zu den sechs Reitern hinüber, dann verschwand sie wieder. Weiter passierte nichts.

„Das gibt's doch wohl nicht!", knurrte Joy. Sie formte ihre Hände zu einem Trichter und rief zum Haus hinüber: „He! Hallo! Ist da niemand?"

Die Hunde rückten bedrohlich näher. Die Pferde tänzelten ängstlich und wichen zurück.

„Na kommt, es hat keinen Sinn", sagte Bettina und wendete Sternchen.

Einer nach dem anderen folgte ihr. Daniel gab ihnen mit seinem kräftigen Schimmel Rückendeckung, bis sie einen ausreichenden Abstand zu den geifernden Hunden hatten, dann wendete er Asterix und folgte im Trab.

„O, Mann, was für ein Tag!", stöhnte Bille. „Zottel ist schon ganz frustriert …"

„Und das Wetter scheint sich unserer trüben Lage anzupassen. Schaut mal, was sich da zusammenzieht!", sagte Bettina beunruhigt.

„Also, wenn das Gewitter losgeht, möchte ich doch schon gern ein Dach über dem Kopf haben."

Simon hielt an und begann nochmals, seine Karte zu studieren. „Bis zu diesem Dorf hier sind es noch fünf Kilometer. Da müssen wir eine Unterkunft und etwas zu essen finden."

„Zeig mal …" Bille beugte sich zu ihm hinüber. „Der Weg macht ja einen riesigen Bogen! Können wir nicht quer durch den Wald reiten? Dann sind wir in einer Viertelstunde da!"

„Ich weiß nicht – was meinst du, Joy?"

„Hm. Luftlinie ist es weniger als ein Kilometer. Du hast doch deinen Kompass – versuchen wir's. Wenn wir im Schritt reiten und auf Schonungen achtgeben, können wir im Wald ja nichts kaputt machen."

Schweigend ritten sie durch lichten Hochwald, der Untergrund war weich und federte leicht, ein Genuss für die Pferde.

„Jetzt müsste das Dorf doch bald zu sehen sein?", fragte Bettina. „Der Wald scheint überhaupt nicht mehr aufzuhören!"

„Da vorn wird es heller, da kommen wir sicher an den Waldrand", tröstete Daniel sie.

Aber als sie näher herankamen, wartete die nächste Enttäuschung auf sie. Sie standen an einer Lichtung mit dichtem Unterholz, die wenige Meter weiter an einem schroffen Felsabsturz endete. Unmöglich, dort mit den Pferden hinunterzukommen! Unten setzte sich der Hochwald fort, und irgendwo dahinter musste das Dorf liegen.

Stumm sahen sie sich an, stumm wendeten sie ihre Pferde und ritten zu der Stelle zurück, an der sie vom Weg abgebogen waren. Über ihnen verdunkelte sich der Himmel immer mehr.

„Also, Leute – Zähne zusammenbeißen. Fünf Kilometer noch, und wenn uns das Dorf gefällt, machen wir einen ganzen Tag Pause dort." Daniel zwang sich zu einem aufmunternden Grinsen.

Keiner sagte ein Wort. Der Weg führte leicht bergab und war von Waldfahrzeugen ausgefahren, voller Kanten und tiefer Rinnen, sodass sie nur vorsichtig im Schritt reiten konnten. Die Blicke wanderten abwechselnd sorgenvoll zum Himmel und wieder zurück auf den Weg. Im Wald regte sich kein Lüftchen, die Luft war dick wie Mehlsuppe. Man glaubte, kaum noch atmen zu können.

Doch plötzlich wandelte sich die Stimmung. Die eben noch reglosen Bäume begannen, von einer heftigen Bö erfasst, zu rauschen, die Baumkronen wurden hin und her gepeitscht, und die Luft schien von einem tiefen Dröhnen erfüllt.

„Los, Leute! Beeilt euch!", feuerte Daniel die anderen an. „Da vorn ist der Wald zu Ende. Wir müssen es gleich geschafft haben."

„Wie schwarz der Himmel ist – als wenn es Nacht wäre!", rief Bille Bettina zu.

„Ich versteh dich nicht! Der Sturm ist so laut ..."

Bille winkte ab. Die Pferde hatten alle Mühe, gegen den Wind anzukommen. Sie senkten ihre Köpfe wie Stiere im Kampf, und ihre Reiter legten sich flach auf die Pferdehälse. Der Sturm hüllte sie in dichte Staubwolken. Am Horizont zuckten die ersten Blitze auf.

„Da ist das Dorf!" Daniel richtete sich auf und wies nach vorn.

Über ihnen grollte der Donner, als sie das erste Haus erreichten.

„Stellt die Pferde unter das Scheunendach, ich rede inzwischen mit den Leuten!" Daniel sprang aus dem Sattel und lief zum Haus hinüber. Ein krachender Donnerschlag begleitete seinen Weg. Die Pferde tänzelten aufgeregt und stiegen hoch. Sie waren kaum noch zu halten.

„Absitzen!", rief Simon. „Kommt weiter in die Scheune rein."

„Hast du Angst vorm Gewitter?", fragte Florian Bille.

„Nö – eigentlich nicht …"

„Ich eigentlich auch nicht …"

„Ich glaube, das ist der Hunger – der macht einen so nervös."

„Da kannst du recht haben."

Im Dunkel der Scheune wurden die Pferde etwas ruhiger. Draußen fielen die ersten Tropfen.

„Ich hab mal gehört, wenn es zu regnen beginnt, ist ein Gewitter nicht mehr so gefährlich", sagte Bettina. „Ob sie hier auf der Scheune einen Blitzableiter haben?"

„Keine Ahnung. Wo Daniel nur so lange bleibt?" Simon stand am Scheunentor und sah zum Haus hinüber. „Wahrscheinlich erzählt er erst mal unsere ganze Leidensgeschichte."

„Na, jedenfalls haben sie ihn nicht gleich rausgeschmissen", meinte Joy. „Das ist schon mal ein gutes Zeichen."

Endlich erschien Daniels blonder Schopf drüben in der Haustür. Er rief etwas und winkte den Freunden heftig zu.

„Was sagst du? Ich versteh dich nicht!", schrie Simon zurück.

Daniel legte die Hände an den Mund und brüllte: „Bindet die Pferde in der Scheune an und kommt ins Haus! Bringt eure Klamotten mit!"

„Habt ihr gehört? Es scheint geklappt zu haben", rief Simon den anderen zu. „Absatteln, Pferde anbinden und nichts wie rüber!"

Aber er hätte gar nichts mehr zu sagen brauchen, längst hatten Bille, Joy, Bettina und Florian die Sattelgurte gelöst und die Sättel in einer Ecke auf einen Haufen geworfen. Mit fliegenden Fingern streiften sie die Zaumzeuge ab und legten die Halfter an. Das Gewitter stand jetzt genau über dem Ort.

„Sollen wir sie überhaupt anbinden?", fragte Bille. „Wenn wir das Scheunentor zumachen, können sie nicht raus. Verletzen können sie sich hier nirgends – und falls der Blitz einschlägt, kommen sie leichter raus."

„Du hast recht, lassen wir sie laufen. Nehmt eure Rucksäcke und legt euch die Regenjacken über die Köpfe und dann nichts wie rüber ins Haus. Ich schließe das Tor."

In großen Sprüngen hetzten sie über den Hof. Mit Hagel gemischter Regen prasselte auf ihre Köpfe und verwandelte den staubigen Boden im Nu in eine Schlammwüste. Sturzbäche aus den überlaufenden Regenrinnen umgaben das Haus mit einem dichten Vorhang aus Wasser. Und immer noch zuckte Blitz auf Blitz, dröhnte der Donner über ihren Köpfen.

„Schnell, kommt rein!", rief Daniel und hielt die Tür weit auf. „Lasst eure nassen Sachen hier draußen im Flur. Da links geht's in die Küche."

Simon schlüpfte als Letzter ins Haus.

„Wir haben Glück gehabt", flüsterte Daniel ihm zu. „Die Frau ist super. Hier kriegen wir alles, was wir wollen. Ich hab ihr gesagt, dass wir alles bezahlen können, dass wir aber auch gern auf dem Hof helfen, wenn sie es möchte. Nur Hafer müssen wir woanders organisieren."

„Toll. Und schlafen können wir hier auch?"

„Sie hat Fremdenzimmer für Sommergäste. Zwei davon sind gerade frei. Doppelzimmer mit je einer Couch als Kinderbett – irgendwie werden wir da schon klarkommen. Bettina und Florian kommen in die Kinderbetten. Eine Dusche gibt's auch."

„Super – ich kann's kaum glauben! Und die Pferde können wir in der Scheune lassen?"

„Klar."

Daniel schob Simon vor sich her in die Küche.

„Frau Albrecht – dies ist mein Bruder Simon. Die anderen haben sich wohl schon bekannt gemacht."

Frau Albrecht, eine rundliche Frau in mittleren Jahren, schüttelte Simon die Hand. In ihrer Pranke wirkten Simons schmale Finger wie aus zerbrechlichem Porzellan. Man hatte den Eindruck, sie würde den zarten Simon voller Mitgefühl am liebsten gleich in die Arme nehmen.

„Setz dich, mein Junge", sagte sie mit einer tiefen, weichen Stimme, die ihn wie heißer Kakao an einem kalten Wintertag durchrieselte. Die anderen mussten ähnliche Gefühle haben, denn sie saßen um den Tisch mit Gesichtern wie nach der Weihnachtsbescherung.

Auf dem Herd brodelte eine Suppe. Daneben stand eine große braune Schüssel, in die Frau Albrecht jetzt Mehl siebte und Eier hineinschlug. Mit kräftigen Schlägen mischte sie einen Pfannkuchenteig. Bille und ihren Freunden lief das Wasser im Mund zusammen. Draußen tobte das Gewitter, aber hier drinnen fühlte man sich warm und geborgen, als wäre man zu Hause.

Frau Albrecht schöpfte die Suppe in die schon bereitgestellten Teller. Nudelsuppe mit großen Stücken Fleisch darin und Gemüse. Dann stellte sie einen Krug Milch auf den Tisch und goss den Pfannkuchenteig in die Pfanne. Apfelschnitzel wurden großzügig auf den Teig verteilt und das Ganze dick mit Zimtzucker bestreut. Florian quollen fast die Augen aus dem Kopf vor Wonne.

Fast eine Stunde lang aßen und tranken sie schweigend. Nur manchmal erklang ein „Ah!" und „Herrlich!" oder „Mann, schmeckt das super!" Dann lehnte sich sogar Florian stöhnend zurück und weigerte sich, den letzten Apfelpfannkuchen – dem guten Wetter zuliebe – noch zu vertilgen.

„Jetzt müssen wir uns aber dringend um die Pferde kümmern", sagte Bille, die schon eine Weile mit ihrem schlechten Gewissen kämpfte. „Wo können wir hier im Ort Hafer bekommen, Frau Albrecht?"

„Moment, ich telefonier mal eben. Dann sage ich euch, wie ihr hinkommt."

Frau Albrecht ging auf den Flur hinaus, und Bille, Daniel und Joy sowie Simon folgten ihr, um sich Stiefel und Jacken wieder anzuziehen.

„Schon erledigt", erklärte Frau Albrecht. „Ihr müsst zum Bauern Horbat, links die Straße rauf bis zur Kirche, dann der erste Hof rechts rein."

„Gut, das können Florian und Bettina erledigen", ordnete Daniel an. „Wir anderen gehen schon mal rüber in die Scheune."

Das Gewitter war weitergewandert, aber immer noch strömte der Regen in dichten Bächen vom Himmel.

„Man könnte meinen, wir hätten November und nicht August", meinte Bille. „Es ist schon fast dunkel."

Sie fasste das schwere Scheunentor und zog es auf. Ein plötzlicher Windstoß riss es ihr aus den Händen, sodass es krachend gegen die Wand schlug. Bille betrat als Erste die Scheune und erstarrte zur Salzsäule: Auf der gegenüberliegenden Seite hing eine morsche Tür in den Angeln und wurde vom Wind hin und her gezerrt. Von den Pferden keine Spur!

Bille schrie auf. Unfähig, ein Wort herauszubringen, wies sie auf die leere Scheune. Daniel erfasste die Situation sofort.

„Der Sturm muss die Tür aufgerissen haben. Wahrscheinlich sind sie, durch das Gewitter erschreckt, voller Panik davongerast. Los, wir müssen sie suchen! Bettina! Florian! Kommt schnell!"

Simon unterrichtete in aller Eile Frau Albrecht von dem, was passiert war.

„Lauft ihr nur zu!", sagte sie. „Ich ruf inzwischen auf unserer Polizeistation an, falls jemand dort das Auftauchen eurer Pferde meldet."

„Wo fangen wir an?", fragte Bettina kläglich. „Es gibt so viele Möglichkeiten ..."

„Wir gehen erst mal auf Spurensuche." Bille hatte sich wieder halbwegs gefangen. Sie winkte den anderen mitzukommen und stürmte durch die Scheune zum hinteren Ausgang.

Ihre Idee erwies sich als gut. Im vom Regen aufgeweichten Boden sah man deutlich die Abdrücke der Pferdehufe. Sie führten quer über den Kartoffelacker zum Waldrand hinüber. Bille folgte in großen Sprüngen der Fährte.

„Zottel!", schrie sie verzweifelt. „Zottel! Wo steckst du?"

„Wenn die in den Wald gerannt sind, können wir tagelang suchen!", keuchte Daniel hinter ihr.

Hinter dem Kartoffelacker kam eine Wiese, die von einem kleinen Bach durchzogen war. Hier waren sie hinübergesprungen, das sah man ganz deutlich. Ein Glück, dass der Regen den Boden so stark aufgeweicht hatte! Bille rannte weiter.

Plötzlich machte die Spur eine Wendung nach links. Bille schaute auf und stand vor einem Koppelzaun. Also waren sie nicht in den Wald gekommen. Sie mussten zur Straße hinübergelaufen sein – zur Schnellstraße! Das war noch viel schlimmer!

Bille und Daniel winkten den anderen heftig zu, sich zu beeilen. Keuchend stolperten sie weiter.

Da vorn! Im dichten Regen kaum zu erkennen, sah man die Umrisse der Pferde auf der Schnellstraße. Bille fühlte ein würgendes Schluchzen in der Kehle. Jeden Augenblick konnte ein Autofahrer, der die Straße heraufkam, mit einem der Pferde zusammenprallen! Auch die anderen hatten das Gefährliche der Situation sofort erkannt. Bille sah, wie Florian und Bettina das untere Ende der Straße ansteuerten und sich im Laufen ihre gelben Regenmäntel auszogen, um sie als Warnflagge zu benutzen. Gut so!

„Lauf du in die andere Richtung und versuch die Autos aufzuhalten!", schrie Bille Daniel zu. Aber er war bereits auf dem Weg.

Am Horizont näherten sich Scheinwerfer. Ein Lastwagen brummte heran, hinter ihm setzte ein PKW zum Überholen an.

„Fahr langsam, du Idiot! Lieber Gott, mach doch, dass er langsamer fährt!", stöhnte Bille.

Jetzt hatte sie die Straße erreicht. Sie stolperte fast über ihre eigenen Beine, so erschöpft war sie vom Laufen. Hinter ihr kamen Simon und Joy. Da waren die Pferde! Hilflos irrten sie hin und her, denn an der anderen Straßenseite lief ein Koppelzaun entlang, der ihnen den Weg versperrte.

„Zottel, Bongo, Sternchen!", schrie Bille und stürzte vor, ungeachtet der nahenden Scheinwerfer.

Zottel erwischte sie als Ersten, er ließ sich ohne Schwierigkeiten am Halfter packen. Aber Sternchen lief erschrocken davon, genau auf das Auto zu. Bille ließ Zottel los und raste hinter der Stute her. Schrilles Reifenquietschen erfüllte die Luft, in gleichmäßigen Kreisen trudelte das Auto auf Sternchen zu. Bille hechtete durch die Luft und griff im Fallen nach Sternchens Halfter, mit letzter Kraft riss sie die Stute herum. Sternchen bäumte sich auf und warf sich zur Seite. Millimeter von ihren Hinterbeinen entfernt kam das Auto zum Stehen.

Bille war vornübergestürzt und lag einen Augenblick reglos auf der Straße. Der Fahrer des Wagens sprang aus dem Auto und kam bleich zu ihr herüber.

Bille blinzelte, dann richtete sie sich mühsam auf. Sie blutete aus einer Wunde an der Stirn und die Knie schmerzten ekelhaft. Bille befühlte ihre Arme und Beine.

„Scheint alles noch dran zu sein", sagte sie und versuchte ein Lächeln. „Kommen Sie, wir müssen die Pferde einfangen."

Daniel war es gelungen, den Lastwagen rechtzeitig zum Anhalten zu bewegen, und aus der anderen Richtung war ebenfalls nichts mehr zu befürchten. Durch den dichten Regenschleier erkannte man eine Schlange haltender Autos, deren Fahrer von Florian darüber aufgeklärt wurden, was hier passiert war.

Von allen Seiten umzingelt, ließen sich die völlig verwirrten Pferde bald einfangen, durch die vertrauten Stimmen ihrer Reiter allmählich wieder beruhigt. Bille wurde aus dem Erste-Hilfe-Kasten des Lastwagenfahrers verarztet. Dann zogen die Freunde mit ihren Pferden über die Wiese davon. Zerschunden und erschöpft, aber sehr erleichtert darüber, dass alles noch einmal glimpflich abgelaufen war.

Dort drüben im Haus hinter dem Kartoffelacker warteten Frau Albrechts mütterliche Fürsorge, ein Bett, eine heiße Dusche und genug zu essen und zu trinken auf sie. Was brauchten sie mehr?

Daniel hat Probleme

Es war kein Geheimnis, dass Daniel bis über beide Ohren in Joy verliebt war, auch wenn er versuchte, es sich nicht anmerken zu lassen. Wie es dagegen um Joys Gefühle stand, wussten sie nicht. Immerhin glaubte Bille aus einigen Andeutungen entnommen zu haben, dass auch Daniel Joy keineswegs gleichgültig war. Gesprochen wurde darüber nicht.

Auch über etwas anderes wurde nicht gesprochen: nämlich darüber, dass man jeden Tag damit rechnen musste, dass Joy von ihren Eltern gesucht wurde. Irgendwann in diesen Tagen würde die Direktorin des Internats bei Hoffmanns anrufen und sich erkundigen, wie es der kranken Joy ginge und wann mit ihrem Kommen zu rechnen sei. Und dann würde es nur noch eine Frage von Stunden sein, bis man Joy gefunden hatte.

Sie hatten noch einen weiteren Tag Rast bei der netten Frau Albrecht eingelegt. Es war herrlich, einmal wieder in einem richtigen Bett zu schlafen, sich unter eine heiße Dusche stellen zu können und sich morgens an den gedeckten Frühstückstisch zu setzen. Außerdem hatten sie am Anfang ihres Wanderritts so viel gespart, dass sie sich diesen kleinen Luxus jetzt ohne Weiteres leisten konnten. Es war wenig genug, was Frau Albrecht sich für die beiden Zimmer und das herrliche Essen bezahlen ließ. Die Pferde durften sogar kostenlos in der Scheune stehen und sich an dem saftigen Heu satt fressen.

Während Frau Albrecht ihre total verschmutzten Sachen in die Waschmaschine stopfte, machten die Freunde mit den Pferden einen Ausflug zu einer nahe gelegenen Burgruine, von der ihre Gastgeberin ihnen erzählt hatte. Sie banden ihre Pferde im Innenhof des alten Gemäuers fest und stiegen auf den Turm.

„Wie wär's, wenn wir uns die Burg wieder instand setzten und einfach hierblieben?", fragte Joy. „Nur wir und unsere Pferde. Natürlich bräuchten wir ein paar Glasscheiben und Kitt für die Fenster. Wir würden uns einen großen Kamin bauen, auf dem man auch kochen kann, und einen Raum ganz mit Holz auskleiden, damit es im Winter nicht so kalt wird. Vormittags würden wir reiten, jagen und fischen, und nachmittags würden wir unten im Burghof Reiterspiele aufführen, damit wir das nötige Geld für Futter und Essen verdienen."

„Romantisch bist du gar nicht, wie?", neckte Simon sie. „Sicher wäre das schön – im Sommer. Aber im Winter, na, ich fürchte, da würden sogar unsere Pferde streiken!"

„Ich kann mir dich als Burgfräulein gut vorstellen", sagte Daniel und rückte wie zufällig etwas näher an Joy heran. „Mit einem Hut aus grünem Samt und einem langen Federbusch, einen Falken auf der Hand – ein langes Gewand aus besticktem Samt hättest du an, und Saphir hätte ein goldenes Zaumzeug …"

Florian schnitt hinter Daniels Rücken eine Grimasse und tippte sich unmissverständlich an die Stirn. Aber Joy schien es zu gefallen, ihr Gesicht bekam die Farbe eines reifen Pfirsichs. Bille sah es und wandte sich zur Treppe.

„Warte, ich helf dir …" Bettina hatte verstanden.

Auch Simon und Florian verständigten sich durch einen Blick und verließen das Turmgemach. Unten setzten sie sich in die Sonne und warteten, bis die beiden dort oben ihr tiefsinniges Gespräch beendet hatten. Von hier unten konnte man ihre Köpfe in der leeren Fensterhöhle des Turmstübchens sehen. Sie sahen sich in die Augen und redeten – und redeten …

„Jetzt reicht's, glaube ich", sagte Simon. „Ich habe Hunger – ihr nicht?"

„Und ob!"

Simon legte seine Hände an den Mund und imitierte die Stimme eines Kuckucks. Dann krächzte er wie ein Rabe. Als er auch noch klägliches Hundebellen von sich gab, wurden Daniel und Joy endlich aufmerksam. Simon zeigte auf seine Armbanduhr, dann mit schmerzlich verzogenem Gesicht auf seinen Magen.

„Wir kommen! In einer Sekunde sind wir unten!", rief Joy.

Simon ließ den Blick nicht von der Uhr, bis Daniels Kopf in der Türöffnung auftauchte.

„Eine Sekunde dauert bei euch genau sechseinhalb Minuten", sagte er grinsend. „Erstaunlich, was?"

Daniel wurde rot, aber ehe er etwas erwidern konnte, saßen die anderen bereits im Sattel und ritten davon. Die Regenwolken wurden von einem stürmischen Wind nach Osten getrieben, wie riesige Federbetten auf einem himmelblauen See segelten sie dem Horizont zu. Die frisch gewaschenen Blätter der Buchen wehten im Wind, als hätte man sie zum Trocknen an die Leine gehängt. Die Steine schimmerten, und selbst die Erde sah aus, als käme sie eben aus der Reinigung.

Bille atmete tief die würzige Luft ein. Die Wunde an der Stirn hatte sie schon fast vergessen, und auch die Schmerzen an den aufgeschürften Knien vergingen allmählich. Simon, der neben ihr ritt, sah sie an.

„Geht's dir auch so verdammt gut?"

„Hm ..."

„Das Glück der Erde liegt auf dem Rücken der Pferde", sang Simon. „Irgendwann reiten wir einmal durch Frankreich, abgemacht?" Ganz unvermutet streckte er die Hand nach Bille aus und sah ihr in die Augen.

Bille legte zögernd ihre Hand in seine. Ihr Herz begann zu flattern wie ein eingesperrter Vogel.

„He!", sagte sie unsicher und sah ihn von der Seite an.

„Mach dir nichts draus", Simon lachte leise, „mir ist gerade was eingefallen."

„Und was?"

„Na ja, es ist komisch: Immer wenn ich ans Reiten denke, so wie eben, und mir das so vorstelle, wie ich durch Frankreich reite oder durch England – immer bist du dabei. Merkwürdig, oder?"

„Hier muss 'ne ansteckende Krankheit ausgebrochen sein", quakte Florian hinter ihnen.

Simon ließ Billes Hand los und trieb Pünktchen kräftig an. Die Stute schoss überrascht davon. Bille blieb verwirrt zurück.

Neben ihr kam Florian heran.

„Was hat er denn?", fragte er neugierig. „Über was habt ihr gesprochen?"

„Och ..." Bille versuchte, ein gleichgültiges Gesicht zu machen. „Wir haben eben einen neuen Plan entwickelt – für später irgendwann ..."

„Erzählst du ihn mir?"

„Klar. Wenn es so weit ist."

Sie kamen aus dem Wald heraus und sahen das Dorf unter sich liegen. Dort drüben lag der Hof von Frau Albrecht, deutlich sah man die Eingangstür mit den großen Geranienschalen rechts und links davor.

Bille hörte einen unterdrückten Schrei des Entsetzens in ihrem Rücken.

„Nein!", keuchte Joy. „Sie kriegen mich nicht. Ich lasse mich nicht im Internat einsperren! Ihr habt keine Ahnung, wo ich bin, hört ihr? Verratet mich nicht! Bitte!"

„Aber Joy, sei doch vernünftig, sie wissen doch jetzt, dass du hier bist", rief Daniel hinter ihr her.

Aber Joy galoppierte bereits den Weg zurück und war gleich darauf im Wald verschwunden.

„Was ist eigentlich los?", fragte Florian verständnislos.

„Siehst du nicht den Jeep da unten auf dem Hof? Er gehört Joys Vater. Na Prost! Das Gewitter, das uns jetzt erwartet, dürfte das gestrige um einiges in den Schatten stellen", seufzte Bille. „Warum waren wir auch so dumm und haben uns eingeredet, der Schwindel würde nicht herauskommen. Geschieht uns ganz recht."

„Na kommt", sagte Daniel, „bringen wir's hinter uns."

Bille war, als müsse sie aufs Schafott steigen, als sie in den Hof einritten. Wie hatten sie sich von Joy nur so beruhigen lassen können! Joy mit ihrem ständigen „Da fällt mir schon was ein", „Das schaffe ich schon" und „Das ist schließlich mein Problem!" Am Anfang hatte Bille noch versucht, mit ihr über ihre Flucht vor dem Internat zu reden, aber schließlich hatte sie selbst geglaubt, Joy sei für ihre Dummheiten allein verantwortlich und müsse wissen, was sie tat.

Herr Hoffmann erwartete sie vor der Haustür.

„Wo ist Joy?", fragte er schneidend.

„Wir wissen es nicht", sagte Daniel unsicher.

„Ich höre wohl nicht richtig! Du hast die Unverschämtheit, mir ins Gesicht zu lügen?"

„Wir wissen es wirklich nicht", sagte Bettina fest. „Als sie vom Waldrand aus Ihren Wagen auf dem Hof sah, ist sie umgekehrt und wie eine Wilde davongaloppiert. Sie war so schnell verschwunden – ich glaube, sie wusste in dem Augenblick selbst nicht, wo sie hinwollte."

Herr Hoffmann war schneeweiß im Gesicht. Er trat einen Schritt auf Daniel zu.

„Komm mit", sagte er kalt. „Du bist ja wohl der Älteste von euch und trägst die Verantwortung für das Unternehmen. Ich möchte mit dir sprechen."

Daniel hatte Mühe, aus dem Sattel zu kommen, so weich waren seine Knie. Bille saß ebenfalls ab und nahm Asterix beim Zügel. Herr Hoffmann stapfte ins Haus, Daniel folgte ihm schweigend.

Bille verschwand mit Asterix und Zottel in der Scheune und sattelte sie ab. Die anderen folgten ihr zögernd und nachdenklich.

„Du lieber Himmel!", stöhnte Bettina. „Das gibt ein Theater! Was werden unsere Eltern sagen …"

Und Herr Tiedjen!, fuhr es Bille durch den Kopf. Ihm hatten sie es zu verdanken, dass sie bei den Hoffmanns zu Gast sein durften. Nein – sie mussten sich irgendetwas einfallen lassen!

Aus dem Haus hörte man Herrn Hoffmann brüllen. Daniels Stimme war nicht zu erkennen, wahrscheinlich kam er gar nicht zu Wort.

Nach einer Weile erschien Daniel. Er ging wie ein Nachtwandler zu Asterix und legte ihm den Sattel wieder auf. Asterix schnaubte ärgerlich. Daniels Gesicht hatte die Farbe eines schimmelnden Weißkäses, nur um die Augen glühten ein paar rote Flecken.

„Was ist los? Was hast du vor?", fragte Bille ängstlich.

„Joy suchen", sagte Daniel rau. „Er wartet oben darauf, dass ich ihm seine Tochter auf dem silbernen Tablett serviere, damit er ihr den Hintern versohlen kann. Dabei ist sie fast fünfzehn!" Daniel lachte bitter. „Macht's gut, Leute. Und macht euch keine Sorgen, falls wir nicht wiederkommen. Wir schlagen uns schon durch."

„Du spinnst!" Simon fasste seinen Bruder am Arm. „Das kannst du doch nicht machen, Daniel!"

„Das kann ich nicht? Woll'n doch mal sehen, ob ich das nicht kann. Er hat gesagt, ich soll ihm nicht eher unter die Augen kommen, bis ich sie gefunden und zurückgebracht habe. Wenn ihr mich nicht verpetzt, kann ich einen ganz schönen Vorsprung herausschinden."

„Und was wird mit uns? Und mit den Eltern?"

„Und mit Herrn Tiedjen?", fiel ihm Bille ins Wort. „Er hat uns an Herrn Hoffmann empfohlen! Bist du dir klar darüber, dass du einen riesigen Scherbenhaufen hinterlässt, wenn du jetzt mit Joy abhaust?"

„Ach, lasst mich doch in Ruhe", knurrte Daniel und stieß Simon von sich. „Ich weiß, was ich tue. Und ich hoffe, ihr lasst uns nicht im Stich." Damit sprang er in den Sattel und stob davon. Bille lief ihm ein paar Meter nach, als könne sie ihn aufhalten. Sie sah, wie er den Weg zum Wald einschlug, den sie vorhin gekommen waren. Ob Joy sich in der Burg versteckt hielt? Möglich war es schon.

Bille sah nachdenklich hinter Daniel her, der jetzt zwischen den Bäumen verschwand. Ein paarmal tauchte Asterix wie ein schneeweißer hüpfender Punkt noch zwischen dem grünen Laub auf, dann war er nicht mehr zu sehen. Bille wandte sich entschlossen um und ging zum Haus hinüber.

„Wo ist Herr Hoffmann?", fragte sie Frau Albrecht, die in der Küche in ihren Töpfen rührte.

„Oben, im Zimmer der Jungen. Was ist denn eigentlich los? Herr Hoffmann hat mir nur gesagt, dass er Joys Vater ist und sie sprechen möchte. Wo ist Joy überhaupt?"

Bille trat in die Küche und zog die Tür hinter sich zu.

„Es – es tut mir sehr leid, Frau Albrecht – ich meine, dass sich das Drama gerade hier bei Ihnen abspielt. Sie waren so nett zu uns. Joy ist heimlich ausgerissen, um mit uns zu reiten, und ihr Vater ist furchtbar wütend. Ich will versuchen, es wieder in Ordnung zu bringen."

Bille verließ die Küche, ehe Frau Albrecht noch etwas sagen konnte. Sie musste ihr Gespräch mit Herrn Hoffmann schnell hinter sich bringen – ehe sie den Mut verlor.

Herr Hoffmann stand am Fenster und starrte hinaus. Bille blieb unschlüssig an der Tür stehen.

„Herr Hoffmann, ich …", Bille musste sich räuspern, „ich möchte gern mit Ihnen sprechen."

„Bitte …" Herrn Hoffmanns Stimme klang kühl und unbeteiligt.

„Ich weiß natürlich nicht, was zwischen Ihnen und Joy vorgefallen ist, und – und ich weiß auch nicht, was Sie uns eigentlich vorwerfen …"

Herr Hoffmann lachte bitter auf.

„… aber ich möchte eines klarstellen", sagte Bille fest. „Wenn wir Joy aus Angst vor Ihnen nicht bei uns hätten mitreiten lassen, dann wäre sie allein weitergeritten. Sie war fest entschlossen, nicht ins Internat zu gehen. Jeder von uns hat versucht, mit ihr darüber zu reden – aber sie ließ sich von ihrem Plan nicht abbringen. Na ja, schließlich ist sie fast fünfzehn und kein kleines Kind mehr! Ist es denn ein Verbrechen, dass wir zu ihr gehalten haben? Wenn Sie jetzt nicht gekommen wären, hätten wir sie vielleicht überreden können, mit uns nach Buchenfeld zurückzureiten."

„So …" Herr Hoffmann drehte sich um und lachte ironisch auf. „Dann bin ich also jetzt schuld daran, dass meine Tochter davonläuft und sich allein in der Welt herumtreibt."

Bille holte tief Luft. Sie durfte sich jetzt nicht kleinkriegen lassen!

„Das habe ich nicht gesagt", antwortete sie ruhig.

„Joy und kein kleines Kind mehr!", schnaubte Herr Hoffmann. „Kindischer kann man sich doch gar nicht benehmen! Erst diese ewige Bummelei in der Schule – und ich habe sie gewarnt! Immer wieder habe ich sie gewarnt! Aber nein, die Pferde waren ja wichtiger. Ich habe ihr angedroht, dass ich sie von ihrem Pferd trennen würde – nun ja, wer nicht hören will, muss fühlen!"

„Joy hat genau das getan, was ich auch getan hätte", sagte Bille entschlossen. „Ich liebe meine Eltern über alles, genauso wie Joy Sie und Ihre Frau liebt – das weiß ich, sie hat es mir gesagt –, aber wenn meine Eltern mich von den Pferden trennen und in ein Internat stecken würden, bloß weil mein Zeugnis nicht mehr voller Einsen und Zweien ist, ich würde auch davonlaufen, das schwöre ich Ihnen! Wissen Sie eigentlich, was für ein Superkerl Joy ist? Ohne sie wären wir bei unserer Tour oft hilflos auf der Strecke geblieben! Joy ist geschickt, sie kann improvisieren, sie hat Fantasie und versteht was von Pferden, sie reitet besser als wir alle! Und ich bin überzeugt, sie beherrscht heute schon alles, was sie wissen muss, um eines Tages Ihren Hof und Ihr Gestüt zu übernehmen. Was wollen Sie eigentlich noch?"

„Du bist ja ganz schön selbstsicher", sagte Herr Hoffmann und schaute Bille mit einer Mischung aus Ärger und Neugierde an. „Was macht dich eigentlich so sicher?"

Bille zögerte einen Augenblick.

„Ich weiß nicht, ob ich sicher bin. Ich bin nur wütend. Einfach wütend darüber, dass jemand wie Sie, ein Pferdenarr und ein guter Reiter und auch sonst ganz okay …"

Jetzt lächelte Herr Hoffmann zum ersten Mal.

„Oh, danke!", sagte er.

„… dass jemand wie Sie", fuhr Bille unbeirrt fort, „der eine einzige Tochter hat, die solche Qualitäten besitzt, sie einfach abschiebt in ein Internat, weg von allem, was sie liebt – und bloß wegen ein paar schlechter Schulnoten! Warum setzen Sie sich nicht einfach hin und lernen mit ihr?"

„Das fehlte noch, ich habe gerade genug um die Ohren! Joy ist doch kein kleines Kind mehr …"

„Ach!"

„Na ja, ich meine, sie ist doch aus dem Alter raus, wo man ihre Hausaufgaben kontrollieren muss", brummte Herr Hoffmann.

„Na und? Ihre Freundinnen wohnen alle kilometerweit entfernt, Geschwister hat sie keine, und die Pferdepfleger können sie schlecht lateinische Vokabeln abhören. Warum spielen Sie den gestrengen Vater und nicht lieber ihren Partner? Was wäre daran so verkehrt? Wollen Sie denn wirklich, dass Joy Sie verlässt?"

„Mich verlässt? Wieso? Sie soll Disziplin lernen und ein anständiges Abitur machen. Ist das zu viel verlangt?"

„Ich glaube, Sie haben immer noch nicht kapiert, was eigentlich los ist", sagte Bille unglücklich. „Joy hat Sie verlassen, verstehen Sie das nicht! Und selbst wenn Sie sie mit der Polizei einfangen und nach Hause bringen lassen, haben Sie sie verloren. Dann – dann wird alles kaputt sein zwischen Joy und Ihnen!"

„So. Und was soll ich deiner Meinung nach tun?"

„Fahren Sie wieder nach Hause", sagte Bille ruhig. „Geben Sie uns eine Chance, das in Ordnung zu bringen. Und – geben Sie Joy eine Chance."

Herr Hoffmann drehte sich wieder zum Fenster und schwieg. Bille stand unschlüssig hinter ihm und wagte sich nicht zu rühren.

„Ich will darüber nachdenken", sagte Herr Hoffmann nach einer Weile. „Lass mich jetzt allein."

Als Bille in die Küche kam, saßen Bettina, Simon und Florian am Tisch und stocherten lustlos in ihrem Essen herum.

„Na?", fragte Simon und schnitt eine Grimasse.

„Vielleicht kommt doch noch alles in Ordnung. Habt ihr Zottel gefüttert?"

„Klar."

„Dann reite ich jetzt los. Ich muss die beiden finden und mit ihnen reden."

„Ich komme mit."

„Wir auch." Bettina sprang auf.

„Nun iss doch erst mal was, Kind!", sagte Frau Albrecht beschwörend zu Bille.

„Nein – das kostet zu viel Zeit. Bitte, seien Sie nicht böse, aber ..."

„Ich heb dir was auf. Und den anderen beiden …"

„Danke!" Bille umarmte Frau Albrecht heftig. „Schade, dass Sie nicht bei uns in Wedenbruck wohnen", sagte sie. „Am liebsten würde ich Sie mit nach Hause nehmen!"

Wenige Minuten später waren sie wieder auf dem Weg zur Burgruine. Bille war sich ziemlich sicher, dass Daniel und Joy dort untergeschlüpft waren – und sie sollte sich nicht getäuscht haben. Daniel hatte das Kommen der Freunde vom Turm aus beobachtet und kam ihnen entgegen.

„Was ist los? Wollt ihr mit uns kommen?", rief er schon von Weitem.

„Im Gegenteil. Wir wollen euch zurückholen", sagte Bille und sprang aus dem Sattel. „Herr Hoffmann bereitet gerade seinen Rückzug vor. Ich habe mit ihm gesprochen."

„Er fährt wieder ab? Wie hast du das geschafft?", fragte Joy.

„Ich hoffe, er fährt. Aber ich glaube schon", sagte Bille vorsichtig. Und dann erzählte sie Wort für Wort, wie sich das Gespräch abgespielt hatte.

„Ehrlich gesagt habe ich vor meinem Mut selbst ein bisschen Angst gehabt", schloss sie den Bericht.

Statt einer Antwort fiel Joy ihr um den Hals. Bille merkte, dass sie weinte.

„Es ist alles so verdammt verkorkst", schluchzte Joy. „Was soll ich bloß tun?"

„Da fällt uns schon was ein", gab Bille zur Antwort.

Als sie auf den Hof zurückkehrten, war Herr Hoffmann abgefahren. Er hatte für Joy einen Brief bei Frau Albrecht zurückgelassen, in dem er ihr freistellte, mit den Freunden weiterzureiten und sie bat, ihm mitzuteilen, wie sie sich die Lösung des Problems vorstellte.

Nachdem sie gegessen hatte, verschwand Joy im Zimmer der Mädchen und schrieb an ihren Vater einen zehn Seiten langen Brief. Und da ihre Schreibwut ansteckend wirkte, entschlossen sich die anderen, ebenfalls an ihre Eltern zu schreiben. Frau Albrecht belohnte so viel guten Willen mit einem riesigen Napfkuchen.

 # Das lustigste Volksfest

Der Abschied von Frau Albrecht fiel ihnen schwer. Einen weiteren Tag waren sie nach all den Aufregungen noch geblieben, aber dann hieß es endgültig weiterreiten.

Frau Albrecht versorgte sie reichlich mit Proviant und ließ sich auf der Karte die Strecke zeigen, die sie sich für die letzten Tage vorgenommen hatten.

„Da kommt ihr ja ganz nah an Oldesweiler vorbei!", rief Frau Albrecht. „Da müsst ihr unbedingt einen Abstecher machen! Übermorgen beginnt dort das große Volksfest – da müsst ihr unbedingt hin. Und wohnen könnt ihr bestimmt bei meinem Vetter, da ist Platz genug. Ich werde ihn anrufen und ihm sagen, dass ihr kommt."

„Was ist das für ein Volksfest?", erkundigte sich Bettina.

„Ein Fest zu Ehren der Gründung des Ortes vor siebenhundert Jahren", erklärte Frau Albrecht stolz, als wäre sie an der Gründung beteiligt gewesen. „Mein Vetter ist im Festkomitee. Was glaubt ihr, was da alles los sein wird!"

„Warum nicht?" Daniel sah die anderen fragend an. „Übermorgen könnten wir dort sein und bei der Eröffnung des Festes dabei sein. Und wenn wir Aussicht auf ein Quartier haben …"

„Das ist kein Problem", versicherte Frau Albrecht. „Das halbe Dorf ist mit mir verwandt."

Frau Albrechts Vetter hätte ebenso gut ihr Zwillingsbruder sein können, so ähnlich war er ihr. Alles an ihm war rund, und er strahlte die gleiche Herzlichkeit aus wie seine Cousine. Seine Frau war schmal und zierlich und erinnerte mit ihren großen braunen Augen und flinken Bewegungen an ein Eichhörnchen. Die beiden hatten eine ganze Schar Kinder, die sämtlich wie kleinere Ausgaben des rundlichen Vaters wirkten. Sie begrüßten Bille und ihre Freunde wie von einer gefährlichen Expedition heimgekehrte Familienmitglieder. Frau Albrecht musste stundenlang mit ihnen telefoniert haben, denn sie waren über jede Einzelheit informiert. Für die Pferde standen sechs saubere Boxen mit frischer Streu bereit, und für ihre Reiter war reichlich Platz in dem geräumigen Bauernhaus.

„Das sind die drei Zimmer für unsere nächsten sechs Kinder", erklärte der Hausherr augenzwinkernd.

„Gleich gibt es Mittagessen", gab Erwin, der Älteste, bekannt. „Und danach können wir mit der Probe beginnen."

„Mit welcher Probe?", fragte Bille höflich.

„Na, für unser Ritterspiel morgen."

„Oh, ihr probt ein Ritterspiel. Dürfen wir da zuschauen?"

„Wieso zuschauen? Ihr spielt doch mit!"

„Ach …", sagte Bille überrascht, „wir spielen mit?"

„Klar! Wozu seid ihr denn sonst hier?"

„Tante Lotte hat gesagt, ihr wollt mitfeiern", meldete sich eine der kleineren Schwestern zu Wort.

„Alle die mitfeiern, machen was", rief eine andere dazwischen.

„Na, dann machen wir auch was, ist doch logisch," sagte Florian. „Ihr werdet mit uns zufrieden sein."

Wenn Bille und ihre Freunde geglaubt hatten, bei dem

Ritterspiel handle es sich um eine Aufführung der Kinder, so wurden sie bald eines Besseren belehrt.

Nach Tisch zogen sie mit Erwin und seinen Geschwistern zur Burg hinauf, die sich oberhalb des zwischen Weinbergen an einem Hang liegenden Oldesweiler erhob. Im Burghof waren bereits Zuschauerbänke für ein paar Hundert Leute aufgebaut. Junge Burschen auf gefährlich schwankenden Leitern schmückten das alte Gemäuer mit Girlanden und Fähnchen.

„Wo sind die Pferde?", rief einer von ihnen Erwin zu. „Ohne die Pferde können wir doch nicht proben!"

Erwin winkte lässig ab.

„Die holen wir später. Erst mal müssen wir denen da doch das Ganze erklären und den Text einstudieren …"

„Die haben uns total verplant", flüsterte Simon Bille zu, „ich bin gespannt, was noch alles kommt."

Bei dem Ritterspiel handelte es sich um die blutrünstige und rührende Geschichte des Grafen Edelbert, der Burg und Stadt Oldesweiler gegründet hatte, auch wenn die Stadt nie über die Größe eines mittleren Dorfes hinauswuchs. Der Lehrer der Volksschule hatte das Stück geschrieben, und ursprünglich hatte man geplant, die Pferde der Ritter von kräftigen Burschen spielen zu lassen. Da nun aber das Schicksal sechs junge Reiter nebst Rössern gerade im richtigen Augenblick nach Oldesweiler führte – was lag näher, als sie in dem Ritterspiel auftreten zu lassen?

„Also …" Erwin stellte sich in der Pose des großen Regisseurs vor seine Mitspieler. „Am Anfang habt ihr Pause."

„Das ist schon mal ein guter Einfall", sagte Bille.

„… da tritt nämlich ein Balladensänger auf, das bin ich, und erzählt die ganze Vorgeschichte. Wie Graf Edelbert überall in der Welt in den Krieg gezogen ist und mit seinen Getreuen viele Schlachten gewonnen hat. Jetzt kehrt er nach Hause zurück und möchte die edle Prinzessin Magdalena heiraten. Der König, Magdalenas Vater, will sie aber einem anderen alten Fürsten zur Frau geben, der sehr reich ist. Er ist nämlich pleite. Das ist der erste Akt …"

„Dass er pleite ist?"

„Quatsch, dass Edelbert Magdalena seine Liebe erklärt und dann von deren Vater eine Abfuhr bekommt und wieder weggeschickt wird."

„Aha."

„Im nächsten Akt sagt Magdalena ihm, dass sie nur ihn liebt und den ollen Fürsten niemals heiraten wird, eher stürzt sie sich in den Tod. Das will Edelbert nun auch wieder nicht …"

„Wahrscheinlich kann er kein Blut sehen", brummte Daniel.

„… also beschließt er, Magdalena auf seine Burg zu entführen und heimlich zu heiraten. Er reitet nachts vor ihr Fenster, und sie steigt auf einer Strickleiter zu ihm runter, und er nimmt sie auf seinen Schimmel."

„Deine Rolle …", sagte Bille und sah Daniel an.

„Wieso meine? Joys Rolle!"

„Unsinn!", wehrte sich Joy. „Wir können doch unmöglich in einem Tag so viel Text lernen!"

„Keine Sorge", beruhigte Erwin sie. „Den Edelbert spielt der Sohn unseres Lehrers. Wir brauchen nur einen Knappen, der den Schimmel führt."

„Okay. Wir nehmen Asterix – wegen des Gewichts – und Joy spielt den Knappen", schlug Daniel vor. „Und weiter?"

„Im nächsten Akt ist die Hochzeitsfeier", fuhr Erwin fort

und wies in den Hintergrund der Bühne. „Dort steht die große Festtafel. Edelbert und seine Getreuen sind gerade im schönsten Hochzeitfeiern, da galoppiert ein reitender Bote heran und berichtet atemlos, dass der Nebenbuhler mit seinem Heer heranrückt, um sich zu rächen und die Burg anzuzünden. Den reitenden Boten spielst du!", sagte Erwin und zeigte auf Bille.

„Gern – aber wieso gerade ich?"

„Weil dein Pferd so komisch aussieht – und die schönen Pferde brauchen wir für die Ritter."

„Logisch." Simon grinste zu Bille hinüber. „Zottel ist das typische Botenpferd."

„Der nächste Akt ist der Höhepunkt der Stückes", erklärte Erwin feierlich. „Edelbert fordert den Fürsten zum Zweikampf heraus, und nach einem langen erbitterten Ringen tötet er ihn zu guter Letzt. Der Fürst stürzt vom Pferd und schreit sterbend seinen Getreuen zu, sie sollen ihn rächen."

„Interessant. Und wer soll deiner Meinung nach den Fürsten spielen?"

„Wer von euch kann denn am besten vom Pferd fallen?"

Die drei Brüder sahen sich an.

„Der Gelenkigste ist auf jeden Fall Simon", meinte Daniel, „obgleich Florian mehr Erfahrung im Fallen hat."

„Dann nehmen wir Florian", beschloss Erwin, „Simon spielt den Edelbert."

„Wieso denn das? Ich denke, der Sohn des Lehrers …"

„Der kann doch nicht reiten. Und in der Ritterrüstung sieht man sowieso nicht, wer drinsteckt. Daniel würde nicht in die Rüstung passen, er ist zu groß."

„Ihr habt richtige Ritterrüstungen? Prost Mahlzeit, auf den Kampf bin ich gespannt", platzte Bettina heraus.

Erwin sah Bettina nachdenklich an.

„Schade!", sagte er. „Na, kann man nichts machen."

„Was ist schade?"

„Dass wir dich nicht als Prinzessin nehmen können, du bist so schön und – na, eben so prinzessinnenhaft. Aber dann wäre Ellinor beleidigt."

„Und wer ist nun wieder Ellinor?"

„Die Tochter vom Friseur. Sie spielt die Prinzessin."

„Und wie geht das Stück zu Ende?", fragte Bille.

„Ach so, ja. Die Getreuen des Fürsten stecken aus Rache Edelberts Burg an und brennen sie nieder. Edelbert rettet seine junge Frau aus den Flammen und beschließt, eine neue, viel schönere Burg zu bauen."

„Burg Oldesweiler."

„Genau."

„Na schön – fangen wir mit der Probe an, sonst werden wir bis zur Aufführung nicht damit fertig. Sollen wir jetzt die Pferde holen?", fragte Joy.

„Okay. Wir proben inzwischen den Anfang des Stücks. Da drüben sitzen unsere Darsteller. Kommt, ich mache euch miteinander bekannt."

Graf Edelbert, der Sohn des Lehrers, sah aus wie ein Riesenkaninchen mit Brille. Ellinor, die Prinzessin Magdalena, ein üppiges Mädchen von fünfzehn Jahren, schien ihren Ehrgeiz dareinzusetzen, für die Erzeugnisse der Kosmetikindustrie Reklame zu laufen. Vielleicht hielt sie eine solche Aufmachung aber auch für das unverzichtbare Attribut einer Schauspielerin. Sie wurde umringt von den Rittern und Getreuen, Buben jeder Altersklasse aus dem Dorf.

„Und das da oben ist Fürst Bodo ..." Erwin wies auf einen bulligen Sechzehnjährigen, der auf einer der Leitern stand und einen Scheinwerfer montierte. „Er ist der Sohn des Elektrohändlers. Sein Bruder spielt den König."

Bille und ihre Freunde begrüßten ihre Spielpartner und stellten sich vor. Dann begann die Probe. Wenn der Sohn des Lehrers auch nicht gerade das war, was man sich unter einem jugendlichen Liebhaber vorstellte, deklamieren konnte er wunderschön und mit viel Gefühl. Die Oldesweiler Dorfjugend hing an seinen Lippen, und Prinzessin Magdalena verpasste mehrmals ihren Einsatz vor lauter Anhimmeln.

Bettina und Daniel holten die Pferde, während die anderen den Fortgang des Stückes verfolgten und damit begannen, ihren Text einzustudieren.

Den ganzen Tag probten sie für das große Ereignis. Um sie herum wurde gehämmert und gebaut, was die Arbeit einigermaßen erschwerte, aber da bis zur Eröffnung des Volksfestes alles fertig sein musste, nahmen sie es in Kauf. Schliesslich fingen ein paar Arbeiter sogar an, unter ihnen einen Bretterboden zu legen – als Ersatz für ein Podest. Da wurde es sogar Erwin zu viel.

„Also gut, Leute – setzen wir uns da rüber und sprechen alles noch mal in Ruhe durch. Dann wird es schon klappen."

„Aber wir haben den Zweikampf noch nicht geprobt!", warf Florian ein.

„Das könnt ihr ja nachher für euch tun. Es ist ganz leicht – ihr braucht euch doch nur zu verabreden, wer wann mit seiner Lanze wohin sticht. Wenn ihr erst in der Rüstung steckt, dann sieht das ganz toll aus, egal was ihr macht. Und wenn irgendwas nicht hinhaut, dann brüllt und flucht ihr schauerlich aufeinander los, das lenkt ab."

„So, meinst du?"

„Klar! Bloß keine Nervosität!"

Am Tag der Eröffnung war es drückend schwül. Am Himmel zogen sich bleigraue Wolkenberge zusammen, und Bille, Joy, Florian und Simon hofften insgeheim, die Aufführung würde ins Wasser fallen.

Tatsächlich gab es gegen Mittag einen kurzen, heftigen Wolkenbruch, aber bald darauf strahlte der Himmel wieder in festlichem Blau. Bühne und Zuschauerbänke wurden im Nu von den Spuren des Regens befreit und die Dekoration aufgebaut.

Am Vormittag hatten sie die Kostüme anprobiert. Joy und Bille konnten zufrieden sein, aber Simon und Florian fühlten sich mehr als unbehaglich in den schweren Ritterrüstungen, wenn Erwin ihnen auch immer wieder versicherte, sie sähen ganz einfach phänomenal aus!

Die Zuschauerbänke füllten sich, um Punkt vier Uhr sollte das Spektakel losgehen. Erwin murmelte wieder und wieder den Text seiner Ballade, er war bleich wie ein zu kurz gebackener Käsekuchen und stieß in regelmäßigem Abstand den gequält munteren Ausruf „Nur Mut, Leute, kein Grund zur Aufregung!" aus.

Ein Fanfarenstoß signalisierte den Beginn der Aufführung. Erwin, in das bunte Gewand eines Bänkelsängers gehüllt, eine Gitarre im Arm, stolperte auf die Bühne und verbeugte sich tief. Dann griff er kräftig in die Saiten, räusperte sich lautstark ins Mikrofon hinein, dass es klang, als kehre das Gewitter zurück, und begann, in bewegenden Worten theatralisch das bewegte Leben Graf Edelberts zu preisen.

Die Darsteller warteten außerhalb des Burghofs auf ihren Auftritt. Applaus rauschte auf, und Erwin erschien mit vor Stolz hochrotem Kopf bei den anderen.

„Passt ein bisschen auf, der Boden ist schmierig vom Regen, diese blöden Holzplanken trocknen nicht so schnell …"

„Okay."

Graf Edelbert schritt zu seinem ersten Auftritt und teilte dem Publikum seine schmerzliche Sehnsucht nach der schönen Prinzessin Magdalena mit. Dann erschien der König mit seinem Gefolge. Die Krone saß ihm fast auf der Nasenspitze, sie hatte versehentlich etwas von dem Gewitterguss abbekommen, und da sie aus bemalter Pappe bestand, nahm sie das übel. Fritz, der Darsteller des alten Königs, versuchte diesen Mangel durch besonders viel Würde und einen weit in den Nacken gelegten Kopf auszugleichen, sodass man den Eindruck gewann, die Zuschauer säßen auf den Zinnen des Turms.

Joy bereitete sich auf ihren Auftritt vor. Ellinor kletterte über eine Leiter von außen an eine der Fensterhöhlen, die man mit zwei kräftigen Haken für die Strickleiter versehen hatte. Graf Edelbert fluchte hinter dem abgehenden König her und schwor, die Prinzessin in der gleichen Nacht noch zu entführen. Dann tauchte er bei Joy auf und ließ sich in den Sattel helfen.

Joy nahm Asterix beim Zügel und betrat die Bühne. Ein hörbares „Ah!" ging durch die Reihen, als man den schön geputzten Schimmel mit dem hübschen Knappen auftauchen sah. Graf Edelbert bezog es auf sich und lächelte selbstgefällig. Er sprang aus dem Sattel, wobei er sich fast auf den Hosenboden setzte – Joy konnte ihm gerade noch rechtzeitig zu Hilfe kommen. Dann schritt er zum Fenster und rief nach seiner Geliebten.

Ellinor hatte das Abseilen auf der Strickleiter zwar geübt, aber nur in Jeans, nicht in dem weiten, bodenlangen Rock, den sie jetzt trug. So erwies sich der Abstieg als eine ziemlich zeitraubende Angelegenheit. Graf Edelbert füllte die lange Pause mit improvisierten Liebesergüssen.

„Nur Mut, Geliebte – ich weiß, du hast es schwer –, mach dir nichts draus, Liebste, du schaffst es schon. Ja, so ist es recht, noch wenige Schrittchen mit deinen goldigen Füßchen, und du bist in den Armen deines Geliebten. Nie wieder, meine Herzallerliebste, sollst du dann aus einem Fenster – aus einem Fenster – na – hinab – hinabklettern – Vorsicht! – hinabklettern müssen, o meine Geliebte …"

Der Dorflehrer, Verfasser des Stücks, raufte sich die Haare. Edelbert fing seine Prinzessin auf, wobei er sichtlich unter ihrem Gewicht in die Knie ging, und geleitete sie zu seinem Ross.

„Andere Seite, du Trottel, man steigt immer von links auf!", wisperte Joy.

Edelbert und Magdalena gingen um Asterix herum.

„Hast du mein getreues Ross nun von allen Seiten bewundert, meine Geliebte?", improvisierte Edelbert, der allmählich mutig wurde. „Ja, das ist ein Pferd, was? In der Schlacht, wenn der Feind uns umzingelte, schaffte es achtzig Stundenkilometer."

Joy prustete heraus und markierte einen Hustenanfall. Der Lehrer stöhnte hörbar.

Jetzt musste Prinzessin Magdalena aufs Pferd gehievt werden. Knappe Joy und Graf Edelbert bewältigten dieses schwierige Unternehmen gemeinsam, einer hob, der andere schob nach. Als Prinzessin Magdalena endlich im Sattel saß, hing ihr Schleier auf dem rechten Ohr und eine der langen künstlichen Wimpern klebte wie eine Fliege auf Asterix' weißem Fell.

Nun kam Edelbert an die Reihe. Joy unterdrückte ein Stöhnen. Sie hielt ihm den Steigbügel hin und grapschte nach seinem Fuß, da er nicht in der Lage war, die nötige Höhe zu erreichen.

„Lasst mich Euch behilflich sein, edler Ritter", versuchte sie die Situation zu überspielen. „Ich weiß doch, dass seit Eurer schweren Verwundung in der Schlacht Eure alten Knochen nicht mehr so richtig wollen!"

Endlich saß auch Edelbert oben. Unter dem donnernden Applaus eines mitfühlenden Publikums verließen sie die Bühne. Hilfreiche Hände bereiteten den Szenenwechsel vor, während Graf und Prinzessin sich in ihre Hochzeitsgewänder warfen. Eine große Festtafel wurde am Ende der Bühne aufgebaut, die von den Müttern der Darsteller üppig mit dem besten Geschirr und den erlesensten Leckereien ausgerüstet worden war.

Blumen streuende Kinder zogen vor dem edlen Paar her, als es die Bühne betrat und an der Tafel Platz nahm. Die Getreuen Graf Edelberts folgten. Zum Schluss erschien der Hofgeistliche und gab dem Brautpaar mit bibbernder Stimme den Segen. Graf Edelbert hielt eine Dankesrede an seine Getreuen.

„… und nun esst und trinkt und lasst es euch wohl sein, meine lieben Freunde – und auch du, meine liebe Frau. Möge kein Schatten die Freude unserer Tage trüben!"

„Dein Auftritt, Bille! Los!"

Daniel gab Zottel einen kräftigen Klaps, um Bille das Angaloppieren auf einer so kurzen Strecke zu erleichtern. Aber weder er noch Bille hatten mit den schmierigen Holzplanken gerechnet. Zottel preschte durchs Tor und sprang mit allen vieren zugleich auf die Bühne. Ehe Bille begreifen konnte, was passierte, schoss er wie eine Rakete über den glitschigen Untergrund und fegte die Festtafel nebst Geschirr, Speisen und Getränken und den dahintersitzenden Darstellern auf der anderen Seite von der Bühne. Unter ohrenbetäubendem Geklirr landete der verdutzte Zottel in einem Trümmerhaufen aus Scherben und verlockend duftenden Speiseresten auf seinem feisten Hinterteil. Hinter den Resten des Tisches schoben sich langsam die fassungslosen Gesichter des Grafen Edelbert und seiner Getreuen hoch.

Bille war rückwärts aus dem Sattel gerutscht und sprang auf die Beine.

„Entschuldigt meine Eile, edler Herr, mit der ich Euer frohes Fest zu stören wage …", haspelte sie ihren Text herunter. Aber wie zum Teufel ging es weiter?

„Weiterspielen!", zischte eine Stimme hinter der Bühne.

„Der Fürst …", rief Bille verzweifelt, „Fürst Bodo rückt mit seinen Mannen gegen eure Burg! Der Schändliche will eure edle Gemahlin mit dem Schwerte freien!"

„Be-freien!", zischte es wieder.

„Befreien!", brüllte Bille.

„Wie? Was muss ich hören! Ha!" Graf Edelbert pflückte sich Petersiliensträußchen und Schinkenscheiben vom Hochzeitsgewand und stieg über die Trümmer der Tafel. Seine edle Gemahlin ließ er heulend am Boden zurück. Einer seiner Getreuen wischte ihr verstohlen die schwarzen Tränenspuren, die das Übermaß von Wimperntusche verursacht hatte, vom Gesicht.

„Folgt mir, meine Freunde! Dem Bösewicht werden wir das Handwerk legen! Rache sei mein Gebot!" Damit stürmte der Graf von der Bühne.

„Vorsicht, Hoheit! Es ist glatt!", konnte Bille sich nicht verkneifen zu rufen.

Dann nahm sie Zottel, der sich inzwischen seelenruhig über die Reste des Hochzeitsessens hergemacht hatte, am Zügel und stakste hinterher.

Florian und Simon saßen schon im Sattel und warteten auf ihren Auftritt – der eine rechts, der andere links von der Bühne. Je zwei Helfer waren nötig gewesen, um sie auf die Pferde zu heben. In den Händen hielten sie bedrohlich aussehende Lanzen aus Pappe und Stöcken. Mit gemischten Gefühlen warteten sie darauf, dass die Bühne von den Trümmern befreit und zum Auftritt freigegeben wurde.

Endlich war es so weit. Gewarnt durch Billes Rutschpartie ritten sie im Schritt auf die Spielfläche.

„Fürst Bodo! Ich fordere Euch zum Zweikampf! Seid Ihr bereit?", ertönte Simons Stimme dumpf hinter dem herabgelassenen Visier.

„Ich bin bereit!", antwortete Florian. Bongo tänzelte, von den scheppernden Geräuschen der Rüstung beunruhigt, nervös hin und her. Florians eiserne Kopfumhüllung verrutschte, und alles, was er jetzt noch sehen konnte, waren ein Stückchen des Turms und ein paar Baumwipfel dahinter. „Kommt heraus! Wo bist du, Feigling!", rief er und fuchtelte mit seiner Lanze wild in der Luft herum.

„Vorsicht!", zischte jemand hinter der Bühne. „Du sollst doch nicht das Pferd aufspießen!"

„Nur einer von uns wird lebend die Kampfstatt verlassen!", drohte Graf Edelbert und berührte mit der Lanze Florians – des Fürsten Bodo – Schulter.

„Aua! Ich meine: Ha! Verruchter!", schrie der Fürst.

Mit der Lanze suchte er in der Luft nach einem Widerstand – irgendwann musste er Simons Lanze doch treffen.

„Hier bin ich!", rief Simon in seinem Rücken.

Klatsch! Florian hatte beim Wenden Asterix mit der Lanze an der Kruppe getroffen. Asterix keilte aus. Bongo bezog das auf sich, drehte sich und schlug zurück.

„Wo bist du, Bösewicht?", jammerte Florian. „Du kommst nicht lebend von hinnen!" Wieder suchte er mit der Lanze tastend nach Simon. Er kam sich vor wie beim Blindekuh-Spiel. Da endlich fühlte er einen Widerstand! Eine Stange, das musste die Lanze des Grafen Edelbert sein!

„Haaach! Verruchter! Hab ich dich endlich. Da! Und da! Nimm dies! Und das! Und noch einmal!" Florian ließ seine Lanze von rechts und links auf den Gegner sausen.

„Fürst Bodo, seid Ihr blind?", rief Simon plötzlich von hinten. „Was drescht Ihr so wütend auf die Fahnenstange ein! Hier bin ich!"

Florian trieb Bongo in die Richtung, aus der die Stimme kam.

„Ich kann doch nichts sehen, du Trottel!", rief er leise.

Simon beschloss, der Sache ein Ende zu bereiten. Er legte dem Fürsten seine Lanzenspitze auf die Brust und schrie: „So sterbe denn, Unwürdiger!"

Florian ließ sich gehorsam aus dem Sattel gleiten und stieß seine Flüche gegen Graf Edelbert aus. Das Publikum wischte sich die Lachtränen aus dem Gesicht und rang um Fassung. Graf Edelbert ritt hocherhobenen Hauptes davon, und seine Getreuen schleppten den toten Fürsten von der Bühne. Bongo folgte gesenkten Hauptes und begriff überhaupt nichts mehr.

Jetzt blieb nur noch die wirkungsvolle Szene, in der Graf

Edelbert seine Gemahlin aus den Flammen der in Brand gesteckten Burg rettet. Eigentlich hätte Bille hier wieder als reitender Bote auftreten sollen. Aber nach den Erfahrungen von vorhin zog sie es vor, ihre Meldung zu Fuß zu machen.

Sie stürzte auf den Grafen zu und keuchte: „Mein edler Herr, ich ritt so schnell, um euch die grauenvolle Nachricht zu überbringen, dass mein Pferd, das gute, tot unter mir zusammenbrach! So eilte ich denn zu Fuß hierher."

Zottel war offensichtlich mit der Änderung seiner Rolle nicht einverstanden. Und da niemand sich um ihn kümmerte, trabte er hinter Bille her auf die Bühne und zupfte sie fröhlich am Ärmel.

Bille schoss herum.

„Oh! Ein Wunder! Ein Wunder ist geschehn! Es lebt!", rief sie laut. „Mein Pferd, das treue, ist von den Toten auferstanden, aber Eure edle Gemahlin stirbt den Flammentod!"

Der Graf suchte verzweifelt nach seinem Text. Das auferstandene Pferd hatte ihn völlig durcheinandergebracht.

„Wie – was?", stammelte er hilflos. „Seit wann?"

„Schon eine Weile …", sagte der Knappe mitleidig.

„Ihr nach!", brüllte der Graf. Es hatte eigentlich „Mir nach!" heißen sollen.

Jetzt hatte Fritz, der nur im ersten Akt als König einmal aufgetreten war, seine große Nummer. Mit zwei Scheinwerfern und viel rotem und gelbem Seidenpapier zauberte er ein wahres Höllenfeuer auf das Gemäuer der alten Burg. Hinter der Bühne wurde Ellinor mit Ruß geschwärzt und mit angesengten Lappen behängt. Dann durfte Graf Edelbert sie auf die Bühne tragen.

So gut es bei Ellinors Gewicht ging, kam er im Laufschritt auf die Bühne, sprach jubelnd: „Dank sei Gott! Sie lebt!", und trat ihr auf den Rock. Ratsch!, machte es, und die edle Gemahlin stand im Freien. Der Graf ließ sie vor Schreck fallen und sank ganz unprogrammgemäß neben ihr in die Knie. Was als heldischer Abschluss des Stückes hoch von den Zinnen hatte herausposaunt werden sollen, er sprach es als flehendes Gebet: den Schwur, Burg Oldesweiler schöner denn je wieder aufzubauen und eine stolze Stadt dazu.

Das Publikum war gerührt. Der Applaus wollte nicht enden, und einer versicherte dem anderen, so gut hätte er sich schon lange nicht mehr amüsiert.

Der Lehrer war völlig frustriert nach Hause geschlichen. Der Bürgermeister stürzte hinter die Bühne und beglückwünschte die Darsteller. Und Zottel hatte herausgefunden, wo man die Reste der zerstörten Festtafel hinbefördert hatte, und teilte sie sich mit den jüngeren Geschwistern von Erwin.

Anschließend zog man auf den Rummelplatz mitten im Dorf. Bille und ihre Freunde brachten die Pferde in ihre Gastboxen, versorgten sie und folgten dann auf den Festplatz. Schließlich hatten sie genug geleistet, jetzt wollten sie sich auch die angenehmen Seiten des Volksfestes nicht entgehen lassen. In einem Zelt gab es zu essen und zu trinken und zahllose feierliche Reden auf das Wohl der Dorf-Stadt Oldesweiler.

Florian leerte sein Weinglas bereits zum dritten Mal, er starrte selig in die beschwingte Runde und seufzte: „Es ist doch schön, mal woanders zu sein!"

„Super ist es!", bestätigte Bille. „Und trotzdem: Wenn ich daran denke, dass wir in drei Tagen wieder zu Hause sind, freue ich mich auch total. Wieder in Groß-Willmsdorf zu sein – bei den Pferden, bei Herrn Tiedjen, Petersen und Hubert – ich kann's gar nicht mehr erwarten."

Daniel und Joy saßen in einer Ecke und hatten sich unendlich viel zu sagen.

„Was machen wir denn jetzt mit Joy?", fragte Bettina.

„Wir werden ihren Vater überreden, sie nicht ins Internat zu schicken. Sollen sie doch gemeinsam versuchen, dass ihre Noten besser werden, wenn sie es allein nicht schafft!"

„Meinst du wirklich, du kannst das bei ihm durchsetzen? Wie willst du das denn machen?"

„Da fällt mir schon was ein."

Gefahr auf der Pferdekoppel

Wer angibt, hat mehr vom Leben

„Was is 'n das für 'n komischer Typ?"

Karlchen wischte sich mit der Hand den Schweiß von der Stirn, verteilte ihn gleichmäßig über seine brandroten Haare und schniefte unüberhörbar.

„Wer? Wo?" Bille lehnte die Mistgabel an die Wand und erschien neben Karlchen an dem kleinen Fenster in Lohengrins Box, von dem aus man auf den Hof hinaussehen konnte.

„Da drüben, bei Lohmeiers vor der Haustür! Mann, ist der gestylt – bestimmt 'n Manager oder so. Sieht aus wie dem neuesten Nobelprospekt entsprungen!"

„Ich weiß nicht ..." Bille betrachtete nachdenklich den jungen Mann, der neben Herrn Lohmeiers Auto stand und gerade von Frau Lohmeier überschwänglich begrüßt wurde. „Ich würde eher sagen, ein Professor oder so was."

„Das sagst du bloß wegen der Brille. Für einen Professor ist er doch viel zu jung. Was der wohl hier will?"

„Irgendwas Wichtiges muss er sein. Sonst würden sie nicht so mit ihm rumtun. Wie lang der ist!"

„Und so dünn. Hast du die Hakennase gesehen?"

Der junge Mann überquerte jetzt mit dem Verwalter, Herrn Lohmeier, den Hof und ging zum Gutsbüro hinüber. Zwischen Billes und Karlchens braun gebrannten Gesichtern tauchte der mächtige Schädel Lohengrins auf. Offenbar wollte der Fuchswallach feststellen, was seine jungen Pfleger so fesselte, dass sie darüber das Säubern seiner Box vergaßen.

„Starr ihn doch nicht so auffällig an", sagte Bille, und es war nicht ganz klar, ob sie Lohengrin oder Karlchen meinte. „Vielleicht ist er von irgendeiner Behörde und will den Hof inspizieren …"

„Den Hof inspizieren? Wie meinst du das?"

„Na ja, sehen, ob alles den gesetzlichen Vorschriften entspricht. Sauberkeit … und Sicherheit des Arbeitsplatzes … und was es da alles gibt. Ob die Tiere richtig untergebracht sind und gutes Futter bekommen und gesund sind. Könnte doch sein."

„Ausgerechnet auf einem Gut wie Groß-Willmsdorf? Einem solchen Musterbetrieb? Was gibt's denn da zu inspizieren!"

„Vielleicht gerade, weil es ein Musterbetrieb ist. Eine offizielle Besichtigung – he, Dicker, du klemmst mich ja ein! Ich krieg keine Luft mehr!" Bille schob Lohengrin von sich weg. „Na komm, machen wir weiter."

„Sie sind ins Büro gegangen." Karlchen dachte gar nicht daran, seinen Beobachtungsposten zu verlassen.

Bille begann, die frische Streu in Lohengrins Box zu verteilen. Der hatte sich seinem Heu zugewandt und malmte mit verträumt ins Leere gerichtetem Blick vor sich hin. War er Bille im Weg, bekam er einen Klaps auf sein rundes Hinterteil, bis er geruhte, einen Schritt zur Seite zu treten.

„Jetzt kommen sie wieder raus! Mit Frau Beck. Sie gehen zum Kuhstall rüber. Du hast recht – wenn die Sekretärin dabei ist, ist es bestimmt eine offizielle Besichtigung. Jetzt zeigt Lohmeier ihm die Futtersilos …"

„Ob sie auch hier hereinkommen?" Bille sah sich um.

„Klar, glaubst du, ausgerechnet die Pferdeställe wird er auslassen? Das Wichtigste von ganz Groß-Willmsdorf? Die kommen sicher als Letztes dran – als Krönung des Ganzen."

„Auf 'ne Krönung sind wir aber gar nicht vorbereitet", meinte Bille und unterdrückte ein aufsteigendes Unbehagen. „Meinst du nicht, wir sollten schnell noch ein bisschen sauber machen? Wenn wir uns beeilen, schaffen wir es – die brauchen sicher 'ne Weile, bis sie die anderen Ställe besichtigt haben. Zu blöd, dass Petersen noch nicht zurück ist. Wo steckt Hubert?"

„Jetzt verlier bloß nicht die Nerven!" Karlchen bequemte sich, seinen Fensterplatz zu verlassen. „Sie hätten schließlich was sagen können, dass heute hoher Besuch kommt. Kann ja kein Mensch riechen, oder?"

„Trotzdem. Wenn Herr Tiedjen hört, dass der Stall nicht tipptopp in Ordnung war … jetzt komm, hilf mir schon! Erst die Stallgasse … und alles wegräumen, was unnötig rumliegt! Außerdem – vielleicht wusste ja gar keiner, dass der Typ heute kommt. Ich habe neulich gelesen, dass zum Beispiel der Tierschutzverein seine Kontrollen nie anmeldet. Ist ja auch klar: Wenn die sich ankündigen würden, würden sie wahrscheinlich nur Musterbetriebe vorfinden, weil die Leute vorher alles in Ordnung bringen würden."

Hätte ich Idiot bloß gestern die Fenster geputzt, dachte Bille. Man soll seine guten Vorsätze nie aufschieben!

Karlchen fegte die Stallgasse, bis auch nicht ein Halm mehr zu sehen war. Zwischendurch schaute er auf den Hof hinaus, um den Rundgang des Gastes und seiner Begleiter zu verfolgen. Bille kontrollierte die Sattelkammer, räumte das Putzzeug auf, bis Striegel, Kardätschen und Kämme wie ein Regiment zum Appell angetretener Soldaten streng geordnet im Schrank lagen, wischte den Staub von den Namenstafeln an den Boxen; Schwämme, Lappen und Eimer mussten in Reih und Glied antreten, sogar die Lampe wurde noch schnell von einer Schicht toter Fliegen befreit.

„Kannst du sie sehen? Kommen sie schon?", fragte Bille nervös. Sie fühlte sich wie vor einer Prüfung.

„Scheinen noch im Schweinestall zu sein", berichtete Karlchen und spähte in alle Richtungen.

„Dann geh ich jetzt in den Fohlenstall."

Bille ergriff Besen, Mistgabel und Eimer und stiefelte zur Hintertür, von der aus es in die Sattelkammer und weiter in den geräumigen Stall ging, in dem die Absetzer untergebracht waren. Der Laufstall war hell und weitläufig, man fühlte sich wie in einem fröhlichen Kinderzimmer. Auf der linken Seite versuchten die vier Hengstfohlen gerade herauszufinden, wer der Stärkste war, indem sie sich gegenseitig zwickten und spielerisch hochstiegen. Die Stutfohlen auf der anderen Seite des Ganges reckten die Köpfe und schauten neugierig herüber.

„Sindbad!"

Der hübsche Fuchs mit den gleichmäßigen weißen Strümpfen spitzte die Ohren und kam auf seine Pflegerin zu, als Bille den Stall betrat. Übermütig stupste er sie mit dem Kopf an.

„Nein, nein, mein Kleiner, wir können jetzt nicht spielen. Wir bekommen Besuch, da muss ich euch noch ein bisschen schön machen. Wie siehst du bloß wieder aus – voller Stroh und Staub!"

Bille zupfte dem Hengstfohlen ein paar Strohhalme aus dem struppigen Fell. Fast acht Monate war Sindbad jetzt alt, ihr Flaschenkind, das sie mit so viel Liebe aufgezogen hatte, nachdem Sinfonie, seine Mutter, nicht mehr genug Milch für ihren Sprössling gehabt hatte. Und er hatte sich super entwickelt!

Jetzt drängte sich auch der drahtige kleine Jacky-Boy heran. Man konnte dem kräftigen schwarzen Hengstfohlen kaum noch ansehen, dass er das Sorgenkind dieses Sommers gewesen war. Karlchen, der sich sonst mehr für Motorräder und Autos als für Pferde interessierte und nur zur Aufbesserung seines Taschengelds im Stall arbeitete, hatte sich vom Tag der Geburt an in den kleinen Rappen verliebt und ihn hingebungsvoll gepflegt. Und da seine Mutter Jacaranda reichlich Milch hatte, hatte er den Vorsprung der übrigen Fohlen bald eingeholt.

Bille liebte es, bei den Fohlen im Laufstall zu sein, sich ihre Zukunft mit den Pferden auszumalen und ihre künftigen Siege auf den großen Turnieren. Aber jetzt war keine Zeit für Träumereien. Auch die Kinderstube sollte blitzblank aussehen, wenn der Gast sie besichtigte.

Nach einer halben Stunde kehrte sie – zufrieden mit ihrer Arbeit – zu Karlchen zurück.

„Na? Waren sie schon da?"

„Ach was, sie sind erst raus auf die Felder gegangen."

„Auf die Felder? Der nimmt's aber genau … was gibt's denn da um diese Zeit noch zu sehen?"

„Keine Ahnung. Da kommt Hubert, vielleicht weiß der was."

Hubert, Karlchens älterer Bruder und Pferdepfleger bei Herrn Tiedjen, dem berühmten Springreiter, dem das Gut Groß-Willmsdorf gehörte, kam von der Reithalle zu ihnen herüber.

„Der Chef ist mit Nathan noch raus auf die Springbahn. Danach will er mit Black Arrow arbeiten. Kannst du ihn schon mal fertig machen?"

„Klar, mach ich. Sag mal, weißt du, wer der Typ ist, der hier mit Lohmeier auf dem Hof herumspaziert?"

„Der so gescheit daherredet? Keine Ahnung."

Hubert öffnete die Futterkiste und begann, das Kraftfutter für das Abendbrot der „Schwerarbeiter", wie er Herrn Tiedjens Turnierpferde nannte, zu mischen. Bille trat zu Black Arrow in die Box, wischte dem schönen Rappen mit einem weichen Tuch über den Rücken und legte den Sattel auf.

„Was hat er denn gesagt?", rief sie zu Hubert hinüber.

„Wer?"

„Na, der Typ …"

„Was weiß ich … so kluges Zeug eben … von neuesten wissenschaftlichen Erkenntnissen, und … und über die Schweine-Versuche, die sie gemacht haben – wie intelligent ein Schwein ist, und dass Kühe bei Musik mehr Milch geben und so …"

„Also doch ein Professor oder so was Ähnliches. Ein Wissenschaftler jedenfalls. Vielleicht so einer, der das Verhalten der Tiere studiert", meinte Bille.

„Und über die Intelligenz der Pferde und ihrer Reiter hat er nichts gesagt?", stichelte Karlchen.

„Hab ich nichts von gehört", nuschelte Hubert, den der unbekannte Besucher nicht sonderlich interessierte. „Vielleicht beschäftigt er sich nur mit Kühen und Schweinen."

„Das finde ich aber schwach. Ist ja fast 'ne Beleidigung für Herrn Tiedjen und unsere Rösser hier!", empörte sich Karlchen.

„Ich weiß doch gar nicht, was der will", wehrte Hubert ab. „War doch bloß 'ne Vermutung."

Bille hatte Black Arrow fertig gesattelt und aufgetrenst und führte ihn auf die Stallgasse hinaus. Zärtlich fuhr sie ihm mit den Fingern durch die blauschwarz glänzende Mähne und ordnete die widerspenstig quer stehenden Strähnen. Black Arrow hatte mit einem Blick die offene Futterkiste entdeckt und marschierte zielstrebig darauf zu.

„Du bist schon genauso verfressen wie Zottel", schimpfte Bille. „Jetzt gibt es noch nichts. Erst wird gearbeitet …"

„Da sind sie wieder!", rief Karlchen. „Sie stehen auf dem Hof und palavern!"

„Oh, wirklich?" Bille verspürte einen unwiderstehlichen Drang, diesem wichtig aussehenden Fremden Eindruck zu machen, sie wusste selbst nicht, warum. „Also, ich bring dann jetzt Black Arrow rüber …" Eilig zog sie den Wallach hinter sich her und öffnete die Stalltür.

„Bist ja bloß neugierig." Karlchen grinste breit. „Erzähl uns, was er gesagt hat, wenn du zurückkommst, vielleicht kriegst du was raus."

„Aha – und du bist gar nicht neugierig, wie?"

„Ich meine ja nur …"

Normalerweise führte Bille die Pferde am Zügel zum Reitplatz hinüber, wenn Herr Tiedjen mit ihnen arbeiten wollte. Aber jetzt konnte sie der Versuchung nicht widerstehen. Wie der Blitz saß sie im Sattel, nahm die Zügel auf und ritt hocherhobenen Hauptes auf die Gruppe zu. In ihrem Rücken hörte sie Karlchen und Hubert kichern.

Der Fremde wich erschrocken zurück und Herr Lohmeier sah kopfschüttelnd auf, als Bille dicht an der Gruppe vorbeiritt.

„Dem haben wir's aber gezeigt, mein Hübscher, was? Hier von der Intelligenz von Schweinen zu reden …", kicherte Bille.

Herr Tiedjen setzte gerade mit Nathan über die dreifache Kombination. Konzentriert und kraftvoll sprang der kräftig gebaute Braune, er hatte den Ausdruck eines Profis, der genau weiß, worauf es ankommt, und seine Kräfte einzuteilen versteht. Ein Pferd, das jeder Schwierigkeit gewachsen war.

„Da bist du ja!"

Herr Tiedjen beendete seine Arbeit und ritt im Schritt zu Bille hinüber. Er sah müde aus, nach dem schweren Unfall im Frühjahr strengte ihn das Reiten immer noch an. Aber wenn er im nächsten Jahr wieder auf Turnieren starten wollte, durfte er mit dem Training nicht länger warten.

„Du kannst ihn trocken reiten, er hat für heute genug getan." Herr Tiedjen saß ab und übergab Bille die Zügel. „Und bitte schick mir jemanden herüber, der die Hindernisse aufbaut. Unser Kronprinz hier wird wohl wieder einiges in Trümmer legen."

„Mach ich. Karlchen hat sowieso nichts zu tun."

Bille musste kräftig Schwung holen, um in den Sattel des Riesen Nathan zu kommen. Einen Augenblick sah sie noch zu, wie Herr Tiedjen mit dem übermütig tänzelnden Black Arrow in die Bahn ging.

„Der kann sich an dir ein Beispiel nehmen, Dicker", sagte sie und streichelte Nathan liebevoll den Hals. „Verpulvert wieder all seine Kräfte mit Zickenmachen und Rumspielen. Na ja, er wird's auch noch lernen."

Im Schritt ritt sie zum Stall zurück. Von Herrn Lohmeier und dem Fremden war nichts zu sehen. Bille schickte Karlchen zu Herrn Tiedjen hinüber und ließ Nathan noch ein paar Runden um den Hof gehen, ehe sie aus dem Sattel sprang, ihm das Zaumzeug abnahm und ihn mit einem aufmunternden Klaps in den Stall schickte. Auf Nathan konnte man sich verlassen. Er versuchte weder der Futterkiste einen Besuch abzustatten noch in eine fremde Box zu marschieren, sondern kehrte gehorsam in seine eigene Behausung zurück, um sich von Bille absatteln und trocken reiben zu lassen. Er war und blieb ein Musterknabe.

Bille hatte ihre Arbeit gerade beendet, als der alte Petersen den Stall betrat.

„Nanu, was ist denn hier los?", wunderte sich der Pferdepfleger. „Hat dich der Putzfimmel befallen oder rüsten wir zu einem Staatsempfang? So ordentlich war der Stall schon lange nicht mehr! Ich hab doch nicht etwa Geburtstag?"

„Das mit dem Staatsempfang kommt der Sache am nächsten", meinte Bille verlegen. „Da ist so ein Besuch gekommen, irgendein hohes Tier, ein Wissenschaftler. Und deshalb habe ich gedacht, es wär besser, wenn ..."

„... wenn wir dem ordentlich Eindruck machen, wie?"

„So ungefähr."

Petersen grinste.

„Gut, dass ich das weiß. Wenn ich in Zukunft den Stall mal so richtig sauber haben möchte, sag ich euch, wir bekämen einen hohen Gast."

„Wissen Sie, wer das ist?", erkundigte Bille sich neugierig.

Der alte Petersen schmunzelte.

„Ich kenn ihn noch nicht persönlich. Aber es ist ein sehr wichtiger Mann. Na, du wirst ihn wohl gleich kennenlernen."

„Sie kommen, um die Pferdeställe zu besichtigen?"

„Klar. Wo du doch so schön aufgeräumt hast!"

„Ich dachte schon, er interessiert sich nur für Kühe und Schweine. Hubert hat so was gehört ..."

„So so, Hubert. Hat er den wichtigen Mann schon kennengelernt? Wo ist er überhaupt?"

„Hubert? Ich glaube, im Fohlenstall drüben ..."

Der alte Petersen begann, das Kraftfutter in die Krippen zu verteilen, und Bille bückte sich besorgt nach ein paar Haferkörnern, die auf den Boden gefallen waren und die makellose Sauberkeit auf dem Gang beeinträchtigten. Gleich würde der Besucher den Stall betreten. Bille spürte leises Lampenfieber in sich aufsteigen. „Sehr wichtig!", hatte Petersen gesagt. Vielleicht war er doch von einer Behörde.

Bille überlegte, was man noch tun könne, um auf den hohen Gast einen guten Eindruck zu machen. Sollte sie nicht wenigstens das Fenster in der Sattelkammer putzen?

Aber dazu kam es nicht mehr. Karlchen erschien in der Stalltür und machte ihr wilde Zeichen. Und ehe sie noch begriffen hatte, was er wollte, tauchte Herr Lohmeier hinter ihm auf, öffnete die Tür weit und machte eine einladende Geste.

„Bitte, mein Lieber, treten Sie näher. Nur keine Hemmungen. Wir kommen jetzt in die gute Stube des Betriebs, oder sagen wir besser: in den Salon. Hier stehen Herrn Tiedjens Turnierpferde. Also – Ehrfurcht, junger Mann!"

Wie redete der denn mit dem Wissenschaftler? Als sei es ein guter Bekannter, ein Stammtischbruder! Aber Petersen hatte doch gesagt ...

„Am besten, ich stelle Ihnen erst mal die Mannschaft vor. Der Boss des Vereins hier ist Herr Petersen. Herr Petersen, das ist Herr Schüler. Dann haben wir da Hubert Brodersen und seinen Bruder Karlchen, der hilft im Stall aus, um sein

Taschengeld aufzubessern. Und unsere Bille, Sibylle Abromeit, sie ist eine Schülerin vom Chef, na, sagen wir ruhig, seine Lieblingsschülerin! Sie ist aus dem Stall so wenig wegzudenken wie die Pferde …"

„Ach ja, die Reiterin von vorhin," murmelte der junge Mann und lächelte Bille etwas gequält zu, „mit dem Mustang."

Der hatte vielleicht eine Ahnung von Pferden! Nicht zu fassen!

„Übrigens hat unsere Bille ein Maskottchen …" Herr Lohmeier sah sich suchend um. „Wo ist er denn?"

„Zottel? Ich habe ihn heute zu Hause auf der Koppel gelassen", berichtete Bille eifrig.

„Hm – na, Sie werden ihn noch zur Genüge kennenlernen. Hüten Sie sich vor ihm, Schüler, er ist ein Schlitzohr und macht die tollsten Streiche!" Herr Lohmeier lachte dröhnend.

Herr Schüler schüttelte jedem der Anwesenden die Hand und murmelte Unverständliches. Bille glaubte so etwas wie „gute Zusammenarbeit" herauszuhören.

„Na, wie ist es, Bille", polterte Lohmeier drauflos. „Willst du mir nicht die Führung abnehmen? Du verstehst doch mehr von Pferden als ich. Herr Schüler studiert Landwirtschaft und beginnt morgen sein Praktikum bei uns."

Der alte Petersen hüstelte und verbarg sein Grinsen hinter einem handtuchgroßen Taschentuch. Bille und Karlchen starrten sich an, als hätte Herr Lohmeier ihnen eben erzählt, dass vor dem Stall ein Ufo gelandet sei. Es war schwer zu sagen, wessen Gesicht die schönere Farbe angenommen hatte: Bille sah aus, als hätte sie ihres in Himbeersaft getaucht, Karlchen erinnerte eher an Tomatenketchup.

„Jjj-ja natürlich … gern", stotterte Bille und sah den langen Herrn Schüler von unten herauf beschämt an, als könne der Gedanken lesen. So eine Blamage! Den Stall aufgeräumt wie für einen Besuch der Königin von England, und dann stellte sich heraus, dass der hohe Besuch nicht viel mehr war als sie selbst – ein Praktikant!

Bille wies in den langen Gang des Seitenflügels, in dem sich die Boxen der Mutterstuten befanden.

„Fangen wir dort hinten an. Bitte, Herr Schüler!"

Der junge Mann folgte ihr schweigend, mit staksigen Schritten, die Hände in den Manteltaschen vergraben, als müsse er sich an etwas festhalten.

„Schön habt ihr es hier", sagte er schließlich zögernd. „Alles so sauber und gepflegt. Kein Wunder, dass die Pferde so einen ausgeglichenen, heiteren Eindruck machen. Der wache Ausdruck, die gelöste Haltung – ja, so soll es sein!"

Bille blieb vor Staunen der Mund offen stehen.

„Sie verstehen wohl viel von Pferden?", fragte sie beeindruckt.

„Na ja, ähä … ich … also sagen wir mal, ich interessiere mich für sie. Allerdings mehr theoretisch. In der Praxis habe ich – wie soll ich es ausdrücken – eine ganze Menge Respekt vor ihnen. Mir fehlt es an … Erfahrung, nennen wir es mal so. Wir sind uns noch nicht begegnet."

„Ach so …"

„Aber das kann sich ja ändern, nicht wahr?" Herr Schüler wurde lebhaft. „Du musst nicht denken – nein, nein, ich mag Pferde! Ich mag sie wirklich gern! Und wenn ich erst mal eine Weile hier bin … ich möchte auch gern reiten lernen!"

„Reiten lernen?" Bille schaute zweifelnd an dem langen, dürren jungen Mann hinauf. „Im Ernst, Herr Schüler?"

„O ja – so bald wie möglich!" Es klang, als wolle er sich selbst Mut machen. „Übrigens: sag doch Edmund zu mir. Wir sind ja nun fast Kollegen, nicht wahr?"

„Okay, Edmund", sagte Bille lachend.

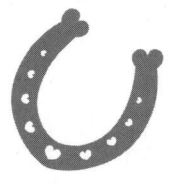

Edmund der Weise
lernt reiten

Am nächsten Tag – einem schulfreien Samstag – ritt Bille zu den Freunden nach Peershof hinüber. Zottel, der drei Tage nicht unter dem Sattel gegangen war, galoppierte ausgelassen über die Stoppelfelder. Ein kräftiger Herbstwind fasste Pferd und Reiterin von hinten und schien sie wie die Blätter vor sich herzutreiben, die um sie herum durch die Luft wirbelten.

Bille bog auf die Allee ein, die auf das Peershofer Gutshaus zulief. Bettina wartete bereits vor dem Eingang.

„Die Jungen sind schon beim Satteln im Stall drüben", begrüßte Bettina die Freundin. „Wir wollten dir vorschlagen, heute mal wieder an die Ostsee hinüberzureiten. Die Brandung muss bei dem Wetter fantastisch sein!"

„Gute Idee. Dann habe ich ja Zeit genug, euch meine Geschichte zu erzählen."

„Was für eine Geschichte? Ist was passiert?"

„Etwas so Irres, dass ihr aus dem Lachen nicht mehr rauskommen werdet. Leider ist sie für mich ziemlich unrühmlich. Immerhin habe ich jetzt meinen ersten Reitschüler."

„Im Ernst? Wen denn?"

„Das erzähle ich euch später, es gehört zu der Geschichte. Außerdem werde ich eure Hilfe brauchen."

„Jetzt sag schon, ich platze vor Neugier!"

„Gedulde dich noch ein bisschen."

Florian, der jüngste der drei Henrich-Brüder, führte gerade seinen stämmigen, kleinen Rappen Bongo aus dem Stall, als die beiden Mädchen über den Hof kamen.

„Du bist die Faulheit in Person!", schimpfte er auf sein Pony ein. „Manchmal hätte ich Lust, dir eine Rakete unter dem Hintern anzustecken! Nun komm, du alte Transuse, ich muss dir noch die Hufe sauber machen. Hallo, Bille, hast du nicht Lust, Bongo die Hufe auszukratzen? Du machst das immer so schön. Ich passe inzwischen auf Zottel auf."

„Hat hier eben einer was von Faulheit gesagt?", fragte Bille Bettina mit erstaunt hochgezogenen Augenbrauen. „Oder sollte ich mich da verhört haben?"

„Keineswegs", flötete Bettina. „Nur gibt es da feine Unterschiede. Bongo ist faul. Aber bei Florian heißt so was Teamwork, wenn du ihm die Arbeit abnimmst und er dafür mit Zottel schäkert."

„Tut mir ehrlich leid, Flori", seufzte Bille bedauernd, „aber ich fühle ganz plötzlich einen stechenden Schmerz in der rechten Hand. Ich hätte dir ja sonst gern geholfen …"

Die beiden Mädchen lachten, und Florian verzog beleidigt den Mund.

„Immer auf die Kleinen! Typisch!"

„Wie recht du hast", meinte Bille kichernd. „Oder hast du vergessen, dass ich noch ein halbes Jahr ‚kleiner' bin als du? Ich werde erst in ein paar Wochen vierzehn."

Bille nahm Zottel das Zaumzeug ab und band ihn am Halfter neben Bettinas Stute Sternchen an, die bereits gesattelt im Hof stand. Dann betrat sie den Stall.

„Hallo, Daniel! Simon, grüß dich! Seid ihr fertig?"

„Beeilt euch, Bille hat uns was Tolles zu erzählen. Aber sie will nicht damit herausrücken, bevor wir auf dem Weg sind. Also schaut zu, dass ihr fertig werdet", drängte Bettina.

Bille trat zu Simon in die Box, der seiner Goldfuchsstute Pünktchen mit sanften Strichen den Bauch massierte.

„Wie geht's ihr?"

„Gut. Aber ich werde sie nicht mehr lange reiten, ich möchte sie nicht überanstrengen. Anfang Februar ist es so weit – unser erstes Fohlen. Ich bin schon ganz aufgeregt, wenn ich daran denke."

„Das kann ich verstehen." Bille streichelte der Stute zärtlich den Hals. Hoffentlich geht alles gut, dachte sie, Simon hing an Pünktchen fast mehr als sie selbst an Zottel, wenn das überhaupt möglich war. Er hatte einen sechsten Sinn für Pferde und würde ganz sicher einmal ein so guter Reiter werden wie Herr Tiedjen.

„Wenn ihr euren Kaffeeklatsch da drinnen beendet habt, können wir starten!", rief Daniel aus der Nachbarbox und führte seinen Schimmel Asterix auf die Stallgasse hinaus.

„Okay."

Bille half Simon, Pünktchen zu satteln, und wenige Minuten später ritt die kleine Gruppe zum Hof hinaus. Sie wählten einen Weg, der am Wald entlangführte. Dort blies der Wind weniger heftig, und man konnte sich leichter verständigen. Bille begann, unterbrochen von dem Gelächter der anderen, ihr Erlebnis vom Vortag in den leuchtendsten Farben zu schildern.

„Und zum Schluss", berichtete sie, „als ich ihn durch sämtliche Ställe geführt und ihm alle Lebensgeschichten unserer Pferde erzählt hatte, fragt er mich, wie und wo er reiten lernen könne, ohne sich allzu sehr zu blamieren. Er wolle möglichst von niemandem beobachtet werden. Wahrscheinlich hat er Angst, er könne sich furchtbar dämlich anstellen. Ich habe zwar versucht, ihm das auszureden, aber er will unbedingt unter Ausschluss der Öffentlichkeit reiten lernen."

„Und da hast du ihm vorgeschlagen, ihn höchstpersönlich zu unterrichten – hinter der fest verschlossenen Tür der Reithalle."

„Nicht ganz. Ich habe ihm von euch erzählt. Dass ihr auch Schüler von Herrn Tiedjen seid und dass er uns zusammen unterrichtet. Er ist einverstanden, dass wir ihm gemeinsam die ersten Reitstunden geben. Vor uns Schülern scheint er weniger Hemmungen zu haben."

„Fünf Reitlehrer und ein einziger Schüler, ist das nicht ein bisschen happig?"

„Lass mal, wenn er sich wirklich so dämlich anstellt, sind fünf Lehrer noch gar nicht genug", meinte Florian lakonisch und wandte sich zu Daniel um. „Überleg doch mal: Einer, der sagt, was er tun soll, einer, der das Pferd führt, je einer rechts und links, der aufpasst, dass er nicht zur Seite kippt, einer, der hinterherläuft und ihn auffängt, wenn er runterfällt – das sind schon fünf. Und dann brauchen wir noch einen, der nebenherläuft und das Pferd beruhigt."

„Spaß beiseite", sagte Simon, „mehr als zwei sollten das nicht machen. Einer von uns unterrichtet, und der andere ist als Assistent dabei, falls was passiert. Schließlich sind wir ja keine ausgebildeten Reitlehrer."

„Was soll da schon passieren? Du nimmst ihn an die Longe, das ist alles", meinte Florian achselzuckend. „Mehr als sich in den Sand setzen kann er doch nicht."

„Trotzdem möchte ich ihn nicht allein unterrichten", wandte Bille ein. „Dieser Edmund ist fast zwei Meter lang.

Ich kann ihn schließlich nicht auf Zottel setzen, er braucht ein großes Pferd."

„Tatatataaam! Nachtigall, ick hör dir trapsen – jetzt weiß ich, was hier gespielt wird", sagte Daniel grinsend. „Ein Pferd für einen Zweimetermann – da kommt doch nur Asterix infrage! Du brauchst keinen Hilfslehrer, du brauchst ein Pferd, stimmt's?"

„Na, sagen wir … auch ein Pferd. Aber wenn du mich schon drauf bringst: Asterix ist tatsächlich das einzige Pferd, das für Edmund infrage käme. Auf Zottel würde er aussehen wie auf einem Zwergesel", meinte Bille lachend. „Also, macht ihr mit?"

„Na logisch! Auf diesen Edmund bin ich gespannt. Wie heißt er weiter?", erkundigte sich Simon.

„Schüler."

„Schüler, unser Schüler. Sehr witzig. Edmund, du wirst dein blaues Wunder erleben. Wenn Bille dich unterrichtet, bist du nach der ersten Stunde nur noch einen Meter neunzig lang."

So unrecht hatte Simon mit seiner Vermutung nicht.

Am Sonntagmorgen erschien Edmund Schüler bei seinen jungen Lehrern in der Reithalle. Herr Tiedjen war übers Wochenende weggefahren, auf dem Hof war es still, kein Neugieriger war in der Nähe, der sie hätte stören können.

Bettina, Bille, Daniel, Simon und Florian hatten bereits eine Stunde in der Bahn gearbeitet, und Asterix hatte sich genügend ausgetobt, um den Anfänger Edmund nicht durch allzu heftige Temperamentsausbrüche zu erschrecken.

Edmund hatte sein Aussehen total verändert. Nichts an ihm erinnerte mehr an den vornehmen jungen Herrn, den

Bille und Karlchen für ein „hohes Tier" gehalten hatten. Er steckte in einem ausgeleierten Trainingsanzug, dessen Oberteil zu kurz, aber dafür dreimal so weit war, wie es für Edmunds Figur angemessen gewesen wäre. An den Füßen trug er Gummistiefel, deren Schäfte an seinen mageren Beinen so weit abstanden, dass er Proviant für drei Tage darin hätte befördern können. Zum Ausgleich für diesen Aufzug trug er teure Lederhandschuhe, und teuer wirkte auch die Reitkappe, die auf Edmunds schmalem Kopf thronte.

„Da bin ich!", verkündete Edmund fröhlich und rieb sich die Hände. „Na, dann woll'n wir mal! Ist er das?" Edmund zeigte auf Asterix und musterte den hochgewachsenen Schimmel respektvoll.

„Das ist er. Asterix. Ein ausgezeichnetes Reitpferd und ein gutmütiger Kerl dazu", lobte Daniel seinen vierbeinigen Freund. „Er wird Ihnen keinen Ärger bereiten."

„Sicher nicht. Umgekehrt schon eher – hä, hä –" Edmunds Lachen klang dünn.

Bille befestigte die Longe am Zaumzeug und schnallte die Zügel fest. Bettina, Simon und Florian wünschten Edmund Hals- und Beinbruch und verzogen sich. Die Verlockung war groß, von der Tribüne aus zuzuschauen, aber sie wollten fair sein. Wenn Edmund schon so große Hemmungen hatte, war es besser, ihn mit Bille und Daniel allein zu lassen.

„So – aufsitzen, bitte. Halt! Nicht von rechts, immer von links! Linken Fuß in den Steigbügel, linke Hand hier vorne an den Sattel – so, sehr schön – rechte Hand hier hinten – und jetzt: mit dem rechten Fuß kräftig abstoßen und hochziehen – he! Hallo, Edmund – wo sind Sie denn?"

Verblüfft starrte Bille auf den leeren Sattel, auf dem eigentlich jetzt Edmund hätte sitzen sollen.

„Hier unten", kam es dumpf hinter Asterix' Rücken hervor. „Ich habe wohl zu viel Schwung genommen."

„Zweifellos. Noch mal das Ganze, mit weniger Schwung und mehr Gefühl, okay?"

Beim zweiten Versuch stellte sich Daniel sicherheitshalber an der anderen Seite auf, um Edmund, falls nötig, in Empfang zu nehmen. Und das war gut so. Denn diesmal nahm Edmund zwar weniger Schwung, aber er kippte mit dem Oberkörper so weit nach vorn, dass er quer auf dem Sattel lag und wie eine Wippe von einer Seite zur anderen schwankte. Bille bekam schließlich einen Fuß zu fassen, Daniel einen Arm, und so schoben und drehten sie ihn, bis sie ihn aufrecht im Sattel hatten.

„Na, das müssen wir nachher noch mal üben", ächzte Bille. „Jetzt erklär ich Ihnen erst mal die richtige Haltung."

„Beim richtigen Sitz sollen Schultern, Hüften und Fersen eine senkrechte Linie bilden. Die Ferse des Reiters soll nach unten zeigen, die Fußspitze in die Bewegungsrichtung des Pferdes", leierte Edmund herunter. „Der Reiter soll mit dem Gesäß tief im Sattel sitzen, die Oberschenkel sollen an den Seiten des Sattels flach und die Unterschenkel an den Seiten des Pferdes ruhig anliegen."

Bille vergaß vor Staunen, den Mund zu schließen.

„Das habe ich heute Nacht auswendig gelernt", gestand Edmund. „Nur das mit dem Aufsitzen hatte ich vergessen. Ich dachte, es wäre nicht so wichtig. Asterix ist es doch egal, von welcher Seite ich ihn erklettere."

„O nein", meinte Daniel grinsend. „Asterix hat gern alles so, wie er es gewohnt ist. Na, dann wollen wir die Theorie mal in die Praxis umsetzen. Im Augenblick bilden Ihre Schultern, Hüften und Fersen noch eine schräge Linie von

Nordnordwest nach Südsüdost. Schultern zurück – Fersen runter!"

„Und kein Hohlkreuz bitte", mahnte Bille. „Die Füße sind zu weit im Steigbügel drin. So – jetzt versuchen wir mal ein paar Runden im Schritt."

Bille gab die Longe frei und trieb Asterix an. Oben schaukelte Edmund wie der Mast eines Segelschiffs bei Windstärke zehn.

„Fabelhaft!", jubelte Edmund. „Ein Gefühl wie Weihnachten."

„Er sitzt auch wie ein Weihnachtsmann", flüsterte Daniel. „Total unsportlich, das wird ein schönes Stück Arbeit. Er hat überhaupt kein Körpergefühl."

„Wundert dich das, bei der Länge?"

Edmund klopfte Asterix überschwänglich den Hals und redete auf ihn ein.

„Fersen runter!", kommandierte Bille. „Die Hände liegen ruhig auf den Oberschenkeln. Schultern zurück! He! Hören Sie mir überhaupt zu?"

„Verzeihung. Ich bin dabei, einen ersten Kontakt herzustellen, ich habe mich gerade mit Asterix unterhalten."

„Und was hat er gesagt?"

„Halt die Klappe und konzentrier dich", murmelte Daniel. „Was soll er schon anderes sagen …"

„Diese Kontaktaufnahme ist äußerst wichtig", dozierte Edmund. „Man darf die Intelligenz eines Pferdes nicht unterschätzen. Die Wissenschaft hat zum Beispiel festgestellt …"

„Erzählen Sie uns später, was die Wissenschaft festgestellt hat – jetzt nehmen Sie die Schultern zurück! Sitzen Sie gerade! Fersen nach unten und Fußspitzen nach innen. Nicht zu weit mit dem Gesäß nach hinten! Nehmen Sie die Knie ran!

So, wir werden ein paar Lockerungsübungen machen. Strecken Sie die Arme seitlich aus und schwingen Sie von einer Seite zur anderen. Weiter rum! Schön locker schwingen!"

„Oje, so eine traurige Gestalt", flüsterte Daniel. „Was machen wir bloß mit ihm? Er ist völlig steif im Kreuz!"

„Da hilft nur eins", murmelte Bille, „ins Schwitzen bringen!"

Bille ließ Edmund eine ganze Reihe von Balance-Übungen machen. Er musste mit den Beinen und Armen schwingen, in den Steigbügeln aufstehen und niedersitzen, sich mit dem Oberkörper auf den Pferderücken legen und wieder aufrichten – so lange, bis Edmunds Gesicht die Farbe einer reifen Tomate angenommen hatte und sich auf der Stirn die ersten Schweißtröpfchen zeigten.

Bei alledem hörte Edmund nicht auf zu reden. Tat er es, um seine Hemmungen zu überwinden, oder wollte er beweisen, was er über das Verhalten von Pferden alles gelesen hatte? Jedenfalls begleitete er jede seiner Bewegungen mit einer mehr oder weniger klugen Bemerkung.

„Labert der immer so weise daher?", fragte Daniel leise. „Mann, der redet ja wie ein Buch! So was habe ich noch nicht erlebt! Wo nimmt der bloß die Puste her?"

„Jetzt die Beine schwingen", kommandierte Bille. „Das machen wir im Stand, sonst landen Sie gleich in den Sägespänen. Raus aus den Steigbügeln. Jetzt das linke Bein über den Pferdekopf nach rechts hinüber und dann umgekehrt ..."

„Brrr, Asterix! Ja, das ist eine sehr gesunde Übung, ausgezeichnet zur Festigung der Bauchmuskulatur – und – schwupp! – nein, geht nicht, noch mal – schwupp – verdammt! Hättest du wohl was dagegen, den Kopf etwas tiefer zu halten, Asterix? Es würde mir die Operation wesentlich erleichtern. Also – noch mal – und Schwung – tiefer, sagte ich, nicht höher, du musst mich missverstanden haben – aber jetzt – und schw-uff! Geschafft! Und jetzt das andere Bein – äch – und – na, was ist denn das! Ah – uch – nein, das kann ich nicht", sagte Edmund, echtes Erstaunen in der Stimme. „Wie macht man das?"

„Aber Edmund! Erst natürlich das linke wieder zurück und dann erst das rechte Bein nach links!", stöhnte Bille.

„Ach so! Natürlich – zu dumm von mir. So was Blödes! Jetzt aber! Warum nicht gleich so!"

Bille ließ Edmund die Übung noch zweimal wiederholen, dann trieb sie Asterix an.

„Ich glaube, Sie sind jetzt von Kopf bis Fuß durchgelockert. Versuchen wir's mal mit einem Trab. Haben Sie den auch auswendig gelernt?"

„Nun, wenigstens studiert."

„Na, dann zeigen Sie mal, was Sie behalten haben."

Asterix setzte sich in Bewegung, erleichtert über die Abwechslung trabte er eifrig voran. Edmund im Sattel schien an unsichtbaren Gummibändern zu hängen, die ihn mal nach oben, mal nach rechts oder links zogen. Er grinste.

„Dda-da-as e-er-in-in-nert mi-ich a-an ei-ein-en Pro-of-fes-sor in Tütü-tübing-en", holperte er im Takt des Trabes heraus. „Der ma-mach-te ei-ein-en Ve-Versuch mi-mit …"

„Erzählen Sie uns das später", rief Daniel erschöpft. „Im Augenblick wäre es besser, wenn Sie sich auf ihre Haltung konzentrierten. Fersen runter! Gesäß tief in den Sattel!"

„Hab i-ich doch! Es schü-üt-telt so schön. We-wenn maan je-etzt wa-as zu-u mi-mixen hä-hätte, brau-auchte maman es nu-ur ru-uhig i-in der Ha-hand zu-u ha-al-ten …"

„Der kommt auf Ideen! Ob es ihm jemals die Sprache verschlägt? He – Edmund, was machen Sie denn da?"

Edmund hatte sich weit zur Seite gebeugt und versuchte, unter den Bauch seines Pferdes zu schauen.

„I-ich wo-ollte mal se-sehen …"

Aber da war es schon passiert. Edmund landete mit einem unfreiwilligen Kopfstand im Sägemehl, machte einen Überschlag und blieb regungslos liegen.

„Edmund! Um Himmels willen, Edmund, ist Ihnen was passiert?", rief Bille ängstlich.

Daniel fing Asterix ab und nahm ihn am Zaumzeug. Edmund lag da mit geschlossenen Augen, alle viere von sich gestreckt, und gab keinen Mucks von sich. Hatte er sich verletzt? War er ohnmächtig? Bille beugte sich besorgt über ihren Schüler.

„Im Trab soll der Reiter das Pferd durch Vermehren des Drucks mit den Schenkeln und durch verstärkte Kreuzanspannung vorwärtsschieben. Das Pferd wird dadurch veranlasst, mit den Hinterbeinen tiefer unter sich zu treten und mit dem Rücken zu arbeiten und zu schwingen", dozierte Edmund der Weise mit geschlossenen Augen, als spräche er im Schlaf. „Ich wollte nur mal nachprüfen, ob es stimmt."

Zottel auf Abwegen

Zottel war beleidigt. Nicht nur, dass seine Freundin die Woche über kaum Zeit für ihn hatte, wenn sie vormittags zur Schule fuhr und den Nachmittag in der Reithalle oder auf der Springbahn verbrachte. Jetzt ließ sie ihn auch noch am Sonntag im Stich. Und das an einem so strahlend schönen Herbsttag, an dem man gar nicht anders konnte, als querfeldein zu galoppieren! Zottel war bis auf den Grund seiner Ponyseele gekränkt.

Nicht einmal Gesellschaft hatte er auf der Koppel! Wenn wenigstens der kleine Sindbad da gewesen wäre – oder Black Arrow, sein großer Freund! Oder wenigstens Moischele – das Findelkind, das seit ein paar Monaten zu Hause in Wedenbruck den Stall mit ihm teilte. Moischele durfte im Obstgarten spazieren gehen und den Kopf durchs Küchenfenster stecken, wenn er sich eine Leckerei erbetteln wollte, während er, Zottel, hier auf der Groß-Willmsdorfer Koppel abgestellt wurde wie ein geparktes Auto.

Zottel langweilte sich.

Aber nicht nur Zottel. Es gab zwei, die seine Gefühle teilten. Und diese zwei waren Jens, der Sohn des Wirts vom *Krug*, und Kuddel, sein bester Freund.

Eigentlich hätten die beiden in der Kirche sein sollen. Zumindest waren ihre Mütter der Ansicht, dass sie sich dort befanden. Aber Jens und Kuddel hatten vor der Kirchentür plötzlich die Stimme ihres Gewissens vernommen, die ihnen sagte, dass es Gotteslästerung sei, an einem so schönen Herbsttag in der dunklen Kirche zu sitzen, anstatt über die Wiesen und durch den Wald zu stromern. Also hatten sie sich verdrückt, waren durch den Friedhof davongeschlichen und bummelten nun – noch unentschlossen, was mit diesem schönen Vormittag anzufangen sei – an den Groß-Willms-dorfer Koppeln vorbei.

„Da ist Billes Zottel." Jens blieb stehen, bohrte die Hände noch tiefer in die Hosentaschen und wies mit dem Kopf zu dem rot-weiß gesprenkelten Pony hinüber. „Weißt du, dass der früher mal beim Zirkus war?"

„Klar! Weiß doch jeder!"

„Ob er noch Kunststücke kann?"

„Vielleicht. Ich hab ihn mal tanzen sehen."

„Ich meine, auf zwei Beinen gehen und so …"

„Kann schon sein."

„Woll'n wir's mal probieren?"

„Wir wissen doch gar nicht, wie!"

„Man nimmt einen Stock, stellt sich vor ihn hin und sagt ,Hepp!' oder so was."

Jens wartete Kuddels Zustimmung nicht erst ab. Er sah sich nach einem geeigneten Stock um, der als Zirkuspeitsche dienen konnte, und betrat die Koppel. Zottel kam erwartungsvoll auf ihn zu.

„Braver Junge – ganz brav, wir tun dir nichts!", sagte Jens und wich ein wenig zurück, als Zottel ihn energisch nach Essbarem abzusuchen begann. „Wir wollen nur ein bisschen mit dir spielen!"

„Braver Zottel, lieb bist du!", unterstützte Kuddel den Freund. „Du kennst uns doch! Wir sind doch alte Kumpels."

„Jetzt wirst du uns ein schönes Kunststück vormachen. Mal sehen, ob du das noch kannst: Hepp! Na! Ich sage – hepp!"

Jens riss den Stock hoch und fuchtelte wild durch die Luft.

Zottel, enttäuscht, dass für ihn hier nichts zu holen war, begann Kuddel näher zu untersuchen.

„Na los, nun mach schon! Komm! Hepp!"

„Er hat Hunger", stellte Kuddel fest.

„Quatsch. Er hat doch die ganze Wiese zum Sattessen. Er ist nur zu faul. Du weißt doch, wie verfressen der ist."

„Vielleicht musst du mit was Leichterem anfangen. Lass ihn doch erst mal galoppieren!"

Das leuchtete Jens ein. Er versetzte Zottel einen kräftigen Klaps mit dem Stock und brüllte: „Na los! Bewegung!"

Zottel machte einen erschreckten Satz nach vorn und preschte davon.

„Im Kreis rum!", brüllte Jens. „Galopp! Im Kreis rum!"

„Er tut es!", jubelte Kuddel. „Siehst du, er gehorcht uns!"

Zottel galoppierte tatsächlich eine große Runde um die beiden Jungen herum, dann hatte er mit sicherem Blick entdeckt, dass sie das Koppelgatter offen gelassen hatten, und stob hinaus, ehe sie es verhindern konnten.

„Du Idiot, warum hast du denn das Gatter nicht zugemacht!", schrie Jens. „Muss man sich denn wirklich um alles selber kümmern!"

Den Satz hatte er von seiner Mutter.

„Ich dachte ... ich wollte ... was machen wir jetzt?"

„Ihn zurückholen! Was denn sonst! Wenn Bille merkt, dass wir ihn rausgelassen haben, ist der Teufel los! Na mach schon! Hinterher! Hoffentlich passiert ihm nichts!"

„Er läuft zum Wald", murmelte Kuddel, wenig begeistert, und setzte sich in Bewegung.

„Sicher bleibt er da stehen und grast, und wir können ihn am Halfter nehmen und zurückbringen", versuchte sich Jens Mut zu machen. „Wir dürfen ihn nur nicht erschrecken. Also, sei leise, wenn du ihn siehst."

Eine Weile marschierten sie schweigend den Weg entlang, auf dem Zottel ihren Blicken entschwunden war. Er führte in zahlreichen Windungen durch den Wald bis zu den Moorseen auf der anderen Seite.

„Ich sehe nichts. Du?", flüsterte Kuddel missgelaunt.

„Wenn du auch immer in die Bäume starrst! Du musst auf den Boden schauen, nach seinen Hufspuren!"

„Ich sehe trotzdem nichts."

„Aber ich … da!"

Aufgeregt zeigte Jens auf ein paar Hufabdrücke, die zweifellos von einem Pony stammten und die sich auf einem Seitenweg im Dickicht verloren.

„Ihm nach! Schnell!"

Geduckt stolperten die beiden Jungen vorwärts. Mit den Armen schoben sie Gestrüpp und Äste zur Seite, unter ihren Füßen knackten trockene Zweige.

„Pscht! Nicht so laut, du Trottel! Sonst erschrickt er und ist weg!", meckerte Jens.

„Selber laut! Muss der sich auch gerade so einen zugewachsenen Weg aussuchen! Wie ist der überhaupt da durchgekommen!"

„Psssst! Verdammt noch mal, halt's Maul! Da ist er!"

„Wo?"

„Na da! Da vorn am See, im Schilf!"

„Was macht der denn da?"

„Woher soll ich das wissen. Fressen wahrscheinlich."

„Schilf?"

„Weiß ich doch nicht! Also, wir schleichen uns von zwei Seiten an, klar? Du passt auf, dass er nicht hinten wegkann, und ich gehe langsam auf ihn zu und nehme ihn am Halfter."

„Okay!"

„Und lass dich ja nicht vorher blicken! Du erschreckst ihn bloß. Volle Deckung, verstanden?"

„Klar."

Jens schlich sich davon. Kuddel starrte auf das rot-weiß gefleckte Pony, als könne er es durch seinen Blick auf der Stelle festbannen.

Zottel mampfte genüsslich. Aber was er da zwischen den Zähnen hatte, sah nicht gerade wie Schilf aus. Eher wie Wurstbrot. Und Kuchen. Jetzt hatte er eine saftige Birne am Wickel. Und schließlich zerrte er auch noch an einer Papiertüte, ließ sie wie ein buntes Fähnchen durch die Luft wehen, bis der Inhalt auf den Boden gefallen war. Kekse und Schokolade, kein Zweifel. Wo, zum Teufel, hatte er das Zeug her?

Ehe Kuddel zu einer Antwort kam, beschloss Zottel, seinen Standort zu verlegen. Er kam aus dem Schilf heraus – vielmehr wollte er herauskommen, aber irgendetwas hinderte ihn. War er im Moor stecken geblieben? Nein – Kuddel sank das Herz bis in die Kniekehlen –, er lahmte! Er humpelte mühsam auf drei Beinen! Hinter ihm schepperte und klapperte es. Ärgerlich steigerte Zottel sein Tempo. Und jetzt sah Kuddel, was dem Pony solche Beschwerden bereitete. An seinem linken Hinterfuß hing ein schwerer Gegenstand. Ja – eine Tasche! Er musste mit dem Bein so unglücklich in den Träger geraten sein, dass der sich wie eine feste Schlinge um sein Fesselgelenk gelegt hatte.

Kuddel stürzte auf Zottel zu, um ihn beim Halfter zu greifen. Aber Zottel, erschreckt von der dunklen Gestalt, die da plötzlich aus den Büschen auftauchte, war schneller. In großen Bocksprüngen hüpfte er davon. Die lästige Tasche, deren restlicher Inhalt sich nach und nach über den Boden ergoss, baumelte immer noch an seinem Hinterbein. Kuddel rannte ihm nach, stolperte über eine Wurzel, fiel hin, rappelte sich auf und rannte weiter.

Endlich gelang es Zottel, sich von dem hinderlichen Anhängsel zu befreien. Erfreut verschwand er im Trab zwischen den Bäumen. Kuddel hielt an, um einen Augenblick zu verschnaufen.

„Dieb! Bleib stehen, Bursche! Unverschämter Bengel! Stehen bleiben!"

Kuddel erstarrte und ging unwillkürlich in Deckung. Vorsichtig spähte er in die Richtung, aus der die wütende Stimme gekommen war.

„So eine Frechheit! Aber das wirst du mir büßen, Bürschchen!" Der Mann, der da so wild gestikulierte und brüllte, schien nicht ihn zu meinen. Auch nicht Zottel. Vielmehr richtete sich sein Zorn in die entgegengesetzte Richtung, auf etwas, das sich im Schilf bewegte.

Jens! Jetzt erkannte Kuddel den Freund in seiner blauen Jeansjacke. Anscheinend hatte er sich durchs Schilf an Zottel heranschleichen wollen und nicht gesehen, was das Pony angestellt hatte. Der wütende Mann brach wie ein Auerochse durch das Gestrüpp direkt auf den armen Jens zu, der ihm verständnislos und mit unschuldigem Lächeln entgegensah. Dass der Mann bei jedem Schritt tiefer im Morast einsank und Jens so dämlich grinste, machte die Sache offensichtlich noch schlimmer. Jedenfalls tauchte jetzt aus dem Schilf auch noch ein weibliches Wesen auf, das abwechselnd „Polizei!" und „Tu ihm nichts! Mach dich nicht unglücklich, Mann!" kreischte.

Kuddel in seinem Versteck wurde es mulmig. Sollte er Jens zu Hilfe kommen? Oder erst mal sehen, was weiter geschah, und nötigenfalls aus dem Dorf Hilfe holen? Kuddel entschied sich fürs Abwarten.

„Wo hast du die Sachen?" Jetzt hatte der Mann Jens erreicht und packte ihn grob beim Arm. „Na! Raus mit der Sprache! Wo hast du die Tasche?"

„Welche Tasche? Ich hab keine Tasche!", verteidigte sich Jens. „Lassen Sie mich los, ich hab Ihnen überhaupt nichts getan!"

„So? Auch noch lügen, wie? Aber warte nur, die Flausen werden dir schon vergehen. Los, komm mit!"

„Wohin denn?"

„Zur Polizei – wohin sonst. Da wirst du schon den Mund aufmachen."

Der Mann schob Jens vor sich her auf den Weg und winkte der Frau, ihm zu folgen.

„Nimm die Sachen mit. Wir gehen ins Dorf."

„Alles?"

„Alles, was noch da ist, klar. Ich muss auf den Burschen hier aufpassen. Und beeil dich."

Die Frau bückte sich nach ein paar Kleidungsstücken, dann stemmte sie ein himbeerrotes Gummiboot hoch über ihren Kopf und trabte schwankend wie ein wandernder Fliegenpilz hinter ihrem Mann her. Kuddel in seinem Versteck schaute der Karawane völlig entgeistert nach.

Warum war er nicht aufgestanden, hinübergelaufen und hatte die ganze Sache aufgeklärt? Zu dumm. Es war immer das Gleiche, sobald jemand brüllte – ob das nun sein Vater war oder ein Lehrer oder sonst irgendwer – verwandelte sich Kuddel in das berühmte Kaninchen vor der Schlange. Er war einfach nicht in der Lage, sich von der Stelle zu rühren oder ein Wort herauszubringen. Hinterher fiel ihm dann alles ein, was er hätte sagen können und sollen. Wenn's zu spät war!

Kein Zweifel, er musste Jens helfen. Polizeiwachtmeister Bode war zwar ganz nett, aber wenn er erst mal richtig wütend wurde, war es aus mit seiner Gutmütigkeit. Kuddel musste das Missverständnis aufklären, ehe es zu spät war.

Zunächst einmal begann er damit, den Inhalt der Tasche zusammenzusuchen. Und dann musste er Zottel finden. Zum Glück war das nicht schwer. Zottel war – nachdem der erste Schreck sich gelegt hatte – umgekehrt, um den über den Weg verstreuten Inhalt der Tasche nach weiteren Leckerbissen abzusuchen. Und so stand er, friedlich über eine Tüte Malzbonbons gebeugt, mitten auf dem Weg und ließ sich von Kuddel am Halfter nehmen, als hätte er nur auf ihn gewartet.

Kuddel zog es vor, auf einem Umweg ins Dorf zurückzukehren. Seine Mutter hätte sich wundern können, wieso er mit Billes Zottel aus der Kirche kam, es war besser, unangenehmen Fragen aus dem Weg zu gehen. Was ihn bei Polizist Bode erwartete, war schlimm genug.

Als Kuddel den Hof der Polizeiwache betrat, war das Verhör bereits in vollem Gange. Aus dem Fenster drang aufgeregtes Stimmengewirr. Kuddel wurden die Knie weich. Sollte er wirklich …? Doch! Er konnte Jens nicht im Stich lassen. Aber wenn er jetzt mit der Tasche auftauchte, würden sie ihn für den Dieb halten! Da half nur eins, er musste den wahren Dieb präsentieren, sonst würden sie ihm nie glauben!

Kuddel packte Zottels Halfter fester und zog ihn die drei Stufen zum Büro des Dorfpolizisten hinauf. Leise öffnete er die Tür. Die Vorsicht war unnötig, denn bei dem Lärm drinnen hätte ihn sowieso niemand gehört. Der Mann brüllte immer noch. Die Frau heulte, Jens zeterte dagegen an, und Polizeiwachtmeister Bode versuchte mit der Gewichtigkeit seiner Zweizentnerfigur Ruhe in das Tohuwabohu zu bringen.

„Meine Armbanduhr!", schluchzte die Frau und verteilte die von den Tränen verflüssigte Wimperntusche gleichmäßig über ihr Gesicht, dass sie aussah, als hätte sie ein Schlammbad genommen. „Echt Gold! Und ein Erbstück! Sie ist unersetzlich!"

„Was heißt hier Armbanduhr – meine Brieftasche!", brüllte der Mann. „Meine Brieftasche mit sämtlichen Papieren und hundertfünfzig Mark! Wahrscheinlich hat der Bengel sich das Geld eingesteckt und die Tasche in den Moorsee geworfen, um die Spuren zu verwischen!"

„Ich weiß überhaupt nicht, wovon Sie reden!", widersprach Jens. „Wie oft soll ich Ihnen noch sagen …"

„Herr Wachtmeister!", schrie Kuddel dazwischen und fuchtelte mit der Tasche in der Luft herum. „Ich muss eine Aussage machen!"

„Ruhe!", brüllte jetzt auch Wachtmeister Bode, der bis dahin mühsam die Geduld bewahrt hatte. „Eins nach dem anderen!"

„Wollen Sie den Dieb nicht endlich mal durchsuchen, ob er das Geld noch bei sich hat", schimpfte der Mann. „Ich werde mich beschweren …"

„Aber ich hab das Geld ja nicht!", schrie Jens.

„Er kann's ja gar nicht haben!", beteuerte nun auch Kuddel.

„Ruhe habe ich gesagt!", brüllte Bode.

Zottel schnaubte beunruhigt.

„Ich verbitte mir das!", wüteten Bode und der Mann zugleich.

Jeder hatte den anderen in Verdacht, dass er sich über ihn lustig machte, und der Polizist fügte hinzu: „Ich werde ein Protokoll aufnehmen und dann werden wir ja sehen!"

„Aber ich weiß, wer der Dieb ist!", fiel Kuddel ihm ins Wort.

„Du redest gefälligst nur, wenn du gefragt wirst!"

Wachtmeister Bode spannte einen Bogen in die Schreibmaschine und begann zu tippen.

„Name?"

„Karl Krautbier."

„Hanni Böllermann."

„Jens ..."

„Kuddel ..."

Alle vier riefen durcheinander. Zottel wieherte, aber das schien bei dem Lärm niemandem aufzufallen.

„Nicht alle auf einmal!", stöhnte der Polizist. „Wie soll sich denn da ein Mensch konzentrieren! Also noch mal."

„Karl Krautbier. Ich erstatte Anzeige gegen ..."

„Später." Bode tippte mit den beiden Zeigefingern, vertippte sich, löschte den Fehler, tippte wieder.

Zottel schnaubte ungeduldig.

„Pschscht, Mausilein", sagte der Mann, „sonst vertippt er sich wieder und wir kommen nie weiter!"

„Ich vertippe mich nie", sagte Polizeiwachtmeister Bode beleidigt und vertippte sich noch einmal. „Das ist alles Ihre Schuld, Sie machen mich nervös ..."

Zottel schnaubte ärgerlich.

„Nun hör schon auf, Mausilein", sagte der Mann beschwörend und reichte der Frau sein Taschentuch.

„Aber ich mache doch gar nichts, das ist der …"

„Und Ihr Name?", unterbrach Bode sie und schaute auf. Dabei fiel sein Blick zum ersten Mal auf Zottel, der seinen Kopf zwischen Jens und Kuddel hervorgeschoben hatte.

Wachtmeister Bode klappte der Unterkiefer herunter.

„Was will der denn hier!", brüllte er. „Raus!"

Zottel fuhr erschrocken zurück und brachte den Stuhl der Frau ins Wanken.

„Aber er ist doch der Dieb, er hat die Tasche mitgenommen und den Proviant gefressen!", versuchte Kuddel zu erklären, aber nun hatten auch Herr Krautbier und seine vollbusige Freundin Mausilein das Pony entdeckt und gerieten in heillose Panik.

„Hilfe! Hiiilfe!", quietschte Mausilein und flüchtete auf den Schreibtisch.

„Nichts wie raus hier!", stöhnte Herr Krautbier.

Das dachte sich auch Zottel und versuchte ins Freie zu gelangen, indem er sich zugleich mit dem beleibten Herrn Krautbier durch die Türöffnung quetschte.

„Nein! Nicht doch! Ich ersticke! Das Vieh bringt mich um!", ächzte Herr Krautbier und saß fest wie ein Korken in der Flasche.

„Dies ist eine Amts… eine Amts…", japste Bode und versuchte vergeblich, die kreischende Frau von seinem Schreibtisch herunterzubekommen. „Was fällt Ihnen ein! Runter da! Dies ist ein öffentlicher Schreibtisch … ich meine … ich bin … ja, sind wir denn hier im Irrenhaus!"

Zottel wurde es in dem Chaos angst und bange. Verzweifelt

keilte er aus, drückte und schob, bis Herr Krautbier neben ihm durch die Türe flutschte, und galoppierte in wilder Panik davon. Hinter ihm her Jens und Kuddel, der die gesuchte Tasche zuvor noch in der Tür der Polizeiwache abgestellt hatte.

An Bauer Brodersens Scheune machte Zottel zitternd halt. Jens redete ihm beruhigend zu. Sanft wie eine Krankenschwester nahm er das Pony am Halfter und führte es zur Koppel zurück.

„Das hätten wir geschafft!", seufzte Kuddel und wischte sich den Schweiß von der Stirn. „Mann, das hätte ins Auge gehen können! Hoffentlich hat Bode ein Einsehen, wenn wir nachher hingehen und ihm die ganze Sache erklären."

„Mach bloß das Gatter richtig zu, damit Zottel nicht noch mal abhaut!" Jens hatte immer noch ganz weiche Knie.

„Hallo, ihr beiden – was macht ihr denn da?"

Jens und Kuddel fuhren herum, als hätte sie eine Natter gebissen. Hinter ihnen stand Bille.

„Och, nichts … wir … wir kamen gerade so vorbei und …"

„Und da dachten wir, kontrollieren wir mal, ob das Gatter auch richtig zu ist. Man kann ja nie wissen …"

„So, so", Bille sah prüfend von einem zum anderen. „Ich dachte schon, ihr wolltet wieder was anstellen."

„Wir? Wie kommst du denn darauf! Nie im Leben!" Jens verbarg seine Röte hinter übertriebener Empörung.

„Okay, schon gut. Ich hoffe, ihr habt von eurem letzten Abenteuer noch genug."

„Allerdings", sagten Kuddel und Jens und sahen sich an.

Ein schwarzer Tag auf Peershof

Kein Zweifel, dass in Billes Leben die Pferde die Hauptsache waren. Trotzdem war der Höhepunkt des Tages für sie der Augenblick, wenn sie sich abends mit Mutsch und Onkel Paul an den Tisch setzte, wenn Mutsch das Essen auftrug und Onkel Paul einschenkte und es so richtig gemütlich wurde. Im Sommer saßen sie auf der Veranda draußen, wo es nach Rosen und Levkojen duftete und manchmal nach frisch gemähtem Gras. Dann kamen Moischele, das kleine, weiße Shetlandpony, das sie scherzhaft „Mutschs Hofhund" nannten, und Zottel an den Tisch und holten sich einen Leckerbissen ab.

Im Herbst, wenn es kühler wurde, saßen sie wieder in der Küche an dem großen runden Bauerntisch, der vor Alter schon Runzeln und Narben in seinem blank gescheuerten Holz hatte. Mutsch zündete eine Kerze an, und immer standen frische Blumen auf dem Tisch.

Da Mutsch und Onkel Paul drüben in Leesten gemeinsam den Spar-Markt leiteten, das Einkaufszentrum für die umliegenden Dörfer, sah sich die Familie den ganzen Tag nicht. Abgesehen vom Frühstück natürlich, aber da gab's meistens Unruhe, weil die Zeit drängte und man zur Schule oder zur Arbeit musste. So wurde der Abend immer zu einem kleinen Fest. Mutsch kochte etwas Gutes, und Onkel Paul half ihr dabei. Und wenn sie dann beieinandersaßen, wurde erzählt und gelacht. Man konnte sich den Ärger des Tages von der Seele reden oder gemeinsam Zukunftspläne schmieden. Richtig kuschelig war das, wie in einem großen Nest.

Seit sie wieder eine richtige Familie geworden waren, mit einem Vater, war überhaupt alles schöner geworden, fand Bille. Aber das lag natürlich vor allem daran, dass Onkel Paul schwer in Ordnung war und dafür sorgte, dass Mutsch sich nicht überarbeitete und nicht mehr so abgehetzt war.

An diesem Abend drehte sich das Gespräch um Edmund den Weisen. Bille hatte ausführlich von Edmunds Reitversuchen berichtet, und Mutsch und Onkel Paul hatten Tränen gelacht, als sie seinen gestotterten Wortschwall während des Trabs nachmachte.

„Aber tüchtig soll er sein, der Junge", sagte Onkel Paul. „Das hat mir Lohmeier erzählt. Er ist sehr zufrieden mit ihm. Ein bisschen pedantisch vielleicht und vollgestopft mit Theorie, aber das wird sich schon geben, wenn er erst eine Weile praktisch in der Landwirtschaft gearbeitet hat."

„Und für sein Aussehen kann der Arme schließlich nichts", meinte Mutsch. „Ich hoffe, ihr lasst ihn nicht fühlen, wie komisch ihr ihn findet."

„Aber nein, keine Sorge, so was würden wir nie tun! Wir kommen eigentlich super miteinander aus, auch wenn es manchmal nicht leicht ist, seinen verrückten Ideen zu folgen. Wisst ihr, was sein Hobby ist?"

„Du wirst es uns bestimmt gleich verraten."

„Verhaltensforschung. Er erforscht das Verhalten von Tieren."

„Was ist daran so verrückt?"

„Die Tatsache als solche natürlich nicht", stellte Bille fest und drückte mit dem Löffel eine Mulde in ihren Kartoffelbrei, um einen Buttersee darin anzulegen. „Aber wie er es macht! Er …"

„Du spielst mit dem Essen rum wie ein kleines Kind", konnte Mutsch sich nicht verkneifen zu sagen, woraufhin Onkel Paul den Kartoffelbreiteich auf seinem Teller schnell wieder zuschüttete.

„Wir sind ja unter uns", meinte Bille lachend. „Also, Edmund ist der Meinung, Tiere seien viel intelligenter, als wir Menschen meistens annehmen. Sie könnten unsere Sprache verstehen, und wenn sie die gleichen Sprechwerkzeuge hätten wie wir, dann könnten wir uns mit ihnen unterhalten. Natürlich sind nicht alle geistig so weit entwickelt wie wir, aber immerhin. Er hat einen Haufen Bücher gelesen über rechnende und sprechende Pferde und Hunde, die mit ihren Hufen und Pfoten das Alphabet klopfen konnten und richtige Sätze mitteilten!"

„Ach ja?" Mutsch schaute verträumt in den Garten hinaus, wo gegen den Abendhimmel Moischeles Umrisse zu erkennen waren. „Nun, wenn der Kleine mich manchmal so anschaut, habe ich auch das Gefühl, als verstünde er jedes Wort."

„Du kannst ihn ja von jetzt an jeden Tag eine Stunde unterrichten", schlug Onkel Paul vor. „Vielleicht lernt er auch Mühle spielen, dann hättest du endlich einen Partner, wenn ich abends meine Zeitung lesen will."

„Außerdem könntest du ihn im Spar-Markt einsetzen!" Bille grinste. „Stell dir vor, du sparst eine Kassiererin, wenn er rechnen lernt. Er klopft den Kunden mit den Hufen vor, was sie zahlen müssen!"

„Hat dieser Edmund einem von Tiedjens Pferden denn schon das Rechnen beigebracht?", erkundigte sich Onkel Paul. „Wär doch ganz praktisch auf Turnieren, dann kann das Pferd seine Strafpunkte selber mitzählen und gibt sich mehr Mühe."

„Ach, was das betrifft, glaube ich, dass die Pferde im Turnier sehr wohl wissen, ob sie schlecht oder gut sind. Es gibt sogar ausgesprochen ehrgeizige Pferde, die sich richtig ärgern, wenn sie einen Fehler machen", erklärte Bille. „Du solltest nur mal sehen, wie Feodora sich den Parcours anschaut, bevor sie ins Stechen geht. Sie sieht sich die Hindernisse an, als wollte sie sagen: Da muss ich aufpassen, da ist's gefährlich … und dort drüben darf ich nicht wieder zu spät abspringen, und so weiter. Aber was Edmund den Weisen angeht, der hat sich auf Rinder verlegt. Er experimentiert mit Mozart und Elvis Presley …"

„Sind das Kühe?"

„Nein, ich meine mit der Musik. Er hat gelesen, dass Musik auf Kühe positiv wirkt, dass sie dann mehr Milch geben, und jetzt will er rauskriegen, ob sie Mozart oder Elvis Presley lieber mögen."

„Aha." Mutsch und Onkel Paul sahen sich kopfschüttelnd an.

„Du kannst dir vorstellen, wie die Melker darüber denken. Fritz, der Schweizer, ist beim ersten Mal richtig grob geworden. Und der alte Ludwig kommt aus dem Kopfschütteln gar nicht mehr raus. Aber das stört Edmund überhaupt nicht. Der Bulle Isidor, vor dem alle solche Angst haben, weil er so bösartig ist, ist Edmunds Liebling. Er behauptet, kein Tier wäre von Natur aus böse, sie wären nur von den Menschen böse gemacht."

„Womit er zweifellos recht hat", warf Mutsch ein. „Und über die Menschen kann man Ähnliches sagen. Auch Menschen werden erst durch unglückliche Umstände und fehlende Liebe zu Verbrechern."

„Wie kommst du jetzt gerade darauf?", fragte Onkel Paul erstaunt.

„Ach, mir fiel eben, als Bille von Kühen sprach, die Geschichte ein, die am Wochenende drüben bei Hansen passiert ist. Um ein Haar wär seine beste Kuh draufgegangen, weil so eine Rockerbande aus der Stadt wie wild unter der Herde gewütet hat. Ein halbes Dutzend junger Kerle in Lederzeug auf Motorrädern. Was in so Jungs bloß vorgeht, frag ich mich, spielen da Wilder Westen, dreschen auf die Kühe ein, jagen sie rum …"

„Davon habe ich ja gar nichts gehört!", sagte Bille entsetzt. „Wann ist das passiert?"

„Samstag vor einer Woche. Waren wohl angetrunken. Hansen hat den Krawall gehört und ist mit zwei anderen Bauern auf sie los. Da sind sie geflüchtet."

Onkel Paul nahm einen tiefen Schluck aus seinem Bierglas und schüttelte sich.

„Bah! Da kann einem ganz anders werden, wenn man das hört. Geht der Ärger nun auch hier los, kann man nicht mal mehr bei uns in Ruhe leben?"

„Sie werden hoffentlich nicht wagen, sich hier noch einmal blicken zu lassen." Mutsch räumte die Teller zusammen und stand auf. „Und wenn, dann möchte ich nicht in ihrer Haut stecken."

„Hat Hansen sie denn erkannt?"

„Leider nicht. Sie hatten ja die Helme auf und dann dieses schwarze Lederzeug an. Genagelte Stiefel und Schlagringe hat er gesehen. Er hat sofort Anzeige erstattet. Aber keiner weiß, wo die Burschen hergekommen sind. Die Nummernschilder konnte er nicht lesen in der Dunkelheit."

Bille schauderte.

„Da kann man's ja mit der Angst bekommen. Terror in Wedenbruck! Das fehlte gerade noch. Ich mag gar nicht daran denken! Lasst uns von etwas Erfreulicherem sprechen. Ist heute keine Post gekommen?"

„O doch! Das hätte ich ja beinah vergessen! Ein Brief von Inge …"

„Meine große Schwester schreibt mal wieder? Den Tag muss ich rot im Kalender anstreichen. Sonst ruft sie doch höchstens an."

„Sie hat eine Liste von Sachen geschickt, die wir ihr besorgen sollen. In drei Wochen kommt sie mit Thorsten her, dann wollen sie das Haus fertig einrichten. Und anschließend soll die Hochzeit sein."

„Oje, das hört sich nach viel Extra-Arbeit an. Sie werden am Haus sicher das meiste selber machen wollen …"

„Ja, sie nehmen sich Urlaub. Aber Helfer werden sie auf jeden Fall benötigen. Du kannst ja deine Freunde schon mal schonend darauf vorbereiten."

„Das liebe Ingelein war schlau genug, diese Aktion in die Herbstferien zu verlegen, das sieht ihr ähnlich", stöhnte Bille, „aber vielleicht macht Thorsten es durch gute Bezahlung seiner Hilfstruppen wieder wett. Na ja, man soll nicht so engherzig sein. Ich kann mich ja freuen, dass ich einen so netten Schwager bekomme."

Früher, als ihr lieb war, wurde Bille an das abendliche Gespräch über die Rockerbande erinnert. Am Freitag – sie hatte gerade Iris gesattelt und wartete auf die Freunde aus Peershof, die zum Unterricht bei Herrn Tiedjen kommen sollten – wurde sie ins Büro gerufen.

„Ein Telefongespräch für dich – beeil dich!", schrie Karlchen, und Bille fühlte einen Druck von bohrender Angst in der Magengegend.

Frau Beck, die Gutssekretärin, saß hinter ihrem Schreibtisch und drückte ihr ernst den Telefonhörer in die Hand. Bille nahm den Hörer auf und lauschte verwirrt. Auf der anderen Seite erklang leises Schluchzen.

„Hallo?", sagte Bille mit einer unnatürlich hohen Stimme.

„Bille? Bist du's? Hier ist Bettina."

„Bettina, was ist los? Weinst du? Was ist passiert? Wo bleibt ihr – es ist doch schon so spät …", sprudelte Bille heraus.

„Wir können heute nicht kommen, ich habe eben schon Frau Beck gebeten, es Herrn Tiedjen zu sagen. Es ist etwas Schreckliches passiert … Pünktchen … Pünktchen ist verunglückt … und die anderen … die anderen Pferde …" Bettina konnte nicht weitersprechen.

„Bettina?" Bille schrie fast in den Apparat. „Warte … ich komme, ich komme so schnell wie möglich zu euch!"

Bille warf den Hörer auf die Gabel und stürzte zur Tür.

„Weiß Herr Tiedjen Bescheid?", rief sie, schon halb draußen.

„Ich sage ihm Bescheid. Reite du nur los, ich sage es ihm." Frau Beck war aufgestanden und sah ihr nach. „Und pass auf dich auf, Kind! Wenn dir was zustößt, nützt das deinen Freunden auch nichts."

Frau Beck hatte recht. Sie musste Ruhe bewahren. Aber das war leichter gesagt als getan. Ihre Finger zitterten so, dass sie kaum in der Lage war, Zottel den Sattel aufzulegen. Hastig unterrichtete sie Hubert, Petersen und Karlchen von dem, was passiert war. Was sie sagen konnte, war wenig genug, sie wusste ja selbst nichts Genaues. Bedrückt nahm Karlchen Iris den Sattel wieder ab.

Zottel war höchst erstaunt darüber, dass er schon wieder für einen Ausritt fertig gemacht wurde. Er hatte sich auf eine friedliche Mahlzeit eingestellt. Und was für ein Ritt das war: Im gestreckten Galopp ging es nach Peershof hinüber, bis sein Fell von Schweiß klebte und sich Schaumflocken von seinem Maul lösten und durch die Luft segelten.

Erst kurz vor dem Hof verlangsamte Bille das Tempo. Der Wagen des Tierarztes stand vor dem Stall, aber niemand war zu sehen. Bille klopfte das Herz bis in den Hals hinauf, als sie Zottel Sattel und Zaumzeug abnahm und ihn am Halfter an einen Baum band. Bille fühlte, wie eine würgende Übelkeit in ihr hochstieg. Sie biss die Zähne aufeinander und betrat leise den Stall.

Dort standen sie alle, wie eine schweigende Trauergemeinde: Herr und Frau Henrich, ihre drei Söhne und Bettina mit bleichen, angespannten Gesichtern. Bettina musste die Bewegung an der Tür gespürt haben, sie sah sich um und entdeckte Bille. Leise trat sie zu ihr und winkte ihr, mit hinauszukommen.

„Sie wird das Fohlen verlieren", flüsterte Bettina tonlos, „und es ist fraglich, ob sie selbst am Leben bleibt. Komm, ich helf dir, Zottel trocken zu reiben, der arme Kerl ist ja klitschnass. Dabei erzähle ich dir alles."

Mechanisch begann Bille, ihrem Liebling mit einem Strohwisch das dampfende Fell abzurubbeln. Bettina half von der anderen Seite.

„Wir saßen gerade bei den Hausaufgaben", berichtete Bettina. „Die Jungen waren noch nicht fertig, also ging ich vor, um die Pferde von der Koppel zu holen und Sternchen schon mal zu putzen. Ich bog gerade auf die Allee ein, als ich verzweifeltes Wiehern und Schreien hörte, und dann kamen sie an mir vorbeigeprescht – Asterix, Bongo und Sternchen, voller Panik, sie hätten mich fast umgerannt! Es war so furchtbar, ich kann's dir nicht beschreiben. Auf dem Rücken und an den Beinen hatten sie Striemen – sie rasten in den Stall und drängten sich in der hintersten Ecke zusammen."

„Mein Gott ...", stammelte Bille, „und Pünktchen?"

„Die Jungen hatten den Lärm inzwischen natürlich auch gehört und stürzten alle zugleich aus dem Haus. Florian und Daniel kümmerten sich um die Pferde, und Simon und ich liefen zur Koppel hinaus." Bettina schluchzte auf, bei der Erinnerung an das Bild, das sich ihnen geboten hatte. „Sie lag am Boden – ein Lasso um den Hals – und schlug um sich und schrie, und um sie herum eine Bande junger Kerle auf Motorrädern, die an dem Seil zogen und die Motoren heulen ließen. Ich ... wir ... ich glaube, wir haben so geschrien, dass man es bis nach Wedenbruck gehört hat. Jedenfalls bemerkten sie uns und hauten ab. Bis wir auf der Koppel waren, waren sie über alle Berge. Aber Pünktchen ... sie war einfach verrückt vor Angst ... ich kann dir das gar nicht beschreiben."

„Du brauchst es mir nicht näher zu beschreiben. Es ist schon so schlimm genug." Bille liefen die Tränen übers Gesicht, ohne dass sie es merkte.

„Als wir sie dann endlich im Stall hatten, war der Tierarzt schon da und stellte fest, dass sie verfohlen würde", berichtete Bettina stockend weiter, „aber das Schlimmste für uns kam noch: Doktor Dörfler meint, Pünktchen könne an inneren Verletzungen verbluten …"

„O nein …"

„Wir hoffen natürlich, dass es gut geht, aber, oh, Bille, es ist so schrecklich, sie leiden zu sehen, ihr Stöhnen zu hören …" Bettina verbarg ihr Gesicht in Zottels Mähne, ihre Hände krallten sich in sein dichtes Fell.

Bille fühlte sich wie erstarrt, den Rücken herauf kroch eine Eiseskälte, sie hatte das Gefühl, ihr Herz müsse stehen bleiben, das Blut aufhören, durch ihren Körper zu fließen. Was hatte Mutsch gesagt? Kein Mensch ist von sich aus böse. Aber wie konnte man so etwas Furchtbares tun? So etwas Sinnloses! Ein Tier quälen, das einem nichts getan hatte! Warum? Um sich zu rächen? Um sich wichtig zu machen? Um ein anderes Wesen leiden zu sehen, seine eigene Macht zu genießen, sich einmal stark zu fühlen? Bille versuchte, eine Erklärung zu finden, aber alles, was sie empfinden konnte, war kalte, verzweifelte Wut und der Wunsch, es den Tätern heimzuzahlen.

Hinter ihnen öffnete sich die Stalltür, Herr Henrich und Doktor Dörfler kamen heraus, Florian und Daniel folgten ihnen schweigend. Als Letzte erschien Frau Henrich, sie war sehr blass.

„… mehr kann ich im Augenblick nicht tun", sagte Doktor Dörfler. „Ich muss dringend noch zu zwei anderen Patienten, aber sowie ich kann, komme ich zurück. Hier sind die beiden Telefonnummern, unter denen Sie mich erreichen können. Alles andere habe ich Ihnen ja gesagt, Sie wissen, was zu tun ist. Bis später."

Der Tierarzt drückte Herrn und Frau Henrich die Hand und fuhr davon. Frau Henrich ging schweigend zum Haus hinüber.

„Ihr solltet jetzt die drei anderen füttern", sagte Herr Henrich. „Aber denkt daran: äußerste Ruhe im Stall. Am besten, jeder von euch kümmert sich um sein eigenes Pferd, sprecht leise mit ihnen, beschäftigt euch mit ihnen, um den Schock zu mildern, sie sind immer noch ganz verstört."

Es war klar, dass er mit dieser Beschäftigungstherapie das Entsetzen, das die jungen Leute befallen hatte, ein wenig mildern wollte. Und die Medizin wirkte. Als sich jeder von ihnen auf die Arbeit konzentrierte, löste sich das lähmende Grauen, das sich wie ein Albtraum über sie gelegt hatte. Die Jungen verteilten mit ruhigen Bewegungen Futter in den Krippen, lockerten liebevoll die Streu und brachten ihren Schützlingen Äpfel und gelbe Rüben. Bettina hörte nicht auf, ihre Stute Sternchen zu streicheln und leise auf das Pferd einzusprechen. Sternchen hatte sich offensichtlich am schnellsten von dem Schreck erholt, ihr ausgeglichenes Temperament half ihr, auch mit schwierigen Situationen fertigzuwerden.

Bille trat leise an Pünktchens Box heran. Sie erschrak. Wie elend sah die hübsche Goldfuchsstute aus! Die Augen halb geschlossen, lag sie im Stroh, die Flanken nass von Schweiß und Blut, ihr Atem ging flach und stoßweise. Simon kniete mit einem Ausdruck von so fassungsloser Verzweiflung im Gesicht neben ihr, dass Bille einen würgenden Kloß im Hals spürte.

„Lasst uns in Ruhe!", flüsterte Simon gepresst, ohne aufzuschauen.

Bille glitt leise neben ihm ins Stroh und kauerte sich dicht an die Stute. Mit gleichmäßigen Strichen fuhr sie ihr zärtlich über Hals und Kruppe.

„Du darfst nicht sterben, Pünktchen", sagte sie fast tonlos. „Du wirst leben! Du musst nur wollen! Wir glauben ganz fest daran, dass du gesund wirst, wir wollen es mit aller Kraft … und du wirst auch gesund werden! Ich weiß es! Ich glaube daran. Du wirst leben, Pünktchen. Du wirst leben!"

Billes Hand lag jetzt ruhig auf dem Hals der Stute. Sie spürte, wie die Wärme zunahm und sich auf den Körper des Pferdes übertrug.

„Leg deine Hand dorthin, wo ihr Herz ist", flüsterte Bille. „Wir müssen ganz fest daran denken, dass es ihr mit jeder Sekunde besser geht …"

Simon tat es. Im Stall wurde es still. Die anderen waren gegangen. Der Himmel hatte sich mit einem dunkelvioletten Samtvorhang bedeckt, es war Abend geworden.

Stundenlang saßen Bille und Simon im Stroh. Sie sprachen kein Wort, niemand störte sie. Nur ein einziger Gedanke hatte in ihnen Raum: Pünktchen muss leben! Sie spürten nicht, dass die Knie schmerzten, dass die Arme lahm wurden. Es war, als wollten sie die Stute in eine Wolke von Mut und Vertrauen einhüllen, bis sie ganz durchdrungen war von dem Wunsch zu leben. So jedenfalls stellte Bille es sich vor, stellte sich vor, wie ihre Wünsche und Gedanken zu einem breiten, heilenden Strom wurden, der sich auf die Stute übertrug, den leblosen Körper mit neuem Leben erfüllte. Richtig feierlich wurde ihr zumute.

Sie wussten nicht, wie lange sie so gesessen hatten, als die Stalltür aufging und jemand das Licht anschaltete. Leise trat der Tierarzt in die Box und begann, Pünktchen zu untersuchen. Bille schien es eine Ewigkeit zu dauern, und je länger es dauerte, desto größer wurde ihre Angst. Simon schien es ähnlich zu gehen, Bille sah, wie er die Lippen aufeinanderpresste. Endlich richtete sich der Tierarzt auf.

„Vielleicht schafft sie es", sagte er nachdenklich. „Bleibt

bei ihr, es scheint ihr gutzutun. Ich gebe ihr jetzt noch eine Spritze. Sobald sie aufsteht, versuch, ob sie trinken oder etwas fressen möchte. Und ruft mich bitte sofort an, wenn sich ihr Zustand verschlechtert."

Doktor Dörfler ging, und bald darauf tauchte Bettina auf und fragte, ob sie etwas tun könne. Bille und Simon schüttelten nur stumm die Köpfe. Trotzdem kam Bettina kurz darauf mit einer Thermosflasche voll heißem Kakao und ein paar belegten Broten wieder. Außerdem brachte sie zwei Decken mit.

„Ich habe bei dir zu Hause angerufen, Bille", sagte sie leise. „Es ist alles okay."

„Danke!"

Nachdem sie gegessen und getrunken hatten, versanken sie wieder in Schweigen. Pünktchens Atem ging ruhiger, sie schien jetzt entspannt zu schlafen. Bille und Simon hüllten sich in die Decken und hörten nicht auf, die Stute beruhigend zu streicheln. Die Umrisse der Box verschwammen, Bille fühlte sich, als schwämme sie in einem Nebelsee, alles um sie herum erschien unwirklich, wie im Traum …

Als sie erwachte, fiel Tageslicht durch die Stallfenster. Neben ihr lag Simon und schlief. Pünktchen!, war Billes erster Gedanke. Der Platz, wo die Stute gelegen hatte, war leer. Bille fuhr hoch. Da stand sie … stand an der Raufe und fraß langsam und bedächtig ihr Heu, so als dächte sie: Es fällt mir zwar schwer, es kostet mich alle Kraft … aber ich muss es tun, um gesund zu werden.

Neben Bille rieb Simon sich verschlafen die Augen.

„Sie hat es geschafft!", flüsterte Bille atemlos. „Mensch, sie hat es tatsächlich geschafft!"

„Wir haben es geschafft", sagte Simon leise.

Isidor will nicht rechnen lernen

Der Gutshof lag verlassen in der Mittagssonne. Wie immer am Samstagnachmittag herrschte in den Ställen bereits Feiertagsstille. Ein paar Spatzen lärmten um eine Pfütze, in Frau Lohmeiers Küche dudelte aus dem Radio etwas, was mit Herz und Schmerz zu tun hatte, sonst war kein Laut zu hören.

Dies war genau die richtige Zeit für Edmund, seine Reitkünste zu verbessern. Bille nahm ihn nun nicht mehr an die Longe, sondern ließ ihn frei in der Bahn reiten, was ihn zwang, seinen Redeschwall von Zeit zu Zeit zu unterbrechen und sich auf seinen Sitz zu konzentrieren. Daniel und Simon assistierten ihr, Florian und Bettina folgten dem Schauspiel von der Tribüne aus.

„Genug für heute. Ich habe es nicht glauben wollen, aber mir scheint, es wird doch noch ein ganz passabler Reiter aus Ihnen, Edmund", sagte Bille und klopfte Asterix den Hals. „Noch ein paar Unterrichtsstunden und Sie können mit uns ausreiten."

„Oh nein!", flüsterte Florian. „Die Quasselstrippe, das halte ich nicht aus!"

Edmund förderte aus seinen Hosentaschen Unmengen von Möhrenscheiben, Apfelschnitzen und anderen Leckerbissen zutage und begann, Asterix damit zu füttern, um ihn für die Strapazen zu entschädigen.

„Das macht mein Einfühlungsvermögen in die Tierseele", erklärte er. „Ich mag vielleicht unsportlich sein, aber die seelische Kommunikation mit Asterix macht das wieder wett. Er hat einen wirklich guten Charakter", wandte sich Edmund an Daniel. „Er weiß natürlich genau, wie miserabel ich reite, aber er ist zu höflich, um sich das anmerken zu lassen. Ausgezeichnete Manieren, er wäre für den diplomatischen Dienst geeignet!"

„Vielleicht sollten wir ihn der Königin von England anbieten", meinte Daniel grinsend. „Es gibt nicht mehr allzu viele Aristokraten unter den Pferden."

„Ich sähe da nur eine Schwierigkeit", erwiderte Bille lachend. „Asterix kann kein Englisch!"

„Ach, so was lernt sich schnell", beteuerte Edmund ernst, „bei seiner Intelligenz!"

Bille und Daniel sahen sich an.

„Werden Sie sich heute wieder mit Ihren Studien beschäftigen?", erkundigte sich Simon lauernd.

„Natürlich! Samstagnachmittag ist der ideale Zeitpunkt, wenn bis zum Melken niemand im Stall ist. Wir machen gute Fortschritte."

„Wir?", fragte Bille.

„Ja, Isidor und ich. Ich habe für ihn ein Lernprogramm aufgestellt. Natürlich braucht man viel Zeit und Geduld, bis man den ersten Erfolg verbuchen kann. Aber es lohnt sich." Edmunds Augen bekamen einen verklärten Ausdruck, sicher sah er sich im Geiste mit Isidor vor einer Professorenkonferenz, die den rechnenden Bullen bestaunte.

„Wie sind Sie eigentlich ausgerechnet auf Rinder gekommen?", forschte Florian nach. „Wieso nicht Pferde, das wäre doch viel naheliegender?"

„Weil es einen Haufen Leute gibt, die mit Pferden experimentieren", erklärte er würdevoll. „Aber kaum jemanden, der sich mit dem Seelen- und Geistesleben von Kühen befasst. Bedenkt doch: Was für wundervolle Tiere – allein die ausdrucksvollen Augen! Was können unsere armen, verkümmerten Milchkühe dafür, dass sie nicht mehr wild über die Steppe galoppieren? Aber tief in ihrer Seele muss noch etwas vom Wildtier in ihnen vorhanden sein, vielleicht nur ein Funken, eine winzige Erinnerung! Welch eine Aufgabe, sie wieder ans Tageslicht zu bringen!"

„Und warum befassen Sie sich nun speziell mit Isidor, der so bösartig und menschenfeindlich ist?", wollte Bille wissen.

„Reine Verleumdung – er ist nicht böse. Menschenfeindlich vielleicht, aber ich bringe ihn dazu, mich nicht als Menschen, sondern als seinesgleichen zu sehen."

Bille und ihre Freunde hatten Mühe, nicht laut loszuprusten. Daniel zückte schnell ein Taschentuch und verbarg sein Gesicht, und Florian schaute angestrengt auf seine Stiefelspitzen. Sie wollten Edmund den Weisen nicht verletzen – aber die Vorstellung, wie er Isidor dazu brachte, in ihm einen Bullen zu sehen, war zu komisch. Hätte er ihm als Storch oder Vogel Strauß erscheinen wollen, wäre es glaubwürdiger gewesen.

„Übrigens hat mich Isidors Stampfen auf die Idee gebracht. Er hat die Angewohnheit, wie wild mit den Vorderbeinen auf den Boden zu stampfen. Da habe ich mir gedacht, ich könnte ihn mit der Zeit dazu bringen, das bewusst zu tun – nach einer bestimmten Methode."

„Aha", warf Bettina neugierig ein, „einmal Klopfen heißt ‚ja', zweimal Klopfen heißt ‚nein' und dreimal Klopfen ‚weiß nicht'?"

„Und lang-kurz-lang heißt ‚rutsch mir den Buckel runter'", kicherte Simon.

„Nun, so weit sind wir natürlich noch lange nicht. Im Augenblick versuche ich nur festzustellen, inwieweit er sich an etwas erinnern kann. An Töne, Worte, Gesten. Rinder denken sehr langsam, das muss man berücksichtigen. Sie sind in den Jahrhunderten der Gefangenschaft abgestumpft, verkümmert …"

„Und dabei haben sie doch so große Köpfe …", murmelte Florian grinsend.

„Nun wollen wir Sie aber nicht länger aufhalten", sagte Bille schnell, „sonst ist der Nachmittag um. Und wir wollen auch noch was tun, unsere Rösser langweilen sich schon."

„Wiederseh'n. Viel Erfolg, Edmund! Bis zum nächsten Mal."

Bettina und die drei Brüder verabschiedeten sich, und Edmund stakste von dannen.

„Der hätte zum Zirkus gehen sollen", sagte Daniel kopfschüttelnd. „Vielleicht wäre er dann wegen seiner Dressurnummern bereits weltberühmt."

„Hoffentlich weiß Isidor die Mühe zu schätzen", meinte Bille zweifelnd. „Sehr wohl ist mir nicht bei dem Gedanken. Aber er wird schon wissen, was er tut."

Als sie eine Viertelstunde später zur Springbahn hinüberritten, betrat Edmund mit seinem Kassettenrekorder gerade den Kuhstall. Ein tiefes Brummen, das in ein gewaltiges Muuuh! überging, empfing ihn.

„Habt ihr gehört? Isidor sagt ihm Guten Tag!" Bettina hielt Sternchen an und lauschte. „Mal sehen, was er ihm antwortet."

„Eigentlich schade", sagte Bille nachdenklich, „dass er

sich so auf Isidor versteift. Wenn er seine Forschungen mit Zottel betreiben würde, der früher im Zirkus war und schon eine Menge gelernt hat – was könnte er da für Erfolge haben! Ich bin sicher, Zottel würde große Fortschritte machen."

„Sei doch mal still, ich höre nichts!" Bettina ritt noch ein wenig näher an den Stall heran. „Wenn er seinen Gruß nicht bald erwidert, ist Isidor sicher beleidigt!"

„Was macht ihr da?", rief Daniel herüber. „Nun kommt schon, ihr alten Tratschtanten."

Bille und Bettina waren gerade dabei, die Pferde zu wenden und den Jungen zu folgen, als im Stall ohrenbetäubender Lärm losbrach. Holz splitterte, Isidor brüllte, dann krachte etwas auf den Steinboden, und zugleich plärrte das Tonband in voller Lautstärke einen Rock-'n'-Roll-Song. Sekunden später erschien, stampfend und schnaubend, Isidor in der Stalltür, sah sich kurz um und stürmte auf den Hof hinaus wie in eine Stierkampf-Arena.

„Um Gottes willen ...", rief Bille entsetzt. „Der Bulle ist los!"

Hinter Isidor her stürzte Edmund ins Freie. Er fuchtelte wild mit den Armen.

„Isidor! Das kannst du doch nicht machen! Isidor – komm zu Herrchen! Komm zurück, Isidor!", lockte er den Bullen in den höchsten Tönen. Dann sah er die Mädchen. „Bringt euch in Sicherheit! Er hat ziemlich schlechte Laune heute, besser, ihr geht ihm aus dem Weg!"

Das ließen sich Bille und Bettina nicht zweimal sagen. Wie der Blitz waren sie auf der Springbahn, rutschten aus dem Sattel und schlossen das Gatter hinter sich. Aus sicherer Entfernung beobachteten sie, was weiter geschah.

Edmund redete verzweifelt auf Isidor ein und versuchte, ihn zum Stall zurückzutreiben. Aber Isidor hatte offensichtlich andere Pläne. Zunächst einmal kostete er das saftige Gras und die Blumen auf der Rabatte vor dem Gutshaus. Ein Glück, dass Herr Tiedjen nicht da ist!, dachte Bille.

Immer, wenn Edmund Isidor zu nahe kam, machte der Bulle ein paar stampfende Schritte auf ihn zu, bis Edmund die Flucht ergriff, dann wandte er sich wieder seiner Mahlzeit zu.

„Wir müssen ihm helfen", sagte Daniel besorgt. „Irgendwie müssen wir das Biest doch wieder in seinen Stall bringen. Aber wie?!"

„Und wenn wir ihn nun zu Pferd umzingeln und in die Enge treiben?", fragte Simon vorsichtig.

„Also, ehrlich gesagt, Bongo ist mir zu schade für eine Corrida. Wenn Isidor ihm nun mit den Hörnern den Bauch aufschlitzt! Ich hab mal einen Stierkampf im Fernsehen gesehen – in einem Film …"

„Achtung … jetzt wird's gefährlich!", rief Bille. „Edmund! Bringen Sie sich doch in Sicherheit! Das ist Wahnsinn!"

Isidor, verärgert über die ständigen Störungen beim Fressen, war dazu übergegangen, Edmund ein wenig vor sich herzutreiben. Der arme Edmund schlug Haken wie ein flüchtendes Kaninchen. Isidor machte nicht den Eindruck, als hätte er seine Höchstgeschwindigkeit erreicht, es sah eher aus, als spiele er mit seinem selbst ernannten Herrchen. Aber wer konnte wissen, ob der Bulle nicht wirklich wütend war und Edmund auf die Hörner nehmen würde?

„Nicht doch! Isidor! Was machst du denn! Nun lass das doch, komm, sei vernünftig!", schrie Edmund und rannte mal hierhin, mal dorthin.

Im Gutshaus ging ein Fenster auf.

„Der Bulle ist los!", kreischte das Küchenmädchen.

Jetzt erschienen auch Huberts und Karlchens Köpfe in der Stalltür drüben. Sie hatten in der Sattelkammer das Zaumzeug geputzt und nichts von der Aufregung gemerkt.

„Der Bulle ist los!", brüllte Hubert. „Das darf doch nicht wahr sein! Die Mistgabeln her – schnell!"

„Was macht der denn da? Trainiert der für Olympia?", fragte Karlchen interessiert und konnte sich nicht von dem Anblick losreißen.

„Die Mistgabeln, sag ich! Schnell! Und eine Decke!"

Isidor hatte beschlossen, das Spiel zu Ende zu bringen. Mal von rechts, mal von links treibend, scheuchte er Edmund auf die Jauchegrube zu. Edmunds weiße Jeans mussten ihn auf diese glorreiche Idee gebracht haben. Edmund, am Ende seiner Kräfte, stürzte vorwärts. Platsch! schlugen die braunen Wellen neben ihm hoch. Bis zur Hüfte steckte er im Morast.

Isidor sah befriedigt auf sein Werk. Du kommst mir nicht mehr in die Quere!, schien sein Blick zu sagen.

„Isidor! Jetzt reicht's aber!", japste Edmund. „Geh sofort in deinen Stall zurück!"

Aber Isidor drehte sich gleichgültig um und trabte über den Hof davon. Vor der Allee blieb er unschlüssig stehen und schnupperte. Aus Lohmeiers Küche kamen verlockende Düfte. Isidor setzte sich langsam in Bewegung. Von hinten schlichen Hubert und Karlchen heran, Karlchen mit einer Mistgabel bewaffnet, Hubert die Decke in den Händen. Isidor marschierte auf die Lohmeier'sche Haustür zu.

„Gleich haben wir dich!", flüsterte Hubert.

Hinter ihm erschienen jetzt die Peershofer Jungen, sie

hatten sich ebenfalls mit Mistgabeln bewaffnet. Bille und Bettina bemühten sich währenddessen, Edmund aus seiner misslichen Lage zu befreien.

„Ha!" Hubert warf Isidor mit gezieltem Griff die Decke über den Kopf. Isidor erschrak, entsetzt preschte er vorwärts, den Kopf gesenkt, die Augen von der dunklen Decke verhüllt. Mit einem ohrenbetäubenden Lärm brach er durch die Lohmeier'sche Haustür. Glas und Holz splitterte, die Decke blieb an dem Hindernis hängen und umgab den Bullen wie ein schützender Schal.

„Sieg! Wir haben ihn! Er sitzt in der Klemme!", triumphierte Karlchen und schwang die Mistgabel.

In der Klemme saß Isidor wirklich. Sein Kopf ragte in den Lohmeier'schen Flur, der übrige Körper befand sich außen vor der Tür. Dass Isidor sich in dem großen Garderobenspiegel betrachten konnte, der ihm gegenüber hing, stimmte ihn nicht heiterer. Er ließ einen verzweifelten Schrei los, rückte vor und zurück, aber es half nichts. Er saß fest.

Frau Lohmeier, die sich im Badezimmer die Haare gewaschen hatte und eben dabei gewesen war, sich den letzten Lockenwickler einzudrehen, erstarrte. Der explosionsartige Knall, der Schrei – was hatte das zu bedeuten? Zitternd warf sie sich ihren geblümten Morgenrock über und stieg – schneeweiß im Gesicht – die Treppe hinunter.

Und jetzt geschah etwas Unerwartetes. Was Edmund nicht gelungen war – Frau Lohmeier schaffte es! Isidor erblickte die bunte Gestalt mit den Lockenwicklern, hörte ihren schrillen Schrei und wich entsetzt zurück. Wieder splitterte Glas, Hubert ergriff geistesgegenwärtig die Decke und warf sie dem Bullen wieder über den Kopf, die anderen sprangen heran und halfen sie festzubinden. Ein Strick wurde durch Isidors Nasenring gezogen, dann wurde er im Triumphmarsch in seinen Stall zurückgebracht.

Am Weg stand Edmund der Weise, triefend vor Jauche. Bille und Bettina sahen ihn mitleidig an. Welch ein Misserfolg! Würde er ihn für alle Zeit entmutigen? Er hatte so an Isidor geglaubt!

„Habt ihr's gesehen?", seufzte Edmund und sah mit großen Augen dem Trupp nach, der Isidor das Geleit gab. „Glaubt ihr's nun?"

„Was?", fragten Bille und Bettina gleichzeitig.

„Nun, wie unglaublich intelligent dieser Bursche ist! Wie er mich in die Jauche getrieben hat – einfach genial!"

Bille startet auf Black Arrow

In Vinfeld fand das große Herbstturnier statt. Seit Tagen sprachen sie über nichts anderes. Bille, Simon und Daniel hatten sich auf Herrn Tiedjens Vorschlag hin angemeldet. Florian, dessen Schulnoten in letzter Zeit zu wünschen übrig ließen, hatte von seinen Eltern nicht die Erlaubnis bekommen, zwei Tage schulfrei zu nehmen. Er und Bettina sollten am Samstagnachmittag nachkommen und würden dem großen Ereignis nur als Zuschauer beiwohnen.

Herr Tiedjen hatte mit Bille lange über die Wahl des Pferdes, das sie reiten sollte, gesprochen. Und schließlich hatte er ihr ihren Herzenswunsch erfüllt: Sie durfte auf Troja starten.

Wochenlang trainierte sie nun schon mit der schönen Fuchsstute, und es war ein Vergnügen zu sehen, wie Pferd und Reiterin immer mehr zu einer Einheit wurden. Troja und ich sind füreinander geschaffen, dachte Bille sich oft. Aber wenn sie ehrlich war, musste sie zugeben, dass Troja ganz einfach ein hervorragendes Pferd war, man konnte gar nicht anders als gut sein, wenn man sie ritt.

Am Donnerstagabend hielten sie mit Herrn Tiedjen eine Art Generalprobe ab. Jedes Hindernis wurde noch einmal genau durchgesprochen, die Fehler und Schwächen jedes Einzelnen noch einmal korrigiert.

Bille ging als Letzte über den Parcours, den Herr Tiedjen für seine Schüler aufgebaut hatte. Troja flog über die Hindernisse, als hätte sie Flügel. Wenn sie in den nächsten drei Tagen auch so springt und ich keine großen Fehler mache, ist uns der Sieg sicher, dachte Bille.

Da geschah es. Einen Augenblick nur war Bille unaufmerksam gewesen, war ein bisschen zu knapp an die Mauer herangeritten. Troja setzte zu einem Steilsprung an, riss die Mauer und stolperte bei der Landung. Und nach drei, vier Metern im Trab war es klar: Troja lahmte.

Bille stockte der Atem. Das durfte einfach nicht sein! Nein, sicher war es nur der Schreck, vielleicht hatte die Stute sich nur ein bisschen wehgetan, es würde in ein paar Minuten wieder gut sein.

Aber es wurde nicht gut, im Gegenteil. Bille saß ab und führte Troja eine Weile am Zügel hin und her. Troja folgte ihr zögernd und setzte den verletzten Fuß immer vorsichtiger auf.

„Es hat keinen Sinn, bring sie in den Stall", sagte Herr Tiedjen. „Ich rufe Dörfler an."

„Glauben Sie, dass es bis morgen wieder gut ist?"

„Das kann dir nur der Tierarzt beantworten. Aber ich glaube kaum, dass sie bei dem Turnier starten kann. Na, warten wir ab, was unser Onkel Doktor sagt."

Bille hatte das Gefühl, um sie herum müsse alles zusammenbrechen. Sie hatte sich doch so darauf gefreut, auf Troja zu starten! Und nun sollte alles ins Wasser fallen? Sie hatte Mühe, ihre Enttäuschung zu verbergen.

Simon kam zu ihr herüber und legte ihr den Arm um die Schultern.

„Nun mach nicht so ein Gesicht! Du wirst eben auf einem

anderen Pferd starten, Herr Tiedjen lässt dich sicher nicht im Stich."

Doktor Dörflers Diagnose stand schnell fest. Es war zwar nur eine leichte Verstauchung, aber das Bein musste auf jeden Fall ruhig gehalten werden. An ein Turnier war nicht zu denken.

Bille stand blass und stumm neben ihrer Lieblingsstute und klopfte ihr den Hals.

War es ihre eigene Schuld gewesen, dass Troja sich das Bein verstaucht hatte? War sie unaufmerksam gewesen, weil sie mit ihren Gedanken bereits auf dem Turnier war, bei einem großen Sieg?

Ihre Überheblichkeit war auf der Stelle bestraft worden. Trotzdem wäre es Bille lieber gewesen, die Strafe hätte sie selbst getroffen und nicht die Stute. Wäre sie doch vom Pferd gefallen und hätte sich wehgetan! Das wäre gerechter gewesen. Und sie hätte vielleicht trotzdem starten können.

Herr Tiedjen trat zu Bille in die Box und legte ihr beruhigend die Hand auf die Schulter.

„Na komm, daran ist nun auch nichts mehr zu ändern. Du wirst dich damit abfinden müssen, Zottel mit nach Vinfeld zu nehmen."

„Zottel? Aber der springt doch nicht!"

„Wer sagt denn, dass er springen soll? Als unentbehrliches Maskottchen für Black Arrow soll er mitkommen."

„Ich soll Black Arrow reiten?"

„Warum nicht? Natürlich hast du dich nicht mit ihm auf das Turnier vorbereitet. Aber du hast ihn jetzt oft genug geritten. Im Prinzip lasse ich einen turnierunerfahrenen Reiter lieber auf einem erfahrenen Pferd starten und nicht auf einem Neuling wie Black Arrow mit seinem jugendlichen

Temperament. Einen Sieg wirst du dir aus dem Kopf schlagen müssen. Aber vielleicht ist das ganz gut so. Wichtig für dich ist allein: dabei zu sein, Erfahrungen zu sammeln. Und für Black Arrow gilt das Gleiche. Rauft euch zusammen."

Bille nickte stumm. Sie liebte den schönen blauschwarzen Wallach über alles. Aber mit ihm auf einem Turnier zu starten war eine andere Sache. Sie fühlte sich seinem eigenwilligen Temperament noch nicht gewachsen. Immerhin – wenn Herr Tiedjen ihr das zutraute – warum sollte sie es nicht versuchen?

So fuhr sie denn am nächsten Tag nicht mit einem, sondern mit zwei Pferden nach Vinfeld: Zottel und Black Arrow. Und sie hoffte inständig, dass Zottels Gegenwart Black Arrow beruhigen und zu Höchstleistungen anfeuern würde.

Der Reitverein Vinfeld war außerhalb der Stadt auf einem alten Gutshof untergebracht. Er lag eingebettet in eine hügelige Parklandschaft aus Wiesen und kleinen Wäldchen mit herrlichen alten Kastanien und Buchen, wie man sie sich schöner gar nicht vorstellen konnte. Das Gutshaus, in dem sich das Büro und die Kantine, ein Clubraum und ein paar Gästezimmer befanden, war leuchtend gelb gestrichen, mit grün-weißen Fensterläden und blanken Messingbeschlägen an den Türen. Dahinter lagen Ställe und Scheunen, eine Reithalle und zwei Reitbahnen im Freien.

Von der Terrasse aus konnte man alles übersehen, hier saß man im Schatten der bunt belaubten Bäume und konnte in aller Ruhe das Kommen und Gehen zu den verschiedenen Orten der Handlung beobachten. Man sah das Dressurviereck, den Parcours und den Abreiteplatz. Eine etwas abgelegene Koppel diente als Stellplatz für die Wagen und

Pferdetransporter. Auch eine Reihe von Wohnwagen stand dort, Quartiere für Teilnehmer, die aus weiterer Entfernung gekommen waren.

Im Stall von Vinfeld standen über fünfzig Pferde. Weitere zwanzig konnten in leer stehenden Boxen und in den Scheunen untergebracht werden. Auch die Reithalle diente einigen Pferden als Quartier. Hier fanden Bille, Simon und Daniel Platz für ihre Schützlinge. Für Bille war eines der kleinen Gästezimmer reserviert worden, das hatte Herr Tiedjen organisiert. Die beiden Jungen wollten im Zelt schlafen.

Auf dem großen Stellplatz ging es zu wie in einem Zeltlager. Die Freunde fanden es herrlich! All die Pferde, die es zu bewundern gab – oder auch zu kritisieren, das Hin und Her. Hier holte jemand Wasser, dort brachte einer seinen Sattel in Ordnung, daneben kochte sich ein Reiterpaar Kaffee. Immer neue Wagen rollten heran, Begrüßungsrufe und Lachen hallten über den Platz.

Im Büro herrschte Hochbetrieb. Programme wurden verteilt, Startnummern ausgegeben, alle paar Sekunden schrillte das Telefon. Es war ein ständiges Kommen und Gehen. Bille schwirrte der Kopf.

„Komm, sehen wir uns den Parcours an", schlug Simon vor, „hier ist mir zu viel Rummel."

Auf dem Parcours gingen bereits etliche Reiter ihre Strecke ab, prüften Höhe, Weite und Schwierigkeitsgrad der Sprünge, murmelten vor sich hin, berechneten Galoppsprünge und Absprungwinkel und wirkten allesamt ein wenig wie Wünschelrutengänger auf der Suche nach einer geheimnisvollen Quelle.

Auf dem Dressurplatz bereitete man sich für die ersten Prüfungen vor. Durch den Lautsprecher wurden die

Teilnehmer aufgerufen. Die ersten Zuschauer strömten aufs Gelände, ältere Leute und Mütter mit kleinen Kindern vor allem, die weder bei der Arbeit noch in der Schule sein mussten und die Gelegenheit benutzten, Reiter und Pferde aus der Nähe zu betrachten.

„Lampenfieber?", fragte Daniel.

„Nein, eigentlich nicht", sagte Bille nach kurzem Nachdenken. „Bis jetzt finde ich es nur herrlich aufregend. Alle sind wie eine große Familie. Es ist einfach schön, dabei zu sein. Und du, Simon?"

„Mir geht's genauso. Und wenn einer Grund hat, kein Lampenfieber zu haben, bin ich es. Mit Lohengrin zu starten ist ein Kinderspiel, das weißt du ja aus Erfahrung …" Es klang ein wenig enttäuscht.

„Beim nächsten Turnier wird Pünktchen wieder dabei sein, sie hat sich bereits so gut erholt! Und jetzt, wo es mit dem Nachwuchs nichts wird, kannst du doch ein richtiges Turnierpferd aus ihr machen!"

„Ich weiß nicht. Über die leichteren Prüfungen wird sie wohl nicht hinauskommen", meinte Simon nachdenklich. „Aber ich glaube, über ein Pferd für die kommenden Turniere brauche ich mir keine Sorgen zu machen. Herr Tiedjen hat da so was angedeutet …" Simon lächelte geheimnisvoll.

„Was denn? Erzähl schon!", drängte Bille.

„Noch nicht. Es ist ja noch gar nicht sicher … und … na, es soll noch ein Geheimnis bleiben."

Fast war Bille ein bisschen eifersüchtig. Aber sie unterdrückte diese Regung sofort. Simon war ein hervorragender Reiter und würde vielleicht einmal der Nachfolger von Hans Tiedjen werden. Und außerdem hatte sie Simon viel zu gern, um ihm etwas zu missgönnen.

„Ich glaube, wir müssen uns jetzt mal um unsere Pferde kümmern. Der erste Durchgang in der Klasse A beginnt in einer Stunde."

Bille blieb stehen und kratzte sich nachdenklich am Kopf. „Was ist los?"

„Ich überlege gerade, was ich bloß mit Zottel mache, wenn sich Black Arrow ohne ihn nicht vom Fleck rührt?"

„Darüber zerbrechen wir uns den Kopf, wenn es so weit ist. Jetzt komm."

Wie sich herausstellte, hatte Zottel bereits einen Verehrer gefunden. Ein neunjähriger Junge mit großen dunkelbraunen Augen und einer lustigen Stupsnase hatte sich aus der Gruppe neugieriger Kinder gelöst, die auf der Tribüne der Reithalle die Gastpferde bestaunten, war in die Reithalle hinuntergelaufen und hatte sich zu Zottel geschlichen.

Dort stand er nun und streichelte das rot gefleckte Pony mit leuchtenden Augen und einem solchen Ausdruck von Zärtlichkeit, dass Bille ganz gerührt war.

„Du darfst ihn füttern und ihm etwas zu trinken geben", sagte sie. „Magst du?"

„Au ja! Und darf ich ihn auch mal reiten?"

„Später, okay? Wenn ich Zeit habe. Wie heißt du denn?" „Tommy."

„Freut mich, dich kennenzulernen, Tommy. Ich bin Bille. Und der da heißt Zottel, weil er eine so schön zottelige Mähne hat. Das da sind Daniel und Simon, und die großen Pferde heißen Asterix, Lohengrin und Black Arrow."

Für die großen Pferde schien Tommy sich kaum zu interessieren. Für ihn zählte nur Zottel. Bille beobachtete ihn amüsiert, wie er einen Tränkeimer herbeischleppte und Zottel das Wasser anpries, wie er ihm zu fressen brachte und sich bemühte, die Streu aufzulockern und es seinem neuen Freund bequem zu machen.

„Gut kannst du das, Tommy." Bille schaute den Jungen anerkennend an. „Warum bist du heute eigentlich nicht in der Schule?"

„Der Lehrer ist krank, der Direktor hat uns wieder heimgeschickt. Und da habe ich die Mama so lange angebettelt, bis sie mich hierhergefahren hat. Morgen und übermorgen darf ich auch kommen!", verkündete Tommy stolz.

„Super", sagte Bille, „vielleicht habe ich dann sogar eine Aufgabe für dich. Eine ganz wichtige!"

„Ja?" Tommy strahlte. „Was denn?"

„Das erkläre ich dir, wenn es so weit ist."

„Macht das Pony auch beim Springen mit?", erkundigte sich Tommy.

„Nein, Zottel ist nur als Zuschauer gekommen. Er ist unser Maskottchen – weißt du, was das ist?"

„Nö."

„Er begleitet uns, passt auf uns auf und bringt uns Glück."

„Er bringt euch Glück?", fragte Tommy ungläubig. „Wirklich?"

„Du wirst schon sehen."

Black Arrow schien heute gute Laune zu haben. Machte es der Sonnenschein oder der fröhliche Betrieb um ihn herum, den er neugierig verfolgte? Jedenfalls ließ er sich brav wie ein Lämmchen satteln und aus der Halle führen. Als Bille aufsaß, um auf den Abreiteplatz hinüberzureiten, sah er sich kurz nach Zottel um, als wollte er sagen: Warte dort, Junge, ich bin gleich zurück!

Vielleicht ein wenig heftig, aber gehorsam und gutwillig nahm er den Probesprung, und Bille sah mit Genugtuung

die bewundernden Blicke, die den schönen Rappen beglei-
teten. Das erste Springen zog sich in die Länge. Eine ganze Reihe Neulinge hatten sich gemeldet, die Fehler häuften
sich, und die Helfer auf dem Parcours hatten alle Hände voll
zu tun, bis jedes Hindernis wieder aufgebaut und in Ordnung gebracht worden war.

Daniel auf Asterix war der Einzige, der den Parcours ohne
Fehler hinter sich gebracht hatte. Er hätte ohne Weiteres
gleich in der nächsthöheren Klasse starten können, wie Simon es mit Lohengrin tat.

„Die nächste Reiterin – Nummer fünfundzwanzig – Sibylle Abromeit auf Black Arrow", tönte es aus dem Lautsprecher.

Komisch, ich bin überhaupt nicht aufgeregt, dachte Bille.
Das macht wohl die familiäre Atmosphäre: Die wenigen Zuschauer, die an dem Koppelzaun, hinter dem sich der Parcours befand, lehnten, unterhielten sich ruhig miteinander
und applaudierten nur hin und wieder leise. Das würde am
Sonntag bei den schwierigen Wettbewerben anders sein.

Black Arrow tänzelte und warf den Kopf hoch, Bille hatte Mühe, ihn zu halten. Aufgeregt ging er an den Start und
preschte los, als das Startzeichen erklang. Die ersten beiden
Hindernisse überflog er wie ein Pfeil, aber dann kam er aus
dem Rhythmus. Einmal – zweimal – dreimal hörte Bille hinter sich Stangen zu Boden fallen. Vergeblich versuchte sie,
Black Arrow ruhiger zu machen. Jetzt riss er auch noch den
Oxer. Bille parierte kurz zum Trab durch und galoppierte
erneut an. Jetzt klappte es, Black Arrow hatte sich gefangen, wenn er auch ständig an Tempo zulegte. Aber den Rest
der Strecke schafften sie ohne weitere Fehler. Bille atmete
auf.

„Nummer fünfundzwanzig – Black Arrow – sechzehn Fehler", verkündete der Lautsprecher.

„Mein Gott!", stöhnte Simon. „Ich habe noch nie ein so zappliges und dabei so schnelles Pferd gesehen! Da hast du dir was vorgenommen!"

„Sag lieber, da hat Herr Tiedjen mir was angehängt. Aber schließlich ist Black Arrow noch jung, nicht wahr, mein Schöner?" Bille klopfte dem Rappen zärtlich den Hals. „Du lernst es schon noch – und ich auch."

Aber Black Arrow beachtete sie überhaupt nicht. Er strebte bereits wieder in Richtung Reithalle, wo sein Freund Zottel stand, und rief ihn mit einem kurzen, dunklen Wiehern.

„Ob er ruhiger ist, wenn Zottel in der Nähe ist?", meinte Bille. „Ich muss es einmal ausprobieren."

Sie kehrte mit Black Arrow in die Reithalle zurück, wo Tommy immer noch neben Zottel hockte und lange Gespräche mit dem Pony führte.

„So, Tommy, jetzt werde ich dir erklären, was du für mich tun kannst. Traust du dich, das Pony zu halten?"

„Na klar!"

Tommy griff sofort an Zottels Halfter.

„Nein, nicht jetzt. Später, am Turnierplatz. Du stellst dich in der Nähe des Koppelzauns auf, sodass der große Rappe hier euch sehen kann. Und da bleibst du ruhig stehen, bis ich wieder aus der Bahn komme. Hast du verstanden? Die ganze Zeit, wenn ich mit Black Arrow im Parcours bin, bleibst du da stehen. Black Arrow hat das nämlich gern, wenn sein Freund in der Nähe ist."

„Sind das Freunde?" Tommy schaute zweifelnd von dem schönen Rappen zu dem gescheckten Pony.

„Ja. Lustig, nicht wahr? Sie waren vom ersten Tag an dicke Freunde, und wenn Zottel nicht in der Nähe ist, hat Black Arrow schlechte Laune."

„Okay, das mach ich!", beteuerte Tommy strahlend. „Darf ich Zottel dann auch reiten?"

„Klar, um den ganzen Hof, dreimal!"

„Fünfmal."

„Na schön, fünfmal."

Es klappte tatsächlich.

Bille nahm Zottel und Tommy mit zum Abreiteplatz und suchte eine geeignete Stelle, wo die beiden niemanden stören und vom Parcours aus gut zu sehen waren. Zottel stand mit wachen Augen am Koppelzaun, fast schien es, als lache er vor Vergnügen über seinen Logenplatz, von dem aus er das Geschehen so genau überblicken konnte. Mach's gut, alter Junge, schien er zu sagen, ich halt dir die Daumen.

Und wirklich sprang Black Arrow bei der zweiten Prüfung so konzentriert und harmonisch, als habe er sich in den Kopf gesetzt, eine Schönheitskonkurrenz zu gewinnen. Die Leute applaudierten überrascht.

„Verrückter Kerl!", sagte Bille zärtlich und klopfte ihm den Hals. „Warum nicht gleich so?"

Null Fehler – aber sie waren nicht die Einzigen. Sieben Reiter waren diesmal mit null Fehlern über den Parcours gegangen, ein weiterer Durchgang musste folgen.

Und er brachte die Entscheidung. Daniel belegte mit Asterix den ersten Platz. Bille kam auf den dritten. Das war mehr, als sie erwartet hatte. Am nächsten Tag würde sie in der Klasse L starten, in dem Gefühl, eine gute Chance zu haben, und das mit einem so schwierigen Pferd! Herr Tiedjen konnte mit ihr zufrieden sein.

Tommy durfte nicht nur fünfmal um den Hof reiten, sondern sogar an der Longe traben, er bekam seine erste richtige Reitstunde und brachte vor Seligkeit kaum mehr ein Wort heraus, bis seine Eltern erschienen, um ihn abzuholen. Da sprudelte er los, stolzgeschwellt berichtete er von seinem Freund Zottel und seinen neuen Pflichten.

Am nächsten Tag, dem Samstag, nahm der Betrieb auf den Plätzen zu. Eine Reihe weiterer Reiter und Pferde waren eingetroffen, Zuschauer strömten in Scharen herbei, die Buden, an denen es Würstchen, Getränke und Kuchen zu kaufen gab, waren ständig belagert.

Auf dem Dressurplatz fand eine Vorführung der Voltigiergruppe des Reitvereins statt. Mädchen in blaugrünen Gymnastikhosen und T-Shirts turnten auf einem galoppierenden Pferd. Die Musik hörte man bis in die Reithalle, und Zottel spitzte interessiert die Ohren.

„Nein, bitte nicht, Dicker, das ist nicht dein Auftritt!", flehte Bille.

„Wie meinst du das?", erkundigte sich Tommy.

„Ach, weißt du, Zottel kann tanzen. Er war mal Zirkuspferd, bevor ich ihn bekam. Und wenn er seine Musiknummer hört, dann tanzt er manchmal einfach los."

„Das möchte ich sehen!"

„Jetzt nicht, vielleicht ein andermal", wimmelte Bille ihn ab und stellte erleichtert fest, dass Zottel keine Anstalten machte, seine Zirkusnummer vorzuführen.

„Mensch, Bille, Simon hat den ersten Platz belegt!"

Daniel kam hereingestürmt und fiel Bille um den Hals. „Er ist einfach super! Mann, wir werden hier noch absahnen, das schwör ich dir!" Daniel war ganz aus dem Häuschen.

„Was Simon betrifft, bin ich da ziemlich sicher", meinte Bille. „Warum hast du mich nicht gerufen? Wieso war er schon dran?"

„Weiß ich auch nicht. Sie haben wohl die Reihenfolge umgestellt, einer der Reiter ist nicht erschienen, ein anderer hatte gleich beim ersten Hindernis Pech, sein Pferd hat dreimal verweigert …"

„Das ist wirklich Pech. Raus zu sein, bevor man überhaupt angefangen hat …"

Daniel und Bille ritten in der zweiten Gruppe, die am Nachmittag drankam. Daniel startete als Erster. Asterix war ein wenig faul, um diese Zeit hielt er lieber seinen Mittagsschlaf, schließlich war er nicht mehr der Jüngste. Aber er schaffte den Parcours mit nur vier Fehlern, Daniel war zufrieden.

Heute hatte Bille Schwierigkeiten, für Zottel einen geeigneten Platz zu finden. Die Zuschauer standen dicht gedrängt um den Parcours, nirgends war eine Lücke zu sehen. Da entdeckte Bille einen Hohlraum unter der Richtertribüne gleich neben dem Eingang zum Parcours. Hier konnte Zottel stehen, ohne jemanden zu stören oder aufzufallen. Und Black Arrow konnte ihn trotzdem gut sehen.

„Alles klar, Tommy?"

„Alles klar. Ich pass auf."

„Okay, dann bis später."

Bille ritt zum Abreiteplatz hinüber und konzentrierte sich auf Black Arrow. Der schaute hin und wieder zu Zottel hinüber, war aber sonst folgsam und friedlich, wenn auch von beängstigendem Temperament. Bille ließ ihn sich ein wenig austoben, um ihn auf dem Parcours besser in der Hand zu haben.

Jetzt kam ihr Aufruf.

„Reiß dich zusammen, Junge, mach mir keinen Ärger", flüsterte Bille.

Als sie an Zottel vorbeiritt, begrüßten sich die beiden Freunde mit einem kurzen, verhaltenen Wiehern. Zottel drängte nach vorn, aber Bille sah, wie Tommy ihn energisch zurückhielt. Gut so.

Bille machte vor den Richtern halt und grüßte. Black Arrow tänzelte ungeduldig, sie hatte Mühe, ihn wenigstens für eine Sekunde zum Stand zu bringen. Drei Runden galoppierte sie auf dem Zirkel, bis er so weit ausbalanciert war, dass sie an den Start gehen konnte. Im Publikum wurde gemurmelt, kein Wunder, Black Arrow stellte sich an wie ein wilder Mustang. Bille hatte manchmal den Verdacht, dass er seine Schau nur abzog, um seine Schönheit richtig zur Geltung zu bringen.

„Lass ihn laufen!", hörte sie Herrn Tiedjen sagen, er stand im Publikum direkt neben dem Start, sie hatte ihn nicht gesehen.

Bille gab Black Arrow den Kopf frei, und der Wallach stürmte los. Er schien richtig Freude am Springen zu haben, das entdeckte Bille heute zum ersten Mal an ihm. Die ersten drei Hindernisse hatten sie bereits ohne Fehler hinter sich.

Jetzt der Oxer. Warum lachten die Leute? Hatte sie sich geirrt, ein Hindernis übersehen? Nein, alles war in Ordnung. Aber warum dann das Gelächter, das sich ständig steigerte, und die aufgeregten Stimmen?

Da nahm Bille einen Schatten schräg hinter sich wahr. Zum Galopptakt von Black Arrows Hufen gesellte sich ein zweiter. Spinne ich?, dachte Bille. Ich reite doch kein Gespann. Die Mauer! Bille musste sich ganz auf den Sprung konzentrieren. Noch in der Luft sah sie den Schatten wieder. Er war rot-weiß gesprenkelt und schlug einen Bogen außen um das Hindernis. Dann näherte er sich Black Arrow wieder und galoppierte schräg hinter ihm zum nächsten Hindernis.

Bille wurden die Knie weich. Was sollte sie machen? Warum tat niemand etwas, warum kam nicht durch den Lautsprecher: „Entfernen Sie das Pony aus dem Parcours!" Klack – sie hatten eine Stange gerissen. Zottel stoppte und sah sich um, dann tauchte er wieder neben Bille auf. Der Wassergraben – Black Arrow setzte mit einem weiten Sprung hinüber. Zottel stutzte, dann watete er durch die künstliche Pfütze hindurch und folgte seinem Freund. Jetzt noch die zweifache Kombination. Bille zwang all ihre Aufmerksamkeit auf Black Arrow und das Hindernis und versuchte, Zottel zu vergessen. Die zweite Stange tippte Black Arrow an, sie schaukelte ein wenig in ihrer Verankerung, blieb aber liegen. Der letzte Sprung. Geschafft! Zottel galoppierte wie ein Hündchen hinter Black Arrow her aus dem Parcours. Das Publikum applaudierte wie rasend. Die Richter steckten die Köpfe zusammen.

„Fräulein Sibylle Abromeit, bitte zum Richtertisch", klang es aus dem Lautsprecher.

Simon hatte Zottel eingefangen, Daniel nahm ihr Black Arrow ab. Unter der Richtertribüne hockte heulend Tommy. Bille betrat mit weichen Knien das Podium, auf dem die Richter saßen.

Zottels Vorstellung musste wirklich sehr komisch gewesen sein. Jedenfalls herrschte hier oben immer noch Heiterkeit, einer der Herren wischte sich die Lachtränen aus den Augen.

„Fräulein Abromeit, Sie sind bei Ihrem Ritt durch das ausgebrochene Pony – weiß Gott, wo es hergekommen ist – nun ja, Sie sind behindert worden. Mir ist so ein Fall in meiner Praxis ehrlich gesagt noch nicht vorgekommen", sagte einer der Richter. „Deshalb frage ich Sie: Möchten Sie Ihren Ritt wiederholen?"

„Bin ich disqualifiziert?", fragte Bille erschrocken.

„Nun – nein, es war schließlich nicht Ihre Schuld!"

Wenn du wüsstest!, dachte Bille.

„Dann möchte ich den Ritt nicht wiederholen. Black Arrow kann höchstens schlechter werden. Er ist auch Anfänger, wissen Sie …"

„Gut, machen wir weiter. Danke, Fräulein Abromeit."

Bille stieg mit steifen Beinen die Stufen hinunter.

„Na? Was ist passiert?", bedrängten Daniel und Simon sie.

„Er hat ‚Sie' zu mir gesagt."

„Kannste mal sehen!"

„Habt ihr Zottel verschwinden lassen?"

„Logisch!"

„Und Tommy?"

„Wir haben ihm ein Eis gekauft. Jetzt ist er wieder bei Zottel."

„Vielleicht kann mir einer von euch erklären, wie das passiert ist!"

„Ganz einfach. Da kam so ein Typ, so ein Ordner, und hat Tommy angemotzt, dass er da mit seinem Pony nicht stehen dürfe. Tommy ist pampig geworden und hat geantwortet, er müsse da stehen, er hätte einen Auftrag. Da hat der Mann, wohl nur zur Drohung, die Hand gehoben, und Tommy hat Zottel vor Schreck losgelassen. Und Zottel – nichts wie ab und hinter dir her! Warum hat auch der Idiot von Ordner nicht die Schranke geschlossen, bevor er Tommy vertreiben wollte!"

Während sie sich unterhielten, waren sie zur Reithalle zurückgekehrt. Tommy kauerte bereits wieder hochzufrieden neben Zottel.

„Hör zu, Tommy", sagte Bille schmeichelnd, „es wäre vielleicht ganz gut, wenn du niemandem erzählen würdest, dass ich es war, die dich da hingestellt hat, okay? Das ist unser Geheimnis. Du brauchst überhaupt niemandem zu verraten, dass Zottel mir gehört. Hier hast du eine Mark, kauf dir noch ein Eis."

Dann wandte sich Bille Zottel zu und kraulte ihm zärtlich die Ohren. „Armer Kerl. Das hast du nun davon! Wie heißt es in der Bibel? ‚Bevor der Hahn kräht, wirst du mich dreimal verleugnen!' Aber was bringst du mich auch in so eine Situation!"

Das Hochzeitsgeschenk

Pünktlich mit den Herbstferien kam das Regenwetter. Die dickbauchigen Wolken, die wie eine Herde steingrauer Nilpferde träge von Westen nach Osten zogen, schienen die Baumspitzen zu berühren, so tief hingen sie herunter. Ein gleichmäßiger Nieselregen hüllte das Land ein und verwandelte Felder und Wege in eine Seenlandschaft, überzog Höfe und Gärten mit einer knöcheltiefen Schlammschicht, ließ Dachrinnen und Tränken überlaufen und erfüllte die Luft mit dem dumpfen Trommelkonzert stetig fallender Tropfen.

Gummistiefel und Regenmäntel waren im Spar-Markt binnen einer Woche ausverkauft. Bei Jansens im *Krug* florierte das Geschäft mit Grog und Glühwein, die Apothekerin dekorierte das Schaufenster mit Hustensäften und Schnupfensprays.

Bei so trüben Aussichten waren Bille und ihre Freunde fast dankbar dafür, dass Billes Schwester Inge und ihr Verlobter Thorsten kamen, um ihr künftiges Heim instand zu setzen, und dass sie jede Menge Helfer gebrauchen konnten. Das war doch wenigstens eine Abwechslung.

In das kleine Strohdachhaus an der Dorfstraße, in dem noch vor einem Jahr Bille mit ihrer Mutter gelebt hatte und das seither leer gestanden hatte, kehrte wieder Leben ein. Der Laden, in dem Mutsch früher all das verkauft hatte, was die Wedenbrucker sich jetzt im Spar-Markt Leesten besorgten, sollte Thorstens Werkstatt werden. Eine Kunstschmiede-Werkstatt, in der Thorsten seine eisernen Tore und Treppengeländer, seine Kaminplatten, Türbeschläge und kunstvoll verzierten Feuerhaken herstellen wollte.

Die Maurer hatten bereits gute Vorarbeit geleistet, hatten die Wand zwischen Laden und Küche herausgerissen, das Treppenhaus vergrößert und unter dem Dach zwei weitere Zimmer ausgebaut. Nun galt es zu streichen und zu tapezieren, Teppiche zu verlegen und Lampen anzubringen.

„Das ehemalige Wohnzimmer wird Thorstens Büro. Unsere Privaträume werden alle im ersten Stock liegen. Die beiden neu ausgebauten Zimmer sollen Wohn- und Schlafzimmer werden, Mutschs ehemaliges Zimmer wird unsere Küche", erklärte Inge.

„Und mein altes Zimmer wird wieder Kinderzimmer, das hast du mir doch versprochen, nicht wahr?", neckte Bille ihre große Schwester. „Und ich hoffe bald!"

„Erst muss es mal gestrichen werden", lenkte Inge ab. „Was für eine Farbe schlägst du vor?"

„Auf jeden Fall sonnengelb! Und die Möbel müssen weiß oder orangerot sein. Die Vorhänge natürlich bunt und lustig, und der Teppich moosgrün wie eine Waldwiese."

„Schön. Dann teil deine Wünsche Thorsten mit und lass dir von ihm die Farbe mischen. Mit dem Streichen könnt ihr hier gleich anfangen. Ich beginne inzwischen mit der Küche."

Thorsten stand in der Werkstatt und hielt einen Vortrag, umringt von Daniel, Simon, Florian und Karlchen, die ihm hingerissen lauschten. Offensichtlich hatte er gerade erklärt, wie er das Metall bearbeitete und wie die verschiedenen Instrumente und der Ofen funktionierten.

„Ich liebe es, die alten Formen nachzubilden, die heute niemand mehr herstellt. Hier – seht ihr diese Muster, sie stammen aus dem siebzehnten und achtzehnten Jahrhundert. Und dann mache ich hin und wieder etwas ganz Modernes. Keine Gebrauchsgegenstände, nein, reine Kunstobjekte. Wie dieses hier zum Beispiel, es ist noch nicht ganz fertig."

„Was soll 'n das sein?", nuschelte Karlchen.

„Ich nenne es: zwei Möwen."

„Hm. Zwei Möwen nach einem Zusammenstoß mit einem Düsenjäger", ergänzte Karlchen.

Daniel war so viel mangelnder Kunstverstand peinlich. „Du hörst doch, es ist noch nicht ganz fertig", sagte er geniert und lächelte Thorsten entschuldigend an.

Thorsten lachte nachsichtig.

„Hier, dies wird dir vielleicht besser gefallen ..."

Vorsichtig holte er einen aus Ringen und Drähten zusammengeschweißten Gegenstand aus einer Kiste und befreite ihn liebevoll von den Resten der Holzwolle, in die er verpackt gewesen war.

Karlchen legte den Kopf schief.

„Oh – mein Moped!", stellte er freudig überrascht fest. „Wirklich gut getroffen!"

„Ach ja?" Nun legte auch Thorsten den Kopf schief. „Ich wollte es eigentlich ‚Träumende Jungfrau' nennen. Aber du bringst mich da auf eine Idee ..."

„Was haltet ihr übrigens von der Idee, dass wir endlich mal an die Arbeit gehen!", meldete sich Bille zu Wort. „Wir brauchen erst mal haufenweise sonnengelbe Farbe."

Die nächsten Tage wurde emsig gemalt und geklebt, gesägt und gehämmert. Schreiner und Installateure gaben sich die Türklinke in die Hand, Thorsten brauchte all seine künstlerischen Fähigkeiten, um in die Dachschräge des Wohnzimmers ein Bücherregal einzubauen. In drei Wochen sollte alles fertig sein. Dann fand die Hochzeit statt.

Zottel und Moischele mussten es sich gefallen lassen, nur noch als Fuhrunternehmen gebraucht zu werden. Auf den Gummiräderkarren, den Karlchens Vater, Bauer Brodersen, sonst an den Traktor hängte und aufs Feld fuhr, luden sie Baumaterial, Farbeimer und was es sonst zu besorgen gab. Die kleineren Kinder im Dorf standen Schlange, um bei diesen Fahrten mit auf den Wagen klettern zu dürfen.

Das Strohdachhaus bekam einen neuen Außenanstrich, schneeweiß, und leuchtend blaue Fensterläden. Türklinke, Glocke und Hausnummer stammten natürlich aus der Werkstatt Thorstens, ebenso wie das neue Gartentor. Die Leute aus dem Dorf staunten nicht schlecht, wie schön die windschiefe alte Kate auf einmal wurde.

Der Tag der Hochzeit rückte näher.

„Wenn ich bloß wüsste, was ich den beiden zur Hochzeit schenken könnte", stöhnte Bille und kratzte einen Farbspritzer von der Fensterscheibe. „Wenn ich mich hier umsehe, fällt mir jede Menge ein, aber die Sache hat einen winzigen Schönheitsfehler."

„Und der wäre?"

„All diese Dinge, die ich ihnen schenken möchte, sind viel zu teuer für mich. Es soll ja auch nicht irgendwas sein, ein Küchengerät, eine Vase oder so was Langweiliges. Ich stelle mir was Originelles vor, etwas, das zu den beiden passt und das sie ständig an ihren Hochzeitstag erinnert!"

„Hm, lass mich mal überlegen."

Bettina legte den Lappen aus der Hand und setzte sich mit verschränkten Armen aufs Fensterbrett.

„Gibt es denn nicht irgendwas, was wir selber basteln können? Ein Babykörbchen – nein, dazu ist es noch zu früh. Wie wär's, wenn wir ihnen einen Baum für den Garten schenkten? Aber nein, da sind schon zu viele."

„Ich hatte an eine bemalte Truhe gedacht, aber dazu müsste man erst mal eine alte Truhe finden, die noch gut in Schuss ist und die man schön bemalen kann."

„Nicht schlecht. Vielleicht finden wir so was in Peershof auf dem Speicher, er steht voller alter Sachen. Ich werde meine Tante um Erlaubnis fragen, ob wir da ein bisschen stöbern dürfen."

Sie durften. Und die drei Jungen schlossen sich der Suche an. Leider verlief sie enttäuschend. Es gab zwar dort oben jede Menge alte Kleiderschränke und Kommoden, aber das alles war viel zu groß für die kleinen Stübchen in der alten Kate.

„Vielleicht der Schaukelstuhl dort?", überlegte Bille.

„Das Riesenmonstrum? Um Himmels willen!" Bettina schüttelte den Kopf. „Wenn Thorsten darauf nur einmal vor und zurück schaukelt, räumt er hinter sich den Abendbrottisch ab und zerschlägt beim Vorschaukeln den Fernsehapparat! Für den Schaukelstuhl brauchst du ein Extrazimmer."

„Na kommt, hier finden wir doch nichts", meinte Simon. „Wir müssen uns was anderes einfallen lassen."

„Warum sehen wir nicht mal in der alten Wagenremise nach, da steht doch auch noch so Kram herum", schlug Florian vor.

Daniel winkte ab.

„Die alten Kutschen und ein paar verrostete Autoteile. Was willst du da schon finden!"

Aber sie versuchten es doch. Und sie hatten unerwartet Glück.

„Was ist denn das?", rief Bille plötzlich begeistert aus. „Eine richtige alte Ponykutsche – ist die süß!"

„Hm, da sind noch zwei von der Sorte, sie stammen alle aus dem Haus unserer Großeltern. Als sie selbst noch Kinder waren, sind sie viel damit gefahren."

„Es gibt Leute, die stellen sich so was in den Garten und pflanzen Blumen rein", bemerkte Florian. „Einfach so, weil sie so nett aussehen."

„Mensch, das ist doch die Idee!", rief Bettina aus. „Wir fragen eure Eltern, ob wir eines der alten Kütschchen haben können und was wir dafür bezahlen sollen. Und dann malen wir es ganz toll an! Wir können es als Hochzeitskutsche nehmen, und später können sie es sich in den Garten vors Haus stellen. Wenn das kein ausgefallenes Hochzeitsgeschenk ist!"

„Die Idee ist Gold wert!" Bille umarmte die Freundin heftig. „Los, lasst uns gleich fragen! Hoffentlich erlauben sie's!"

Das Ehepaar Henrich hatte die Existenz der alten Ponykutschen vollkommen vergessen. Und so ließen sie sich leicht überreden, den Kindern eine davon zu überlassen. Sie brauchten nicht einmal etwas von ihrem Taschengeld dafür zu opfern, die Farbe würde ohnehin genug kosten.

„Eigentlich hatte ich ja vom Malen die Nase ziemlich voll", seufzte Daniel. „Aber was tut man nicht alles für einen guten Zweck!"

Sofort gingen sie daran, das Muster zu entwerfen. Als Grundfarbe wählten sie Blau, die zerschlissenen Lederbezüge bekamen einen dicken Schutzanstrich in Schwarz. Die Innenwände leuchteten in hellem Rot, und schließlich kam die

Hauptsache dran: Girlanden von leuchtend roten und rosa Bauernrosen mit hellgrünen Blättern.

Eine ganze Woche arbeiteten sie hart, um das Kunstwerk zu vollenden. Zu guter Letzt setzte jeder von ihnen sein Autogramm auf die Seiten des Kutschbocks, und auf die Vorderseite kam, schön verschnörkelt, das Datum der Hochzeit.

„Ein Schmuckstück!", lobte Bille. „Inge und Thorsten werden Augen machen! Onkel Paul hat mir versprochen, dass er die Kutsche mit dem Anhänger abholt, damit das Regenwetter uns die Pracht nicht gleich verdreckt."

„Eine gute Idee. Spart uns 'ne Menge Arbeit", sagte Bettina erleichtert. „Ich habe schon voller Sorge daran gedacht, wie lange wir das Prachtexemplar putzen müssen, wenn wir bei diesem Mistwetter einmal von Peershof nach Wedenbruck damit gefahren sind."

Daniel zog die Kutsche bis an das Tor der Remise.

„Die Räder müssen wir auf jeden Fall noch schmieren. Das quietscht ja, dass einem die Haare zu Berge stehen!"

„Wird sofort erledigt, Boss", sagte Simon. „Ich hol das Fett drüben aus der Garage. Prüft ihr inzwischen mal, ob die Deichsel in Ordnung ist."

Daniel und Florian überprüften noch einmal die Halterung der Deichsel.

„Scheint alles okay zu sein. Mann, das wird eine Schau!", grunzte Florian vergnügt. „Was die für Gesichter machen werden, ich kann's kaum noch erwarten!"

Der Wettergott meinte es gut mit dem Brautpaar. Zwar kamen nur vereinzelte Sonnenstrahlen durch die dicke Wolkendecke, aber wenigstens regnete es nicht. Bille sah es mit Genugtuung, als sie am Morgen erwachte.

Das Haus summte bereits von aufgeregten Stimmen. Anni, die Friseuse aus Leesten, saß in der Küche und wartete darauf, der Braut Hochzeitsfrisur und Schleier zu stecken. Mutsch rannte wie ein aufgescheuchtes Huhn durch die Gegend. Sie hatte zwar alles bis ins Kleinste vorbereitet, aber in der vor Aufregung schlaflosen Nacht waren ihr hundert weitere Kleinigkeiten eingefallen, die man noch tun konnte. Auf den Nachbarhöfen und im *Krug* hatte man die Gäste untergebracht, die von weit her angereist kamen. Man hatte sie zwar gebeten, nicht vor zehn Uhr zum allgemeinen Abmarsch in die Kirche zu erscheinen, aber alle paar Minuten klingelte es an der Haustür. Der eine hatte seine Manschettenknöpfe vergessen, der Nächste seinen Saum herausgerissen, der Dritte fragte, ob noch was zu helfen sei und spähte neugierig nach der Braut aus, der Vierte musste ausgerechnet jetzt sein Geschenk abgeben, obgleich doch dafür später noch Zeit gewesen wäre.

Onkel Paul hatte bittere Minuten auszustehen, als ihm klar wurde, dass sein Hochzeitsanzug ihm seit dem letzten Winter viel zu eng geworden war, da er nun täglich Mutschs gute Küche genoss. Er drückte, zerrte und zog, aber der widerspenstige Hosenbund wollte sich nicht schließen lassen.

Bille hörte Onkel Pauls Fluchen und kam ihm zu Hilfe. Ein breiter weinroter Gürtel von Mutsch wurde dazu bestimmt, die Blöße zu bedecken. Die Farbe passte gut zu dem dunkelblauen Stoff des Anzugs. Eine passende Krawatte fand sich auch, und Onkel Pauls Nerven beruhigten sich wieder. Nicht so Mutschs.

„Wo bleibst du denn, Bille! Bist du immer noch nicht fertig? Ja, muss man denn alles allein machen! Hier, füllt die Salzstangen in die Schälchen. Nein, in die anderen – da kommen die Nüsse rein. Die Portweingläser, wo sind die Portweingläser? Herrgott noch mal, Kind, nun zieh dich doch erst mal an! Die Blumen da müssen in die Vase. Hörst du denn nicht, es klingelt, mach doch mal auf, ich muss deiner Schwester beim Anziehen helfen – Telegramme da drüben hin, auf das Tablett!"

„Da ist Tante Grete, Mutsch, ob du ihr eine Kette zu ihrem Kleid leihen könntest, sie hat ihre vergessen."

„Grete! Komm mit rauf, Liebe, ich werde mich gleich darum kümmern! Servietten, wir müssen noch Servietten bereitlegen, Bille! Und vergiss die Blumen nicht – schräg anschneiden, sonst halten sie sich nicht!"

„Mach ich, widme du dich Tante Grete. Und mach dich hübsch, ich kümmere mich schon um die anderen Sachen." Bille holte tief Luft und wiederholte bei sich alles, was Mutsch ihr aufgetragen hatte.

Ein Glück, dass Karlchen sich bereit erklärt hatte, Zottel und Moischele anzuschirren und mit Bettinas Hilfe den Blumenschmuck an Wagen und Pferden anzubringen.

Inge saß blass und aufgeregt im Gästezimmer und ließ sich schmücken. Sie sah süß aus in dem altmodischen Hochzeitskleid. Als wäre sie aus einem alten Gemälde gestiegen, so einem, wie sie in berühmten Schlössern hängen. Und die Friseuse verstand sich auf ihre Kunst. Zum Glück schien wenigstens sie sich nicht von der allgemeinen Aufregung anstecken zu lassen.

Thorsten kam eine halbe Stunde zu früh. Auch er war ziemlich blass um die Nase, am rechten Ohrläppchen klebte noch ein Rest von Rasierschaum, und in der Hand hielt er den Brautstrauß. Bille war gerade dabei gewesen, die Servietten zu falten und auf einem Tablett zu arrangieren, als er klingelte. Kurz entschlossen betupfte sie sein Gesicht mit der Serviette, die sie in der Hand hielt, und befreite es von Seifenschaum und ein paar Schweißtropfen.

„Anstrengend, das Heiraten, wie, Schwager?", fragte sie übermütig und zog ihn ins Haus. „Du bist zu früh dran. Möchtest du was trinken?"

Thorsten ließ den Brautstrauß von einer Hand in die andere wandern und lächelte gequält.

„Vielleicht besser nicht", meinte er. „Niedliches Kleid hast du an."

„Oh, das ist mein Nachthemd, aber ich werde mich gleich herausputzen. Wir haben ja noch Zeit."

„Ja – so – ich fand es auch ein bisschen zu durchsichtig für die Kirche. Dann lass dich nicht stören …"

Bille stellte mit einem mitleidigen Blick die Portweinflasche neben das zukünftige Familienmitglied und verließ das Zimmer. Jetzt wurde es wirklich Zeit. Aber sie brauchte nicht lange. Das neue Kleid mit dem knielangen Rock hing schon an der Schranktür, der blond gelockte Schopf wurde mit der Bürste heftig bearbeitet.

Ganz fremd kam sie sich vor – einmal nicht in Jeans oder Reithosen und Stiefeln. Ob die anderen sie wiedererkennen würden? Noch ein Blick auf die Fingernägel, unter denen sich immer Reste von Stalldreck verkrochen. So, fertig.

Unten klingelte es bereits wieder Sturm, die ersten Gäste trafen ein. Bille rannte die Treppe hinunter.

Jetzt kam das Schlimmste. All die blödsinnigen Redensarten: „Mein Gott, Kind, wie bist du gewachsen!" –„Nein, schon eine richtige junge Dame, unsere Bille!" – „Kaum zu glauben, wie groß du schon bist – es war doch erst gestern, scheint mir, dass ich dich auf dem Schoß geschaukelt habe!"

So tönte es am laufenden Band. Bille lächelte unermüdlich, als seien ihre Gesichtsmuskeln eingefroren. Sie schenkte Portwein ein, bot Gebäck an, nahm Blumen entgegen und stellte sie in die Vase und mimte überall die wohlerzogene, große Tochter.

Zwischendurch flitzte sie zu Karlchen in den Stall, um sich zu überzeugen, dass alles in Ordnung war. Zottel und Moischele waren blitzblank geputzt und standen bereits im Geschirr. Bettina besteckte gerade Zottels Stirnband mit Blumensträußchen.

„Wenn die Trauung vorüber ist, komme ich zu euch rausgeflitzt und übernehme die Kutsche, okay? So lange müsst ihr die beiden hinter der Kirche versteckt halten."

„Nun reg dich nicht auf, es wird alles klappen!", beruhigte Bettina sie. „Du kannst dich auf uns verlassen."

Drinnen drängte Onkel Paul zum Aufbruch. Die Gesellschaft machte sich auf den Weg zur Kirche. Inge und Thorsten sollten mit dem Auto folgen, wenn alle ihre Plätze eingenommen hatten. Es waren zwar nur dreihundert Meter, aber ein richtiges Brautpaar musste vorgefahren werden.

Es scheint alles super zu klappen, dachte Bille, als sie neben Mutsch und Onkel Paul auf der Kirchenbank saß und verstohlen über die Köpfe der vielen Besucher schaute. Eine großartige Hochzeit. Die Orgel brauste auf, und das Brautpaar erschien im Kirchenportal, geführt vom Pastor. Inge sah schön wie eine Märchenprinzessin aus, und der rothaarige Riese Thorsten neben ihr wie Rübezahls Sohn. Jetzt waren sie vor dem Altar angekommen, der Pastor sprach still ein Gebet. Mutsch drückte Bille ein aufgeschlagenes Liederbuch in die Hand. „Lobet den Herrn" intonierte die Orgel, und Gesang hallte durch die Kirche.

So feierlich, wie es begonnen hatte, ging es weiter – und plötzlich, viel zu schnell, war alles vorbei. Der Pastor beglückwünschte das Brautpaar und geleitete es vom Altar zum Ausgang. Bille drückte sich seitlich vorbei und flitzte voraus.

Bettina und Karlchen warteten schon. Sie hatten die Kutsche vorgefahren, als die Orgel zum Schlusschor aufbrauste, und Bille brauchte nur noch auf den Kutschbock zu klettern und die Zügel zu übernehmen. Sicherheitshalber blieb Karlchen neben Zottel stehen. Wenn er Musik hörte, konnte man nie wissen ...

Und da erschien auch schon das Brautpaar in der Tür.

„Mein Gott, wie zauberhaft!", rief Inge aus und ließ ihren frisch angetrauten Ehemann verdutzt unter der Kirchentür zurück. „Wo habt ihr denn diese entzückende Kutsche her?"

„Das ist unser Geheimnis!", erklärte Bille und wurde rot vor Stolz. „Es ist nämlich unser Hochzeitsgeschenk für euch. Meines – und das meiner Freunde. Wir haben sie eigenhändig für euch bemalt und hergerichtet. Sie gehört euch."

„Wie lieb von euch! Ich weiß gar nicht, was ich sagen soll! Einfach toll ist das ..." Inge hatte Tränen in den Augen, die Aufregungen und die Freude dieses Tages schäumten in ihr über.

Inzwischen war auch Thorsten herangekommen und bewunderte und lobte das hübsche Gefährt.

„Alle Achtung, kleine Schwägerin, du imponierst mir mächtig! An ein so schönes Geschenk hätte ich im Traum nicht gedacht!"

Inge wollte einsteigen, aber daran war noch nicht zu denken. Jetzt drängten erst die Gratulanten heran, die Fotografen unter den Gästen knipsten um die Wette, Blumen wurden überreicht, Küsschen in die Luft geworfen. Zottel und Moischele scharrten ungeduldig mit den Hufen.

Endlich war es so weit. Inge nahm vorsichtig auf dem Sitz der Kutsche Platz, und Bettina verteilte die Falten des weißen Kleides sorgfältig, damit nichts mit den üppig frisch geschmierten Rädern in Berührung kam. Inge musste in ein Dutzend Kameras lächeln, alles begeisterte sich an dem schönen Bild.

Dann durfte auch Thorsten einsteigen. Erleichtert ließ er sich neben seiner frisch Angetrauten in den Sitz fallen. Krrracks!, machte es. Bille sah sich erschrocken um.

„Fahr zu!", flüsterte Thorsten gepresst.

Warum war er plötzlich so klein geworden? Inge überragte ihren Mann, der sonst zwei Köpfe größer war als sie, jetzt selbst um einen Kopf!

Der Pastor trat noch einmal zum Brautpaar heran, um sich zu verabschieden. Thorsten versuchte verzweifelt, durch übermäßiges Strecken seines Halses an Körpergröße zu gewinnen. Inge schaute irritiert auf ihren geschrumpften Ehemann hinunter, der mit krampfhaft angewinkeltem Arm versuchte, die dargebotene Rechte des Pastors zu ergreifen. Zum Glück schien der Pastor nichts zu bemerken.

„Nochmals viel Glück und Gottes Segen!", sagte er.

„Nun fahr doch schon!", stöhnte Thorsten, und Bille trieb die beiden Ponys kräftig an, dass sie einen Blitzstart im Galopp machten.

„Was ist denn passiert?", fragte Inge beunruhigt, als sie außer Sichtweite waren.

„Ich bin eingebrochen!", ächzte Thorsten. „Ich sitze bis zur Hüfte festgeklemmt zwischen den Sprungfedern des Sitzes. Und wenn du's genau wissen willst, es tut idiotisch weh!"

Bille erschrak. An alles hatten sie gedacht, nur daran nicht, dass die kleine Kutsche das Gewicht eines Mannes wie Thorsten nicht aushalten könnte! Eine schöne Bescherung!

Vor dem Strohdachhaus warteten bereits die Jungen, um das Gespann in Empfang zu nehmen.

„SOS!", rief Bille schon von Weitem. „Es ist etwas Schreckliches passiert!"

Sie brauchte nicht viel zu erklären, die Jungen übersahen schnell das Ausmaß der Katastrophe und begannen, den jammernden Bräutigam aus der Umklammerung des zerbrochenen Sitzes zu befreien. Soweit es den Bräutigam betraf, gelang das auch. Schwieriger war der Fall, was den nagelneuen schwarzen Anzug betraf, zumindest die Hose. Als Thorsten endlich wieder aufrecht auf sicherem Boden stand, war es klar: Der Hosenboden war in den Sprungfedern hängen geblieben. In der Hochzeitshose klaffte ein pfannkuchengroßes Loch.

„Schnell, ins Haus, wir müssen das irgendwie in Ordnung bringen, ehe die Gäste kommen!", drängte Inge. „Kriegt ihr das rausgerissene Stück aus dem Polster?"

„Mein Hintern", stöhnte Thorsten, „ich werde beim Essen stehen müssen – oder auf dem Bauch liegen! Was mach ich bloß?"

„Wir werden den Schaden gleich prüfen", ordnete Inge energisch an. „Ihr andern kümmert euch um die Gäste. In der Werkstatt ist alles aufgebaut, das kalte Büfett und die Getränke. Gebt ihnen erst mal was zu trinken. Und dann brauchen wir dringend Nadel und Faden und zwei Helfer zum Nähen!"

Es wurde trotz allem noch ein gelungenes Hochzeitsfest, und kein Mensch bemerkte, dass der Hosenboden des

Bräutigams nur mit groben Stichen an der Hose befestigt war.

Thorstens Schmerzen vergingen nach dem zweiten Glas Wein sehr schnell. Und nach dem dritten konnte er über sein Erlebnis nur noch lachen und gab es zum Vergnügen der Hochzeitsgesellschaft in blumigen Worten zum Besten.

Die zum Festsaal verwandelte Werkstatt, strahlend im Blumenschmuck und Kerzenlicht, hallte wider von Hochrufen, Musik und Gesang. Im ehemaligen Wohnzimmer wurde getanzt. Das kalte Büfett füllte sich dank Mutschs Vorsorge wie von Zauberhänden immer wieder neu, und Onkel Paul schleppte unermüdlich frische Getränke herbei.

„Wie hübsch es hier geworden ist", sagte Mutsch leise zu Bille. „Nie hätte ich gedacht, dass das alte Haus noch einmal so strahlen könnte. Wenn Vati das noch sehen könnte!" Ihre Stimme zitterte.

Bille nahm ihre Mutter in die Arme.

„Ich bin sicher, er sieht es", sagte sie. „Kein Grund, sentimental zu werden, sicher lacht Vati im Himmel jetzt noch Tränen über Thorstens geflickten Hosenboden. Komm, stoßen wir an. Trinken wir auf das Glück in unserem alten Haus – auf das alte und das neue Glück – deines – Inges – und auch meins."

Die Lederjackenbande

Auf die verregneten Wochen folgte plötzlich Frühlingswetter. Der Himmel schien übersehen zu haben, dass im Kalender der Monat November stand. Die Freunde nutzten die milden, sonnigen Tage für weite Ausritte durch das herbstliche Land.

Pünktchen hatte sich gut erholt. Ein wenig schreckhaft war sie geblieben, aber unter Simons einfühlsamer Pflege würde sich auch das sicher bald legen. Simon verbrachte jede freie Minute bei seiner Stute, verwöhnte sie und machte sie behutsam wieder mit ihrer Umgebung vertraut. Die Koppel, auf der das Unglück geschehen war, mied er, er ließ die Stute nur noch dort weiden, wo er sie unter Beobachtung hatte oder zumindest hören konnte, wenn etwas Ungewöhnliches geschah.

Niemandem war es bisher gelungen, hinter das Geheimnis der Bande zu kommen, die auf ihren Motorrädern mal hier, mal dort auftauchte wie ein plötzliches Gewitter, Unheil stiftete und verschwunden war, ehe sie jemand gesehen hatte.

Für die Bande schien es so eine Art Sport zu sein; die Betroffenen dachten anders darüber. Und die Polizei kam immer zu spät. Was konnten sie auch mit so unvollkommenen Aussagen anfangen wie: Es waren sechs oder sieben, schwarzes Lederzeug hatten sie an und Helme auf dem Kopf und vor den Gesichtern schwarze Tücher. Die Nummernschilder? Nein, die hatte man nicht erkennen können. Motorradtypen? Keine Ahnung. Also blieb das Geheimnis um die Bande gewahrt. Und wenn es eine Weile keinen Zwischenfall gegeben hatte, waren die Leute schnell bereit, die ganze Angelegenheit zu vergessen.

An diesem Wochenende musste Bille allein ausreiten. Henrichs waren mit den Kindern zu einer Familienfeier gefahren, die hundert Kilometer westlich auf dem Gut eines Onkels stattfand. Bille hatte sich bereit erklärt, Asterix, Pünktchen, Sternchen und Bongo zu versorgen. Asterix und Sternchen ritt sie je eine Stunde in der Bahn, Pünktchen und Bongo bewegte sie an der Longe.

Am Nachmittag kam dann Zottel endlich auf seine Kosten. Und weil Bille in letzter Zeit so wenig Zeit für ihn gehabt hatte, entschloss sie sich zu einem größeren Ausflug. Sie ritt zur Ostsee hinüber.

Zottel liebte es ebenso wie seine Reiterin, am Strand entlangzugaloppieren, dass die heranrollenden Wellen ihm um die Hufe spülten und die salzigen Tropfen hoch aufsprangen. Hier wehte immer ein kräftiger Wind, und die Luft schien zu prickeln vor Frische. Möwen kreischten um ihre Köpfe, und es roch nach Seetang und Teer. Am Horizont zogen zwei Fischkutter vorbei, ein einsamer Spaziergänger mit einem kleinen Kind suchte nach Muscheln und Bernstein.

Bille steuerte auf eine windgeschützte Mulde zu, ließ sich aus dem Sattel gleiten und streckte sich im Sand aus. Sie teilte sich mit Zottel die mitgebrachten Äpfel und das Butterbrot und ließ sich die Herbstsonne auf die Nase scheinen, bis Zottel sie energisch anstupste und an den Heimweg erinnerte.

Der Mann und der kleine Junge waren verschwunden. Die Sonne sank schnell, und es wurde kühl. Bille legte einen scharfen Trab ein und wählte eine Abkürzung quer durch die Felder.

Bille war in den Anblick des roten Sonnenballs versunken, als sie den Lärm hörte. Lärm von aufheulenden Motoren und Schreie. Sie legte die Hand über die Augen, um gegen das blendende Licht der Abendsonne etwas erkennen zu können. Zuerst sah sie nur eine Reihe großer und kleiner schwarzer Punkte, die sich wild im Kreis bewegten. Aber dann wurde das Bild klarer: eine Herde Jungvieh auf einer Koppel, die von einer Gruppe Motorradfahrer herumgejagt wurde. Die Lederjackenbande!

Bille empfand keine Spur von Furcht. Nur eine maßlose Wut, die in ihr hochkroch wie glühende Lava. Sie dachte nicht daran, dass sie sich selbst in Gefahr brachte – sich und auch Zottel –, sie war nur besessen von dem Gedanken, dem grausamen Spiel ein Ende zu bereiten. Sie trieb Zottel in scharfem Galopp direkt auf die Bande zu.

„Seid ihr verrückt geworden!", schrie sie schon von Weitem. „Hört sofort mit dem Blödsinn auf! Wollt ihr die Tiere umbringen? Hört auf, sage ich!"

Es dauerte eine ganze Weile bei dem Lärm, den die Motorräder verursachten, bis die Jungen sie bemerkten. Sie stutzten einen Augenblick und starrten Bille fassungslos an. Die Jungrinder nahmen die Gelegenheit wahr, in die entfernteste Ecke der Koppel davonzugaloppieren.

„Ihr spinnt wohl total!", rief Bille heftig. „Ist es euch noch nicht genug, dass ihr unsere Pferde fast umgebracht habt? Wisst ihr, dass wir ein wertvolles Fohlen verloren haben, wegen eurer blöden Wildwestspiele? Wisst ihr, was der Tierarzt

349

gekostet hat? Aber so weit denkt ihr mit euren Spatzenhirnen ja nicht …"

Einer der Jungen, es schien der Anführer zu sein, löste sich aus der Gruppe und fuhr langsam auf Bille zu. Er hatte – wie die anderen – einen schwarzen Schal um Mund und Nase gebunden, nur die wässrig blauen Augen waren unter dem Helm zu erkennen.

„Hast du was gesagt, Puppe?", fragte er in gefährlich ruhigem Ton.

Bille richtete sich auf.

„O ja, mein Lieber. Und zwar, dass ihr den Schaden, den ihr angerichtet habt, bezahlen werdet. Und dann werden euch eure Cowboyspiele vermutlich vergehen. Feiglinge! Euch an unschuldigen Tieren zu vergreifen, die sich nicht wehren können! Wenn ihr schon mit etwas kämpfen müsst, dann verprügelt euch doch gegenseitig! Vielleicht geht euch dann ein Licht auf …"

„Du fühlst dich wahnsinnig stark, wie?", fragte der Anführer. „Aber warte nur, das lässt sich ändern. Hab ich recht, Leute?"

Die anderen lachten höhnisch.

Ich muss die Nummernschilder der Motorräder sehen, ich muss mir die Nummern merken, dachte Bille und ritt ein wenig um die Gruppe herum. Aber die Jungen reagierten sofort, sie umzingelten sie jetzt so eng, dass sie weder rückwärts noch vorwärts konnte. Außerdem stellte Bille fest, dass die Bande gut vorgesorgt hatte: Die Nummern waren so von Dreck verklebt, dass man sie nicht mehr entziffern konnte.

„Na – wie stark fühlst du dich jetzt, Prinzessin? Ein niedliches Pferdchen hast du da, so schön bunt. Hat dir das dein

Papi gekauft, ja? Aber etwas daran fehlt noch – findet ihr nicht, dass an dem Pony noch was fehlt, Leute?"

„Klar, Tarzan!", johlte die Meute.

„Ich denke da an so ein paar schwarze Tupfer …"

Bille wurde es nun doch mulmig. War denn niemand in der Nähe, der ihr zu Hilfe kommen konnte? Nein, weit und breit war kein Mensch zu sehen. Am Horizont versank der glutrote Sonnenball, Nebel kroch über die Felder.

„Jetzt lasst mich durch, ich muss nach Hause."

„Was denn! So früh schon ins Heia-Bettchen? Aber das geht nicht, wir sind noch nicht fertig mit dir und deinem Pony …"

Mit aufreizender Langsamkeit holte der Junge, den sie Tarzan nannten, eine Packung Zigaretten aus der Hosentasche, schob das schwarze Tuch gerade so weit von seinem Mund weg, dass er die Zigarette hineinstecken konnte, und zündete sie an.

„Wie wär's, wenn ihr zur Abwechslung mal was Vernünftiges tätet und mich in Ruhe ließet!"

„Jetzt kriegt sie doch Schiss!", sagte ein anderer Junge.

„Ich – Schiss?", fauchte Bille. „Vor euch Feiglingen sicher nicht! Was könnt ihr mir schon tun? Gewalt anwenden, mich verprügeln – na und? Sie erwischen euch doch, und im Knast werdet ihr sicher viel länger über diesen Tag nachdenken, als es dauert, bis meine blauen Flecken geheilt sind!"

„Dich verprügeln? Wer redet denn von so was! Wer wird denn ein Mädchen verprügeln, und noch dazu so eine vornehme junge Dame, die ein eigenes Pferd besitzt! Schließlich sind wir Kavaliere", sagte Tarzan schmierig. „Im Gegenteil, wir wollen dir einen Gefallen tun. Wir wollen dein Pony ein bisschen verschönern!"

Tarzan zog genießerisch an seiner Zigarette und klopfte die Asche ab. Dann fuhr seine Hand blitzschnell nach vorn und brannte Zottel ein Loch ins Fell. Zottel stieg und keilte wie wild aus, Bille hatte Mühe, im Sattel zu bleiben. Die Jungen waren ein wenig zurückgewichen, aber nicht weit genug, um Bille den Fluchtweg freizugeben.

„Los, Jungs! Machen wir ihr mal ein bisschen Dampf!" Die Bande johlte laut und ließ die Motoren aufheulen. Dann begannen sie, Bille und Zottel zu umkreisen und vor sich her zu jagen. Zottel suchte vergeblich eine Lücke, er brach nach rechts und nach links aus, stieg, wich nach hinten und sprang nach vorn, es gab kein Entkommen.

Jetzt begannen einige der Jungen, Zottel mit Steinen zu bewerfen. Zottel drehte sich voller Schmerzen und Panik um sich selbst, er schnaubte verzweifelt und böse.

„Ihr verdammten Idioten! Hört auf damit! Hört sofort auf! Seid ihr verrückt geworden …", schrie Bille entsetzt.

„Hast du was gesagt, Baby? Macht Spaß, wie? Wie auf dem Karussell. Hättest du's gern noch ein bisschen wilder? Aber bitte schön, dein Wunsch sei uns Befehl!", höhnte Tarzan, und die anderen wiederholten unter Gelächter seine Worte. Immer schneller flogen die Steine.

Und dann war plötzlich alles vorbei wie ein Spuk. Bille fühlte einen dumpfen Schlag an der Schläfe, sah die Gestalten um sich herum verschwimmen, merkte kaum noch, wie sie aus dem Sattel glitt. Um sie herum wurde es gespenstisch still. Sie nahm gerade noch wahr, wie sich Zottels Hufe entfernten, wie sich jemand über sie beugte, seine Hand ausstreckte, die in einem Handschuh steckte. Der Ärmel schob sich hoch, und unter dem schwarzen Leder erschien ein weißer Arm. Ein weißer Arm mit einer Tätowierung …

Eine Ente mit einem breiten Schnabel watschelte auf sie zu und quakte: schnell weg hier – schnell weg hier – schnell weg hier – und bei jedem Wort kippte sie nach vorn und pickte mit ihrem harten Schnabel an Billes Stirn wie ein Hammer. Und dann kamen immer mehr Enten mit ihren harten Schnäbeln und hackten und pickten auf sie ein. Auf ihre Schultern, den Hals, den Hinterkopf, den ganzen Körper …

Bille wusste nicht, wie lange diese Qualen gedauert hatten. Sie erwachte von einem warmen Hauch, der über ihr Gesicht fuhr. Mühsam richtete sie sich auf, ihr Körper brannte wie Feuer, und im Kopf hämmerte ein unerträglicher Schmerz. Es war dunkel geworden und eiskalt. Und neben ihr stand Zottel und blies ihr seinen warmen Atem ins Gesicht.

„Zottel, mein Liebling …", wimmerte Bille und schlang ihrem Freund die Arme um den Hals. „Bring mich nach Hause."

Es schien eine Ewigkeit zu dauern, bis es ihr gelang, in den Sattel zu kommen, und als sie endlich oben war, sackte sie nach vorn und blieb, nur halb bei Bewusstsein, so hängen – die Arme um Zottels Hals geklammert –, bis er sie behutsam vor der Haustür absetzte.

Mutsch und Onkel Paul hatten immer wieder nach ihr ausgeschaut. Schließlich hatten sie telefoniert, aber weder in Peershof noch in Groß-Willmsdorf war Bille gewesen. Gerade eben war Onkel Paul aus dem Haus getreten, um sie zu suchen, als er Zottel – scheinbar ohne seine Reiterin – auf das Haus zukommen sah.

„Olga, komm schnell!", hatte er gerufen, und Mutsch war herausgestürzt, gerade rechtzeitig, um die aus dem Sattel rutschende Bille aufzufangen.

An das, was dann geschah, konnte sich Bille später nicht mehr erinnern.

„Die Bande … die Lederjackenbande …", hatte sie gestammelt. Mutsch und Onkel Paul hatten sie hinauf in ihr Zimmer getragen und den Arzt angerufen.

Einmal war Bille noch aufgewacht, hatte etwas von „Peershof … die Pferde füttern … um Zottel kümmern …" gemurmelt und war wieder in den Zustand tiefer Ohnmacht gerutscht. Sie merkte nichts davon, dass der Arzt kam, nichts davon, dass sie ins Krankenhaus umquartiert wurde. Erst nach zwei Tagen erwachte sie – in einem Gipskorsett und mit einem gewaltigen Kopfverband.

Edmund der Weise hat doch recht

Einer der Ersten, die Bille besuchten, war Edmund der Weise. Er stand in der Tür, einen großen Blumenstrauß in der einen Hand, in der anderen eine Tüte mit einem Dutzend Krapfen, weil irgendjemand ihm verraten hatte, dass Bille Krapfen besonders gern aß. Angezogen war er genauso feierlich wie bei seiner Ankunft in Groß-Willmsdorf.

„Hallo …", sagte er verlegen, „… ich wollte nur mal sehen, wie es dir geht."

„Beschissen!" Bille lächelte. „Weil ich mich nicht rühren kann und noch so lange hierbleiben muss. Das macht mich ganz kribbelig, vor allem, wenn ich an die Pferde denke. Ich halte es vor Sehnsucht kaum aus!"

„Iss ein paar Krapfen", sagte Edmund der Weise, „das wird dir guttun." Er legte die Tüte vor sie auf die Bettdecke und öffnete sie einladend, wobei er den Zucker gleichmäßig über die frische Bettwäsche verteilte.

„Das ist aber lieb von dir – eh, von Ihnen! Danke schön! Hm, duften die herrlich!"

„Du kannst ruhig du sagen. Wir sind schließlich so was wie Kollegen, oder?", meinte Edmund verschämt. „Und so alt bin ich doch noch gar nicht …"

„Okay, Edmund. Und nun schieß los, erzähl mir alles bis ins Kleinste!"

„Was soll ich erzählen?"

„Na, alles, was in Groß-Willmsdorf passiert ist!"

„Nun ja, alle reden natürlich von dir. Herr Tiedjen wird dich morgen besuchen, und Petersen und Hubert kommen natürlich auch. Die Sache hat wie eine Bombe eingeschlagen! Nur, was nützt das alles, wenn man die Kerle doch nicht erwischt. Du kannst dich an nichts erinnern?", forschte Edmund.

„O doch, an den Vorfall selbst erinnere ich mich genau. Nur die Kerle identifizieren kann ich nicht. Sie machen das so geschickt, dass man sie nicht erkennen kann. Ich weiß nur, dass sie den Anführer ‚Tarzan' nennen. Ansonsten – Fehlanzeige, das habe ich unserem Polizisten gestern auch schon gesagt. Vielleicht, wenn ich seine Stimme hören würde …"

„Zottel würde sie wiedererkennen …", murmelte Edmund. „Wenn man nur wüsste, wo man sie suchen muss!"

„Meinst du wirklich?"

„Da bin ich ganz sicher. So ein Erlebnis vergisst ein Pferd nicht. Er würde sie bestimmt wiedererkennen!"

„Selbst wenn …", meinte Bille zweifelnd. „Er könnte uns seine Entdeckung ja nicht mitteilen."

„Vielleicht doch?"

„Das sind Wunschträume", seufzte Bille.

„Es wundert mich, dass Zottel keinen von ihnen erwischt hat", überlegte Edmund. „Er muss doch um sich geschlagen haben wie wild!"

„Hat er auch, aber so nah sind sie nicht rangekommen. Sie haben uns umzingelt und mit Steinen beworfen. So lange, bis mich ein Stein am Kopf traf und ich k. o. war. Zottel muss dann weggaloppiert sein, das habe ich noch mitgekriegt. Und die Bande hat sich auch aus dem Staub gemacht …"

„Dich einfach da so liegen zu lassen! Du hättest doch auch sterben können!", empörte sich Edmund.

„Oh, einer hat noch nach mir geschaut. Jedenfalls erinnere ich mich, dass sich jemand über mich gebeugt hat. Dann fingen die Enten an zu picken ..."

„Die was?"

„Enten – so breitmäulige Enten wie Donald Duck. Als ich wegsackte, sah ich nur noch diese Enten auf mich zukommen und mir in den Kopf picken."

„Aber wieso gerade Enten?", wunderte sich Edmund.

Bille fasste sich an den Kopf.

„Was ist? Schmerzen?"

„Nein – mir ist gerade etwas eingefallen, weil du das eben gesagt hast ..."

„Was?"

„Wieso gerade Enten? Und da ist mir eingefallen, der, der sich über mich gebeugt hat, hatte eine Tätowierung auf dem Arm, auf dem linken Arm, glaube ich – Donald Duck ..."

„Bist du sicher?" Edmund wurde ganz aufgeregt.

„Ja. Denn wie sollte ich sonst auf die Enten gekommen sein. Ich habe es gerade noch wahrgenommen, bevor ich in Ohnmacht fiel. Jetzt sehe ich es genau vor mir: der Arm mit dem Stulpenhandschuh – die Jacke, die sich hochschiebt – und auf dem weißen Arm die Tätowierung ..."

„Phänomenal!" Edmund sprang auf. „Das ist ja zum ersten Mal eine brauchbare Spur! Ich rufe sofort Wachtmeister Bode an!"

„Glaubst du, dass uns das weiterbringt?"

„Auf jeden Fall! Mit einer solchen Tätowierung ist ein Täter doch leicht zu überführen, selbst wenn du sein Gesicht nicht gesehen hast!"

„Dann geh sofort zu Bode. Ich habe keine Ruhe, ehe ich nicht weiß, dass die Kerle hinter Schloss und Riegel sitzen."

Noch am gleichen Nachmittag kam Wachtmeister Bode zu Bille ins Krankenhaus, um ein Protokoll aufzunehmen. Und er versprach, dass in Kürze im gesamten Kreis eine Fahndung nach einem jungen Mann mit einer Tätowierung, wie sie Bille geschildert hatte, aushängen würde.

„Wir werden die Burschen schon erwischen!", polterte Bode. „Und dann gnade ihnen Gott! Die werden bei uns kein Unheil mehr stiften!"

Edmund der Weise beschäftigte sich inzwischen mit einem anderen Problem. Sollte es wirklich möglich sein, Zottel die Täter entlarven zu lassen? Welch ein Erfolg für seine Forschungen! Gar nicht auszudenken. Niemand würde ihn mehr belächeln, wenn er mit den Tieren stundenlang Zwiesprache hielt und in ihren Gesichtern nach brauchbaren Anzeichen suchte, dass sie ihn verstanden und ihm antworteten.

Ein leichtes Husten des Motors brachte ihn in die Wirklichkeit zurück: dass er sich auf der Landstraße nach Neukirchen befand und sein Benzintank fast leer war. Zum Glück entdeckte er zwei Kilometer weiter eine Tankstelle.

Edmund rollte mit den letzten Tropfen Benzin von der Straße herunter und bis vor die Zapfsäulen. Ein Jüngling mit pickligem Gesicht und wässrig blauen Augen in einem viel zu weiten Monteuranzug, dessen Ärmel und Hosenbeine er mehrfach umgeschlagen hatte, fragte nach seinen Wünschen.

„Volltanken bitte", sagte Edmund und reichte dem Jungen den Schlüssel für den Tankverschluss durchs Fenster.

Der Junge, der in der rechten Hand bereits den Zapfhahn hielt, griff mit der linken nach dem Schlüssel. Dabei rutschte der Ärmel seines Anzugs noch ein wenig höher und gab den Blick auf eine Tätowierung frei – eine Ente mit breitem Schnabel. Donald Duck.

Edmund war wie elektrisiert, aber er ließ sich nichts anmerken.

„Sind Sie hier angestellt? Wer ist der Besitzer?", erkundigte er sich.

„Wieso, stimmt was nicht?", brummte der Junge.

„Nein, nein, es interessiert mich nur."

„Die Tankstelle gehört meinem Vater."

„Ah, ja, natürlich", sagte Edmund und mimte Wiedersehensfreude. „Jetzt weiß ich auch, woher wir uns kennen. Wir haben uns doch am vergangenen Samstagnachmittag in Neukirchen gesehen. Du warst mit deinem Vater im Café – an meinem Tisch, nicht wahr?"

Der Junge schüttelte erstaunt den Kopf.

„Da müssen Sie uns verwechseln. Ich war am Samstagnachmittag nicht mit meinem Vater zusammen, ich war …" Er stockte und wurde rot.

„Ja?"

„Ich war zu Hause", sagte der Junge verschlossen. „Öl nachsehen auch?"

„Nein, danke. Hier, stimmt so."

Edmund bezahlte und fuhr auf dem direkten Weg zur Polizeistation Wedenbruck, um Wachtmeister Bode Bericht zu erstatten.

Eine Stunde später erschien der Polizist an der Tankstelle. Im Büro traf er auf den Besitzer, einen bulligen, untersetzten Mann mit spärlichem Haarwuchs und Pranken wie ein Löwe.

„Sind Sie Herr Brausig?", erkundigte sich Bode. „Wachtmeister Bode, Polizeidienststelle Wedenbruck. Ist Ihr Sohn zufällig auch da?"

„Albert? Nein, den hab ich zur Post geschickt."

„Herr Brausig, es besteht dringender Verdacht, dass Ihr Sohn an mehreren Straftaten beteiligt war. Wissen Sie, wo Ihr Sohn sich am vergangenen Samstagnachmittag zwischen vier und sechs Uhr aufgehalten hat?" Bode zückte gewichtig sein Notizbuch.

„Klar weiß ich das!" Brausig richtete sich kerzengerade auf. „Er war zu Hause. Und hat sich den ganzen Nachmittag nicht aus seinem Zimmer gerührt, das kann ich bezeugen. Ich hab ihn nämlich selber eingeschlossen. Er hatte Stubenarrest!"

„Stubenarrest? Weshalb denn?"

„Ich weiß zwar nicht, ob Sie das was angeht, aber – nun, er hat mit seinen Freunden krumme Geschäfte gemacht."

„Krumme Geschäfte? Interessant!"

„Nicht, was Sie denken!", wehrte Herr Brausig ab. „Er hat, ohne zu fragen, ein paar Ersatzteile aus dem Lager geholt und an seine Freunde verhökert. Da war bei mir der Bart ab. Schließlich ist der Bengel erst sechzehn …"

„Können Sie mir die Namen seiner Freunde sagen?"

Herr Brausig brummelte unentschlossen vor sich hin. Dann kritzelte er etwas auf einen Zettel.

„Hier sind ein paar Namen. Worum geht's eigentlich?"

„In erster Linie um Körperverletzung. Und dann noch um eine ganze Latte anderer Delikte. Da kommt Ihr Sohn – das ist er doch, oder?"

„Das ist er. Albert!", brüllte Herr Brausig. „Komm her!"

Albert näherte sich zögernd.

„Ich hab dem Herrn Wachtmeister schon gesagt, dass du am Samstagnachmittag zu Hause warst. Aber vielleicht möchte dir der Herr noch ein paar Fragen stellen?"

„Nur zwei", sagte Bode. „Sie haben ein Motorrad?"

„Nein."

„Nein? Und fahren tun Sie auch nicht?"

„Doch, manchmal. Bei Freunden – oder wenn ich eins zu reparieren habe und Probe fahren muss."

„Aha. Und Sie haben eine Tätowierung am linken Unterarm, ja?"

Albert entblößte widerwillig seinen Arm und zeigte die Ente und eine Reihe anderer Zeichnungen darüber.

„Auf dem anderen Arm und auf der Brust habe ich auch welche. Das haben viele bei uns! Da ist so 'n Mann, der das macht, ein alter Matrose – in Neukirchen. Den Donald Duck zum Beispiel, den macht er am liebsten."

„Kannst du mir Namen und Adresse des Mannes sagen?"

„Klar. Ich schreib's Ihnen auf."

„Und du bist am Samstag wirklich zu Hause gewesen?"

„Wenn ich's doch sage!"

„Na schön. Das wär dann im Moment alles."

Der nächste Weg führte Wachtmeister Bode zu dem Tätowierer. Der alte Mann hauste in einer kleinen Hütte am Rande der Kreisstadt, gleich neben dem Schrottplatz, auf dem sich ein Gebirge von Autowracks türmte. Ein angriffslustiger schwarzer Hund, eine Mischung zwischen Spitz und Schäferhund, stürzte sich kläffend und zähnefletschend auf den ungebetenen Gast. Der alte Matrose wirkte nicht viel freundlicher, als er hörte, dass Bode kein Kunde, sondern Polizist war.

„Ich hab meine Lizenz – und die Miete zahle ich gleich morgen!", knurrte der Tätowierer. „War vorübergehend nicht recht bei Kasse, aber jetzt läuft der Laden wieder."

„Deshalb bin ich eigentlich nicht zu Ihnen gekommen. Ich möchte Ihnen nur ein paar Fragen stellen", beschwichtigte Bode ihn. „Wir suchen einen jungen Mann, dem Sie eine Ente auf den linken Unterarm tätowiert haben. Können Sie mir sagen, wer sich eine solche Figur – genauer gesagt handelt es sich um Donald Duck – also, wer sich eine solche Figur von Ihnen hat eintätowieren lassen?"

Der alte Mann blinzelte den Polizisten von unten her an.

„Keine Ahnung", nuschelte er, „hab das Viech wohl einem Dutzend Leute verpasst. Wer das war – wie soll ich das wissen? Ich frag meine Kunden nicht nach ihrem Stammbaum."

„Das verlangt ja auch niemand. Aber ihren Namen werden die Herren Ihnen doch sagen!"

„Vielleicht, vielleicht auch nicht. Mein Gedächtnis ist nicht mehr so gut, dass ich jeden behalten könnte, der da angetanzt kommt. Ich mach meine Arbeit, damit basta."

„Und Sie können sich nicht an einen jungen Mann erinnern – mit hellblauen Augen – vielleicht mit einem Motorrad, der Sie um eine solche Tätowierung gebeten hat?"

„Sag ich doch!"

„Na schön. Mehr wollte ich nicht. Wiederseh'n."

Nun blieb Wachtmeister Bode nur noch, Alberts Freunde aufzusuchen. Aber auch da kam er zu keinen neuen Erkenntnissen. Ein Motorrad hatten fast alle. Aber alle behaupteten auch, am fraglichen Samstagnachmittag zu Hause gewesen zu sein. Nachprüfen ließ sich das nicht. Aber ehe man ihnen nicht das Gegenteil beweisen konnte, musste man sich wohl oder übel mit der Aussage zufriedengeben.

Niedergeschlagen kehrte der Wachtmeister in sein Büro zurück. Dort wurde er bereits von Edmund dem Weisen erwartet.

„Nun? Haben Sie ihn?"

„Ach was – nicht die leiseste Spur!", brummte Wachtmeister Bode ärgerlich. „Die waren alle so schnell mit ihrem Alibi bei der Hand, dass es mir schon fast komisch vorkam. Aber was soll man machen, wenn man ihnen nicht das Gegenteil beweisen kann!"

Dann erzählte er Edmund den gesamten Verlauf seiner Nachforschungen.

„Stubenarrest, sagen Sie?", bemerkte Edmund, nachdem er eine Weile überlegt hatte. „Hat der Vater nachgeprüft, ob der Junge auch wirklich die ganze Zeit in seinem Zimmer war?"

„Das weiß ich nicht, darüber haben wir nicht gesprochen", meinte Bode und sah Edmund fragend an.

„Nun, es könnte doch sein, dass dieser Albert, dieses Früchtchen, eine Art Doppelleben führt. Dass er aus dem Fenster gestiegen ist und sich mit seinen Freunden draußen herumgetrieben hat, während der Herr Papa glaubte, der Sohn sitze brav in seinem Zimmer und vergieße Reuetränen."

„Meinen Sie wirklich?"

„Nehmen wir außerdem mal an", fuhr Edmund fort, „dass dieser ‚Stubenarrest' bei Albert an der Tagesordnung ist. Dass er einen sehr strengen Vater hat, der ihm keinerlei Freiheiten einräumt. Würde das einen solchen Jungen nicht geradezu herausfordern, hinter dem Rücken des alten Herrn alles Mögliche anzustellen?"

„Denkbar wäre es ..."

„Hören Sie zu, Herr Bode, ich mache Ihnen einen Vorschlag. Ich habe da eine Idee, wie man die Bande überführen könnte. Es ist nur ein Versuch, aber die Sache ist es wert. Bestellen Sie die Jungen zu einem Lokaltermin an den Tatort. Oder bestellen Sie sie einfach zu einem weiteren Verhör hierher, das wird schon genügen. Wenn meine Theorie stimmt und sie wirklich die Schuldigen sind, werden wir sie überführen können."

„Wie wollen Sie das denn machen?", fragte Bode ungläubig.

„Das möchte ich Ihnen jetzt noch nicht verraten. Ich habe eine Trumpfkarte – oder sagen wir, ich glaube, eine zu haben –, von der Sie nichts wissen. Machen Sie mit?"

Edmund brauchte eine Weile, bis der Wachtmeister sich zu dem Experiment überreden ließ, aber schließlich sagte er Ja. Albert und seine Freunde wurden zu einem Verhör auf die Polizeidienststelle Wedenbruck bestellt.

Am übernächsten Tag um fünf Uhr nachmittags erschienen sie. Albert hatte seinen Vater mitgebracht, der empört gegen die Behandlung seines Sohnes protestierte.

„Was wollen Sie eigentlich, Herr Brausig", sagte Bode ruhig. „Ihr Sohn und seine Freunde sollen jemandem gegenübergestellt werden, der bei dem Überfall beteiligt war. Es handelt sich doch lediglich um eine Zeugenaussage. Kein Grund zur Aufregung!"

„Aber wenn mein Sohn doch gar nicht ..."

„Vielleicht kennt Ihr Sohn denjenigen? Wir werden es ja gleich wissen. Nur einen Augenblick Geduld."

Bode verließ das Büro und ging über den Hof. In der Garage warteten Edmund und Onkel Paul. Sie hielten Zottel am Halfter.

„Sie sind alle da", berichtete Wachtmeister Bode. „Und was geschieht jetzt?"

„Lassen Sie die Jungen sich im Halbkreis auf dem Hof aufstellen. Dann geben Sie uns ein Zeichen. Und achten Sie auf jedes Wort, das von den Jungen gesagt wird!", mahnte Edmund. „Wenn sie es waren, wird sich sicher einer von ihnen verraten."

„Na, ich weiß ja nicht." Wachtmeister Bode schüttelte den Kopf. Er hatte das untrügliche Gefühl, dass er im Begriff war, sich bis auf die Knochen zu blamieren. Nicht sehr begeistert von seiner Aufgabe, schlurfte er ins Büro zurück.

Kurze Zeit später standen die Jungen im Halbkreis auf dem Hof. Unsicherheit malte sich auf den Gesichtern, jeder mied den Blick des anderen.

„Lassen Sie ihm den Kopf frei", flüsterte Edmund Onkel Paul zu. „Mal sehen, was er macht."

Onkel Paul, Zottel an der Longe, die er jetzt etwa zwei Meter freigab, betrat – gefolgt von Edmund – den Hof.

„Das Pony!", flüsterte Albert gepresst. Er hatte sehr leise gesprochen, es war ihm nur so herausgerutscht – mehr laut gedacht als gesagt. Trotzdem entging es Wachtmeister Bode nicht.

Der Polizist winkte Onkel Paul, Zottel näher heranzuführen. Zottel machte den Hals lang und schnupperte.

„Haben Sie dieses Pony schon einmal gesehen?", fragte Bode Albert.

„Nein, noch nie!", beteuerte Albert frech. „Ich kenne es nicht!"

Zottel spitzte die Ohren. Jetzt stand er nahe vor den Jungen. Und plötzlich geschah etwas Unerwartetes. Zottel legte die Ohren an und stürzte sich auf Albert. Albert wich entsetzt zurück, aber Zottel verfolgte ihn unnachgiebig. Onkel Paul hatte Mühe, das Pony wieder in seine Gewalt zu bekommen.

„Gut, ist ja gut, Junge", redete er auf Zottel ein, der zitternd vor Aufregung stehen blieb, bereit, sich sofort wieder auf den Jungen zu stürzen.

„Er war schuld!", schrie Albert jetzt. „Sie sehen es ja selbst! Das bösartige Pony hat uns angegriffen, wir haben uns nur verteidigt! Es blieb uns ja gar nichts anderes übrig!"

„So …", sagte Bode hochzufrieden. „Sie geben also zu, dass Sie am Samstagnachmittag dort waren mit ihren Freunden. Ich dachte, Sie hätten Hausarrest gehabt?"

„Das dachte ich auch!", wütete Alberts Vater und wollte sich nun seinerseits auf Albert stürzen.

„Ich bin aus dem Fenster gestiegen", gab Albert kleinlaut zu. „Ich hab das einfach nicht mehr ausgehalten! Bei jeder Kleinigkeit Stubenarrest! Ich bin doch kein kleines Kind mehr! Da bin ich eben heimlich abgehauen. Und wenn ich so richtig sauer war auf dich – da hab ich eben auf den Putz gehauen. Schließlich will man ja auch mal 'n Kerl sein – und nicht immer nur als Säugling behandelt werden!", brach es aus ihm heraus.

„Aha. Und wenn du unschuldige Tiere und in diesem Fall ein wehrloses Mädchen angegriffen hast, da bist du dir dann wie ein Mordskerl vorgekommen, wie? Und deine Freunde natürlich auch! Wer von euch war denn der Anführer dieser Bande?"

„Ich natürlich!", erklärte Albert mit unverhohlenem Stolz.

„Und wo hattest du das Motorrad her?"

„Vom Schrott. Zusammengebastelt."

„Das wird sich rausstellen. Und die Lederanzüge? Waren die auch vom Schrotthaufen? Die Gürtel und Stiefel? Das Zeug kostet doch eine Menge Geld – und eure Eltern wussten nichts von der Existenz dieser Dinge. Jetzt rein mit euch ins Büro. Ich hab noch eine Menge Fragen."

Wachtmeister Bode scheuchte die Jungen vor sich her, Herr Brausig folgte mit zusammengekniffenen Lippen. Es war nicht schwer, seine Gedanken zu erraten.

Zottel beruhigte sich langsam. Edmund klopfte ihm anerkennend den Hals.

„Gut gemacht, Junge. Ich hab ja gewusst, dass du einsame Spitze bist. Wir werden noch viele interessante Gespräche miteinander führen. Deine geistigen Fähigkeiten sind phänomenal! Ich muss sofort Bille anrufen …"

„Nicht nötig, ich fahre gleich anschließend ins Krankenhaus", sagte Onkel Paul lächelnd. „Wenn Sie Lust haben, dann kommen Sie doch einfach mit!"

„Und ob ich Lust habe. Den Bericht über Zottels Heldentat möchte ich keinem anderen überlassen. Schließlich war es meine Idee – und keiner hat mir glauben wollen!"

Ungewöhnlicher Besuch
im Krankenhaus

„Guten Morgen! Aufwachen, junge Dame! Hier …“, mit einer energischen Bewegung, die jeden Widerspruch im Keim erstickte, reichte die Nachtschwester Bille das Fieberthermometer.

„Immer dieses blöde Messen! Dabei habe ich längst kein Fieber mehr!“, muffelte Bille und schob sich das verhasste Ding unter die Achselhöhle.

„Pflicht ist Pflicht“, sang die Krankenschwester und eilte zum nächsten Bett.

Bille seufzte und rollte sich auf die andere Seite, um weiterzuschlafen. Bald würden die beiden Lernschwestern erscheinen und sie aus dem Bett scheuchen. Dann hieß es waschen, Betten machen, und schließlich wurde das langweilige Krankenhausfrühstück serviert. So früh musste sie nicht einmal aufstehen, wenn sie zur Schule ging.

Ja – wenn sie noch vor der Schule in den Stall fuhr, das war etwas anderes! Dafür war sie bereit, nötigenfalls auch mitten in der Nacht aufzustehen. Aber hier, wo man den ganzen Tag nur still herumlag und sich langweilte …

Draußen war es noch dunkel. Im Licht der Straßenlaternen erkannte Bille, dass es über Nacht gefroren hatte. Die Bäume waren wie mit einer zarten Zuckerschicht aus Reif überzogen, und am Fenster hatten sich ein paar bescheidene

Eisblumen gebildet. Meine Geburtstagsblumen!, dachte Bille traurig. Heute bin ich vierzehn. Meinen Geburtstag habe ich mir wirklich anders vorgestellt!

Am schlimmsten war die Trennung von Zottel. Was musste er denken, dass sie sich so lange nicht um ihn kümmerte! Wie sollte sie ihm klarmachen, dass sie hier festgehalten wurde, dass man sie noch nicht nach Hause lassen wollte! Eine Woche musste sie es hier noch aushalten! Vielleicht erkannte er sie gar nicht wieder? Vielleicht würde er wochenlang beleidigt sein? Auch wenn die anderen ihr noch so sehr beteuerten, wie sie ihn täglich verwöhnten, ihm die besten Leckerbissen zusteckten – vielleicht würde er gerade darum nichts mehr von ihr wissen wollen?

Bille war hundeelend zumute. Geburtstag zu haben und von allen, die man lieb hat, getrennt zu sein, das war einfach eine Gemeinheit! Und dann noch diese herzlose Nachtschwester, die einen aus dem schönsten Schlaf riss …

Gleichgültig ließ Bille die Prozedur des Bettenmachens und Waschens über sich ergehen. Im Nachbarbett stöhnte die alte Bäuerin aus Leesten bei jeder Bewegung, die man ihr abverlangte. Sie war beim Heuholen vom Scheunenboden gestürzt und hatte sich die Hüfte gebrochen.

Draußen begann es zu dämmern. Bille beobachtete ein paar Spatzen, die sich die Brotkrumen vom Fensterbrett holten, die sie gestern Abend vorm Einschlafen dort hingestreut hatte.

„Herzlichen Glückwunsch zum Geburtstag, Bille!", tönte es plötzlich hinter ihr.

Die Stationsschwester hatte einen Wagen hereingerollt und unbemerkt an Billes Bett geschoben. Ein großer Blumenstrauß stand darauf und daneben ein Geburtstagskuchen mit einer Kerze. Bille entdeckte zwei Tafeln Schokolade mit einer Glückwunschkarte der Schwestern und ein Taschenbuch mit Pferdegeschichten.

Bille setze sich überrascht auf.

„Oh, danke! Das ist ja super! Wie lieb von Ihnen!"

„Den Kuchen und die Blumen hat deine Mutter eben vorbeigebracht. Sie muss schnell ins Geschäft, aber sie kommt vorm Mittagessen noch zu dir. Und heute Nachmittag wirst du viel Besuch bekommen! Da – das habe ich dir auch noch mitgebracht, es wird dich sicher interessieren."

Die Schwester zog einen Zeitungsartikel aus der Schürzentasche und legte ihn vor Bille aufs Bett.

„Pony entlarvt gewissenlose Rockerbande", stand in dicken Lettern darüber, und daneben war ein Foto von Zottel.

„Und ob mich das interessiert! Danke schön, Schwester Uschi. Meine Laune fängt an, sich zu bessern", stellte Bille vergnügt fest. „Vor fünf Minuten war ich noch in Weltuntergangsstimmung, und jetzt bin ich bereit zuzugeben, dass das Leben auch seine angenehmen Seiten hat."

„Weltuntergangsstimmung, wenn man vierzehn wird? Das möchte ich nicht gehört haben!", kam Onkel Pauls dröhnender Bass von der Tür her. „Guten Morgen, Geburtstagskind. Herzlichen Glückwunsch! Ich hab mir gedacht, du hättest vielleicht gern Gesellschaft beim Frühstück? Man hat es mir ausnahmsweise erlaubt …"

„Ich stelle fest, der Tag hat seinen ersten Höhepunkt, vor allem, wenn ich richtig vermute, was du da in der Tüte hast!"

Onkel Paul zog sich einen Stuhl heran und leerte den Inhalt der Tüte auf Billes Frühstückstablett. Zartrosa Schinken kam da zum Vorschein, zwei gekochte Eier und ein

Stück von Billes Lieblingskäse. Außerdem zwei knusprige Butterhörnchen und ein Glas von Mutschs selbst gekochter Kirschmarmelade.

„Ich weiß doch, was dir hier am meisten fehlt, meine Lütte. Lass es dir schmecken."

Der Aufforderung bedurfte es nicht. Bille futterte drauflos, als hätte man sie drei Tage hungern lassen. Onkel Paul erzählte unterdessen von zu Hause und was es bei Inge und Thorsten Neues gab und dass Herr Tiedjen angekündigt habe, Bille am Nachmittag ihres Geburtstags zu besuchen.

„Bettina und die Jungs kommen natürlich auch", sagte er. „Und Karlchen, Inge und Thorsten. Mutsch hat schon Campinggeschirr bereitgestellt und wird Kakao und Tee in Thermosflaschen mitbringen. Und jede Menge Kuchen natürlich auch."

„Das wird einen Aufruhr geben! Ich freu mich schon total drauf! So eine Geburtstagsparty hat das Krankenhaus noch nicht erlebt!"

Die alte Bäuerin im Nebenbett kaute lustlos an ihrem Butterbrötchen und schaute neugierig zu Bille hinüber.

„Geburtstag? Da gratulier ich auch schön! Alles Gute!"

„Danke schön. Möchten Sie etwas Geburtstagskuchen, Frau Ewers? Von meiner Mutter gebacken …"

„Ach, das ist doch nicht nötig …" Aber Frau Ewers' leuchtende Augen sprachen Bände, und Bille schnitt ein großes Stück von dem Kuchen für sie herunter.

Onkel Paul verabschiedete sich, und Bille hatte Zeit, sich in das neue Buch zu vertiefen. Später kam der Arzt, auch er gratulierte und schenkte ihr eine ganz besonders schöne, weiche Bürste für Zottel. So verging der Vormittag schneller als erwartet.

Mittags erschien Mutsch und brachte einen Korb voller geheimnisvoll aussehender Päckchen, die Bille eines nach dem anderen langsam und umständlich auspackte, um den Spaß so weit wie möglich in die Länge zu ziehen. Ein neues Halfter für Zottel war darin, in leuchtendem Blau, ein Pulli, eine Bluse, drei Bücher und zwei Kassetten für Billes Kassettenrekorder und – als Krönung des Ganzen – ein Paar wunderschöne neue Reitstiefel. Bille verschwand unter einem Berg von buntem Papier, Bändern in allen Farben und Geschenken.

„Ich hätte nie gedacht, dass man im Krankenhaus so viel Freude haben kann", seufzte Bille zufrieden. „Wo bringe ich das bloß alles unter?"

„Für heute werden wir die Sachen auf dem Fensterbrett aufbauen, und morgen nehme ich sie dann mit nach Hause. Sonst protestieren die Krankenschwestern am Ende noch", meinte Mutsch.

Und dann marschierten sie alle an. Voran Herr Tiedjen, mit einer Schachtel Pralinen und einem gerahmten Foto von Black Arrow. Er blieb eine halbe Stunde an Billes Bett sitzen und erzählte lustige Geschichten aus den langen Jahren seiner Turnierlaufbahn. Kaum war er gegangen, kamen die anderen.

Inge und Thorsten, die eine kleine Skulptur mitbrachten, die Thorsten eigens für Bille hergestellt hatte: ein liegendes Fohlen, das ganz lebensecht aussah. Dann erschien Karlchen mit einem Blumenstrauß und einem Kuchen, den seine Mutter gebacken hatte. Und zum Schluss kamen Bettina und die drei Jungen mit einem weiteren Buch und einem T-Shirt, auf dem ein trabendes Pferd abgebildet war, schwarz auf rot.

„Mann, mir geht's vielleicht gut! So verwöhnt wird man nur, wenn man im Krankenhaus liegt", meinte Bille lachend. „Kommt, jetzt wird gefeiert!"

Und damit es mit den Schwestern keinen Ärger gab, wurden auch sie aufgefordert mitzufeiern. Die alte Frau Ewers mampfte ein Stück Kuchen nach dem anderen in sich hinein und wurde richtig fröhlich. Und die Patienten in den Nebenzimmern erkundigten sich erstaunt, ob da drüben ein Fußballspiel stattfände oder jemand im Lotto gewonnen habe.

„Wir haben noch eine Überraschung für dich", flüsterte Karlchen Bille in einem günstigen Augenblick ins Ohr. „Aber das ist ein strenges Geheimnis. Schlaf heute Abend nicht gleich ein, wenn die Schwestern Gute Nacht gesagt haben. Und um Punkt acht Uhr fährst du mit dem Lift in den Keller hinunter, okay?"

„Was soll ich denn im …"

„Psssst!"

„Okay."

Die Gäste verabschiedeten sich, und Mutsch half Bille, die Trümmer des turbulenten Festes zu beseitigen. Dann wurde es wieder still im Krankenzimmer. Das Abendbrot wurde serviert, die Blumen hinausgetragen, die Krankenschwestern gingen noch einmal herum und erkundigten sich, ob jemand Wünsche hatte – dann wurde Gute Nacht gesagt.

Bille überlegte fieberhaft, was es mit der geheimnisvollen Überraschung wohl auf sich habe. Wieso sollte sie in den Keller kommen? Wollten die Freunde dort weiterfeiern? Wie kam es überhaupt, dass sie den Keller des Krankenhauses ausgekundschaftet hatten?

Immer wieder schaute Bille aus dem Fenster, ob draußen etwas Ungewöhnliches zu sehen sei. Aber der Garten des

Krankenhauses lag still und verlassen. Hin und wieder verließ ein Auto den Hof, ging eine Schwester ins Schwesternheim hinüber, oder es kam jemand aus der Küche, um einen Abfalleimer zu entleeren. Dann war es wieder still.

Kurz vor acht stand Bille auf und zog sich ihren Morgenmantel an. Wieder warf sie einen Blick durchs Fenster. Von der Straße her wurde eine Krankentrage hereingebracht. Weiße Gestalten umringten die Bahre, die sich schwankend vorwärtsbewegte.

„Ich muss noch mal raus", sagte Bille in Richtung auf das Nachbarbett, aber die alte Bäuerin schlief bereits.

Auf dem Flur war kein Mensch zu sehen. Bille lief den Gang hinunter bis zum Fahrstuhl und drückte auf den Knopf. Was sollte sie sagen, wenn jetzt jemand aus dem Fahrstuhl stieg? Sie würde so tun, als sei sie ein wenig auf dem Flur spazieren gegangen, um sich die Beine zu vertreten. Und sagen, sie hätte nicht schlafen können.

Bille hatte Glück, der Fahrstuhl war leer. Schnell schlüpfte sie hinein und drückte auf den Knopf mit dem Buchstaben „K". Es schien eine Ewigkeit zu dauern, bis die Tür sich schloss.

Was um Himmels willen, wenn sie jetzt unten auf die Stationsschwester traf? Oder auf den Arzt? Bille kam sich vor, als befände sie sich in einem aufregenden Dschungel-Abenteuer – ständig in Gefahr, von wilden Tieren entdeckt und angefallen zu werden. Oder als wäre sie mit einer Postkutsche voller Geld im Wilden Westen unterwegs, und hinter jedem Fels konnte eine Meute gieriger Banditen lauern. Der Ausflug begann ihr ein kribbelndes Vergnügen zu bereiten.

Wenn sie nun einfach aus dem Krankenhaus ausbrechen würde? Die Nacht in Groß-Willmsdorf bei den Pferden verbringen und am frühen Morgen zurückkehren würde, als sei nichts gewesen? Wäre es Sommer gewesen, sie hätte der Versuchung nicht widerstehen können.

Der Fahrstuhl hielt mit einem Ruck im Kellergeschoss, die Türen öffneten sich langsam.

Du liebe Zeit – der Krankentransport! Dort standen die weiß bekittelten Gestalten, die sie eben vom Fenster aus beobachtet hatte, eng um die Krankentrage geschart. Wo sollte sie sich verstecken? Was sagen? Vielleicht erkannten sie sie im Halbdunkel gar nicht? Sie schienen sehr mit dem Kranken beschäftigt. Sicher war es etwas Ansteckendes, denn sie trugen alle einen Mundschutz. Und dann die vielen weißen Laken, die bis auf den Boden hingen. Fast gespenstisch!

Bille trat aus dem Fahrstuhl heraus und drückte sich an der Wand entlang von der Gruppe fort.

„Da ist sie ja!", hörte sie einen der Pfleger unter dem Tuch, das sein Gesicht verhüllte, ausrufen. „He, Bille!"

Bille zuckte zusammen. Erst langsam ging ihr ein Licht auf.

„Mensch, Simon! Was zum Teufel treibt ihr denn da? Was soll die Maskerade?"

„Komm her, schnell, ehe wir erwischt werden und rausfliegen!"

„Leise!", mahnte Daniel. „Trampel nicht so!"

Bille hätte schwören können, dass sie nicht getrampelt hatte. Es klang auch nicht wie Getrappel von Füßen. Und es kam unter den Tüchern hervor …

Daniel schlug das weiße Laken am Kopfende zurück und gab den Blick auf den vermeintlichen Schwerkranken frei.

„Zottel!", schrie Bille.

„Pssssst!!!", kam es fünfstimmig von allen Seiten. „Bist du verrückt, so zu schreien!"

„Er wollte dir gern persönlich gratulieren", sagte Bettina kichernd. „Da haben wir uns das mit der Verkleidung ausgedacht. Die Idee kam uns, als wir nach unserem vorletzten Besuch aus Versehen in den Keller gefahren sind und den Hinterausgang durch den Garten benutzt haben."

Bille hing an Zottels Hals und wusste nicht, wo sie ihn zuerst streicheln sollte. Sie fuhr ihm durch die Mähne, klopfte Hals und Rücken, kraulte ihm die Nase und die Ohren und fütterte ihn zwischendurch mit den Äpfeln, die der aufmerksame Florian eigens zu diesem Zweck für sie mitgebracht hatte.

„Mein Liebling, bald bin ich wieder bei dir zu Hause – und dann werden wir herrliche Ausritte machen", flüsterte sie. „Oh, ich kann euch überhaupt nicht sagen, wie glücklich ich bin! Eine tolle Idee von euch!"

„Wir wussten doch, dass du's vor Sehnsucht nicht mehr aushältst", meinte Daniel grinsend. „Und dann haben wir herausgefunden, dass um diese Zeit hier kaum noch Betrieb ist."

„Ja, denkste – da kommt einer!", flüsterte Karlchen und zog seinen Gesichtsschutz noch ein wenig höher. „Licht aus!"

Simon war mit einem Satz an der Glühbirne, die neben ihnen von der Decke baumelte, und löste sie so weit, dass es dunkel wurde.

„Verdammt, ich hab mir die Finger verbrannt!", fluchte er leise.

Die vermummten Gestalten nahmen Bille in die Mitte und wichen bis an die Wand zurück. Zottel stand regungslos, als wüsste er, was auf dem Spiel stand.

Aus der Küche kam eine der Köchinnen und griff nach dem Schalter. Sie murmelte ärgerlich, als es dunkel blieb.

„Das Licht geht nicht, da muss wohl 'ne neue Birne rein!", rief sie in Richtung Küche. „Denkt nachher dran. Ich geh jetzt."

Im Dunkeln tastete sie sich auf den Ausgang zu. Nur ein schmaler Lichtstreif fiel von draußen herein und beleuchtete schwach das große Laken, unter dem Zottel verborgen war. Jetzt näherte sich die Frau dem Tuch. Wahrscheinlich glaubte sie, eine fahrbare Trage vor sich zu haben, an der sie sich entlangtasten könne. Bille und ihre Freunde hielten den Atem an. Die Hand der Frau landete in Zottels Mähne.

„Jesus Maria, was war das denn?", stammelte die Frau und zog ihre Hand zurück.

Zottel schnaubte und scharrte mit den Hufen.

„Huuaah …", machte die Frau und stolperte ins Freie.

„Nichts wie raus hier!", befahl Daniel. „Tschüss, Bille, bis morgen. Am besten, du gehst über die Treppe nach oben. Wir verziehen uns!"

In Sekundenschnelle war der Spuk vorbei. Der „Patient" und seine Pfleger galoppierten um die Wette zur Straße zurück. Bille kam ungesehen ins Bett. Die alte Bäuerin schlief fest. Niemand hatte etwas bemerkt.

Nur, wo der Haufen Pferdeäpfel im Keller hergekommen war, darüber zerbrach man sich im Krankenhaus Neukirchen noch tagelang den Kopf.

Tina Caspari wurde in Berlin geboren und lebt heute in der Nähe von München. Das Leben auf dem Land, Tiere und besonders Pferde spielen für Tina Caspari eine wichtige Rolle, hier findet sie die Ideen für ihre Geschichten. Bevor Tina Caspari das Schreiben von Kinder- und Jugendbüchern zu ihrem Hauptberuf machte, war sie Schauspielerin und Sprecherin in Funk und Fernsehen. Und eines möchte sie immer noch gerne: selber Filme machen. Das rotweiß gescheckte Pony Zottel hat es übrigens wirklich gegeben. Tina Caspari sagt über ihn: „Zottel war unglaublich verfressen und immer zu Streichen aufgelegt. Er war mein bester Freund. Ich werde ihn nie vergessen."

Bille & Zottel

Bille liebt Pferde über alles. Da macht es ihr noch nicht mal etwas aus, um fünf Uhr morgens aufzustehen, um im Stall zu helfen. Als sie das ehemalige Zirkuspony Zottel zur Pflege bekommt, ist Bille das glücklichste Mädchen der Welt. Zottel erobert Billes Herz im Sturm, und bald sind die beiden unzertrennlich. Billes sehnlichster Wunsch ist es, dass Zottel ihr gehört. Ob ihre Mutter und ihr Stiefvater damit einverstanden sein werden?

Sammelband 1:
Ein Zirkuspony
zum Liebhaben
ISBN 978-3-505-13807-2

Enthält die Einzelbände 1-3:
· Pferdeliebe auf den ersten Blick
· Zwei unzertrennliche Freunde
· Mit einem Pferd durch dick und dünn

Bald ist Sommer! Bille und ihr Pony Zottel freuen sich schon auf die Ferien. Aber vorher steht noch einiges an: Ein verwaistes Pony braucht ihre Hilfe, und ein kranker Reitlehrer muss unbedingt aufgemuntert werden. Mit den Sommerferien geht das Abenteuer dann richtig los: Bille und ihre Freude unternehmen mit ihren Pferden einen Wanderritt – aber sie müssen sich auch gegen eine Motorradbande behaupten, die die Koppel zur Rennstrecke auserkoren hat …

Sammelband 2:
Der schönste Sommer für Bille und Zottel
ISBN 978-3-505-13808-9

Enthält die Einzelbände 4-6:
· Applaus für Bille und Zottel
· Die schönsten Ferien hoch zu Ross
· Gefahr auf der Pferdkoppel

Tina Caspari
Bille und Zoattel
je 380 Seiten, gebunden
€ 9,99 [D]

www.schneiderbuch.de

Schneiderbuch
EGMONT

Linda Crammond

Sundancer
Mit dir bis ans Ende der Welt

Kämpfe für deinen Traum!

Sundancer ist weg, Kiris über alles geliebtes Pferd! Seit Kiri ihm das Leben gerettet hat, sind die beiden unzertrennlich. Es ist zu Kiris wichtigstem Freund geworden, dem sie alles erzählt, was sie bewegt. Denn ihr Vater, mit dem sie allein auf einer Farm am Meer lebt, ist selten zu Hause. Und wenn, dann ist seine neue Freundin Stephanie dabei. Die mag Kiri nicht besonders. Nun hat ihr Vater auch noch Sundancer verkauft, weil er Geld braucht – ohne ihr etwas davon zu sagen. Kiri weiß noch nicht einmal, wo Sundancer hingebracht wurde. Aber sie muss ihr Pferd unbedingt finden und zurückholen – um jeden Preis …

Eine herzergreifende Geschichte über die innige Freundschaft zwischen einem Mädchen und einem Pferd!

208 Seiten, broschiert mit Klappe
€ 9,99 [D]
ISBN 978-3-505-13892-8

www.schneiderbuch.de

Schneiderbuch
EGMONT